미래사회의 리더십과
선진국가의 엘리트 생성 메커니즘

미래사회의 리더십과
선진국가의 엘리트 생성 메커니즘

아시아

박태준미래전략연구총서를 펴내며

현재가 과거의 축적 위에 있듯 미래는 현재를 포함한 과거의 축적 위에 있게 된다. 과거와 현재가 미래의 상당한 실재를 담보하는 것이다. 다만, 소통의 수준에는 격차가 크다. '역사와의 대화'에서 확인할 수 있는 것처럼 현재가 과거와 소통하는 일은 선명한 이해를 이룰 수 있어도, 현재가 미래와 소통하는 일은 희미한 공감을 넘어서기 어렵다. 이른바 'ICT시대'라 불리는 21세기 '지금 여기'서는 더욱 그러하다. 현란하고 다양한 현재의 상상력들이 서로 융합하고 충돌하면서 예측불허의 창조적 조화를 생성하기 때문이다. 그러나 그것이 인간 또는 인간사회의 어떤 근원적인 문제를 해결할 수는 없다.

나는 어디서 와서 어디로 가는가? 어떻게 살아야 인간답게 사는 것인가? 이런 질문들은 모든 개인에게 가장 근원적인 문제다. 이 문제의 완전한 해답이 나오는 날에 인문학은 사그라질지 모른다.

더 나은 공동체로 가는 변화의 길은 무엇인가? 더 나은 공동체로 가는 시대정신과 비전은 무엇인가? 이런 질문들은 인간사회가 결코 놓아

버릴 수 없는 가장 근원적인 문제다. 이 문제가 '현재 공동체에서 벗어 날 수 없는 우리'에게 당위적 책무의 하나로서 미래전략 탐구를 강력히 요청한다. 거대담론적인 미래전략도 있어야 하고, 실사구시적인 미래 전략도 있어야 한다.

거대담론적인 미래전략 연구가 이상적(理想的)인 체제를 기획하는 원대한 작업에 주력한다면, 실사구시적인 미래전략 연구는 가까운 장래에 공동체가 당면할 주요 이슈들을 예측하고 대응책을 제시하는 작업에 주력한다. 박태준미래전략연구소는 앞으로 일정 기간 동안 후자에 집중할 계획이며, 그 결실들을 총서로 출간하여 더 나은 공동체를 향해 나아가는 사회적 자산으로 공유할 것이다.

꼭두새벽에 깨어난 이는 먼동을 예감한다. 그 먼동의 한 자락이 이 총서에 담겨 있기를 바랄 따름이다.

박태준미래전략연구소

차 례

미래사회의 리더십

권력의 미래, 미래의 권력
그리고 리더십

류석진

류석진

학력
서울대학교 정치학 학사
미국 예일대학교 정치학 석사, 박사

주요 경력
세종연구소 연구위원 (1993-1997)
서강대학교 정치외교학과 교수 (1998 - 현재)

주요 저서 / 논문
류석진 외. 2013. 『위기의 UNESCO, 어디로 갈 것인가』 (서울: 유네스코한국위원회).
류석진 외. 2013. "온라인 신민족주의의 정치화 가능성: 한중일 온라인 갈등유형과 확산 사례를 중심으로." 『한국정치연구』 22집 3호. 153-186.
장우영·류석진. 2013. "소셜네트워크 캠페인의 정치적 효과: 19대 총선의 빅데이터 분석." 『한국정치학회보』 47집 4호. 93-112.
류석진. 2012 (봄). "세계경제위기와 한국형 자본주의 모델: 발전국가, 자본주의 모델 그리고 경로의존성을 중심으로." 『한국과 국제정치』 28권 1호. 155-183.
- 류석진 외. 2011. 『스마트-소셜 시대의 민주주의와 거버넌스』 (서울: 정보통신정책연구원).
- 류석진·허정수. 2010 『디지털 컨버전스 사회의 정치권력 연구』 (서울: 정보통신정책연구원).

Ⅰ. 환경 변화와 리더십

1. 리더십의 과거 · 현재 · 미래

리더십(leadership)은 시공간을 초월하여 단 하나의 이상적인 전형 (ideal type)으로 존재하는 것이 아니라 해당 사회가 처한 구체적인 시대적, 맥락적 배경 속에서 발휘되고 평가받으며 매우 다양한 모습으로 존재할 수 있다. 즉, 리더십은 독립변수라기보다는 종속변수이다. 이와 같이 시대마다 요구하는 리더십의 특성이 다르기 때문에 과거·현재·미래의 리더십은 각기 다를 수밖에 없다. 농경사회와 산업사회로 표상되던 과거의 리더십과 탈근대와 네트워크 사회로 규정되는 현재 혹은 가까운 미래의 리더십이 다를 것이고, 먼 미래의 리더십은 또 다른 모습일 것이다. 따라서 미래의 리더십을 논하기 위해서는 현재의 사회 변화를 특정하고, 그 평가 기반 위에서 좀 더 과학적으로 전망해야 한다.

과거의 범위는 매우 넓다. 그러나 역사적이고 이론적인 차원에서 뚜렷하게 기억되고 있는 리더십의 모습이 있다. 막스 베버(Max Weber)는 리더십의 세 유형으로 전통적(Traditional), 관료적(Bureaucratic), 카리스마적(Charismatic) 리더십을 제시하였다. 왕이나 군주와 같이 이미 주어진 신분과 위치에서 강압적인 자리 지키기에만 머문 전통적 리더십과 개인의 능력을 발휘하여 쟁취하는 측면이 강한 관료적·카리스마적 리더십은 차원이 다르다. 그런 측면에서, 막스 베버는 관료적 리더와 같은 업무적 리더와 카리스마적 리더와 같은 변혁적 리더십을 전통적 리더십과 최초로 구분하였다. 대부분의 사람들이 기억하는 과거의 리더십 전형들은 바로 이 세 가지 유형에 포함되어 있다. 물론 위의 다양한 특성이 리더십에 내재하기 때문에, 한 개의 특성만으로 특정 시대 한 사람의 리더십 전체를 설명하기는 어렵다. 사회불안, 경제 갈등, 전쟁, 빈곤의 위기 상황에서 한 사람의 리더가 발휘한 리더십의 모습은 세 가지 유형의 리더십 위에 개인이 시대적으로 겪게 되는 특성(personality)과 함께 기억될 것이다. 격변기와 안정기의 리더십은 다를 수밖에 없다. 제2차 세계 대전의 참화를 처칠과 함께 극복하였던 영국 국민이 종전에 이은 1945년 7월 선거에서 노동당 후보인 애틀리를 리더로 선택한 사례도 있다.

산업혁명과 유럽의 정치적 격변 분위기를 감지했던 18세기의 경제사상가 아담 스미스(Adam Smith)는 과거 사회의 경제체제를 비판하고 근대 경제생산구조의 특성을 고민하면서 시대의 역작 『국부론(An

Inquiry into the Nature and Causes of the Wealth of Nations)』을 남겼다. 분업과 무역에 기반한 근대 경제의 성장과 보이지 않는 손에 의한 시장 조화를 역설한 아담 스미스의 주장은 혁명적 전환을 겪은 서구 사회에서 중요한 이론적 지침을 제시하였고, 이는 19세기에 이르러 실현되기 이른다. 물론 아담 스미스를 리더라 칭할 수는 없지만, 리더가 판단하여야 하는 사회 상황에 대한 통찰력을 제공하였다는 점에서 학문적 리더로서 중요하다.

19세기 사회성장기와 유럽 혁명의 격변기에 혁명의 원인·과정·결과를 고민한 칼 마르크스(Karl Marx)는 『자본(Das Kapital)』을 통해 자본주의 사회의 생산동력과 그에 따른 사회 문제 그리고 문제 해결방안으로서의 노동자 권리의 중요성에 대해 역설했다. 이론적 논의가 분분함에도 불구하고, 한 시대의 고민을 이론·철학·실천적으로 고민한 막스 베버와 칼 마르크스는 당시의 시대 상황을 근거로 현재의 문제를 해결하고, 미래를 전망하고자 했던 거대한 학문적 리더로 기억된다.

역사적으로는 한·중·일의 리더를 비교할 수 있다. 중국 국민들은 진시황(始皇帝)과 마오쩌둥(毛澤東)을 지금의 중국을 세운 역사적 리더로 평가한다. 진시황은 문자, 교통체계, 행정체계의 표준화, 도량형 등을 도입하고 강력한 리더십을 발휘하여 분열되어 있던 국가를 제국으로 통일시켰다. 춘추전국시대를 종식시키고 이후 2,000년 동안의 황제 중심 집권체제의 틀을 마련한 진시황의 리더십에서 우리가 발견할 수 있는 것은 카리스마적인 강력한 리더십이라고 할 수 있다. 중국 사회주의의 기반을 마련한 마오쩌둥이 가장 좋아하는 리더 또한 진시황이었다. 마오쩌둥은 제국의 몰락과 연이은 내전을 종식시키고 분열을 정면 돌파하여 중화인민공화국을 수립하였다. 오랜 기간의 대장정과 중국의 분열을 종식한 마오쩌둥의 리더십에 대해서는 진시황에 대해서와 마찬가지로 긍정과 부정의 극단적 평가가 이루어지고 있지만, 국가적 차원에서 통일을 이룩한 강력한 리더로서의 능력은 모두가 기억할 만한 것으로 기록되고 있다.

일본 국민들은 도요토미 히데요시(豊臣秀吉)와 도쿠가와 이에야스(德川家康)를 역사 속의 강력한 리더로 기억한다. 도요토미 히데요시는 사람을 움직이는 전략적 리더십을 발휘한 지략가로 평가된다. 과도한 침략전쟁으로 주변국에게는 적으로 평가되지만, 그 이전에 그가 시대의 리더가 되기까지 빈곤한 시절을 극복하며 적재적소에 인재를 등용하고, 위기의 시대에 사람들에게 설득력 있는 논리를 전파하고, 뛰어난 전략과 전술을 통해 리더가 '된' 성취형 리더십으로 평가되는 부분이 있다. 반면, 에도 막부의 창시자 도쿠가와 이에야스는 오랜 시간의 기다림 속에서 항상 미래를 고민하면서 정세 극복과 주변국을 연구하고 전국시대의 혼란을 마무리한 최고의 승자로 평가된다. 역사 속에서는 전쟁 리더와 침략자 그리고 혼란수습자로 평가되는 이 두 사람의 행보는 추진력과 기다림으로 상반된 특성을 보이고 있다. 그러나 주변국과의 관계가 아닌 일본 역사 자체만을 중심으로 놓고 본다면 일본의 위기를 기회로 전환시킨 리더로서의 특성을 보이고 있다.

우리나라 역사에서 가장 강렬하게 기억되는 리더는 세종대왕과 이순신 장군일 것이다. 정치적 체제 유지와 풍부한 문화유산을 남긴 세종대

왕의 업적, 충성심과 추진력으로 외적을 물리치고 국가 안녕을 지켜낸 이순신의 리더십은 개인이 아닌 국가를 위한 리더십의 모범적인 모습으로 기억되고 있다. 산업사회 리더십의 전형으로는 청암 박태준을 들 수 있다. 강한 역사의식과 애국심, 책임감, 포용력 그리고 역동적인 추진력과 의지로 한국의 철강산업을 세계적 반열에 올린 청암의 리더십은 전후의 빈곤 극복과 경제발전이 지상과제이던 한국 사회에 가장 상징적이고 성공한 모습으로 기억되고 있다. 최고의 노동은 최고의 처우에서 나온다는 경영자로서의 원칙과 주변인의 이름을 모두 기억하는 세심함, 그리고 그 누구보다 깊은 조국애를 가지고 있었던 청암의 모습을 사람들은 의지의 한국인의 전형이며 리더의 전형이었다고 기억한다.

우리가 기억하는 리더들은 높이 평가할 만한 특성과 좋은 자질을 가지고 있었지만, 이에 그치지 않고 개인적인 자질을 시대 고민과 미래 지향을 위해 아낌없이 투사하는 통찰력과 헌신성 그리고 추진력을 가지고 있었다. 또한 시대의 큰 고민을 해결하기 위한 설득력 있는 명분을 실천할 수 있는 강력한 추진력을 갖추고 있었다. 모두가 개인 차원에서 살아가는 세상이지만 개별적인 노력과 실천만큼, 리더의 필요성을 강력하게 요구하는 것 또한 그런 맥락에서 도출될 수 있다. 리더가 모든 것을 해결할 수는 없지만 리더가 표방하는 명분과 추진력에 많은 사람이 공감할 경우, 폭발적인 전환 능력을 발휘할 수 있기 때문이다.

한편, 강렬한 특징을 보이는 과거의 리더들이 지금 2015년의 21세기 대한민국에 40대 혹은 50대의 리더로 살고 있었다면 어떤 모습이었을까? 당연히 당시와 똑같은 모습은 아니었을 것이고 똑같은 모습이었다면 효과적으로 우수한 리더가 아니었을 수도 있다. 오히려 또 다른 차원에서 현재의 변화가 어떻게 미래를 규정하게 될까를 나름의 방식으로 고민하고 연구하며 살아야 했을 것이다. 따라서 리더십의 모습은 언제나 시대 변화의 모습에 따라 끊임없이 변화할 수밖에 없다. 즉, 시대를 초월하는 리더십의 전형이 존재하는 것이 아니다. 리더십의 필요조건으로서 개인적 덕목에 더하여 충분조건으로서 시대상황과의 조응성이 합쳐져 시대에 적합한 리더십이 형성되는 것이다.

2. 리더십의 경제 · 사회문화 · 정치적 환경

환경 변화는 다양한 원인과 측면이 존재하지만, 논의를 제한하기 위하여 이 글에서는 의사소통 수단과 방식인 미디어와 네트워크에 초점을 맞춘다.

1) 경제 환경

현존하는 자본주의의 한계와 위기는 이미 새로운 현상이 아니다. 무한 경쟁의 시대에 개인, 사회 그리고 국가는 서로 경쟁하고 물질만능을 추구하는 것이 마치 오래 전부터 있던 자연스러운 원리로 받아들여지고 있다. 1990년대 이후 냉전이 종식되고 이데올로기의 종언(The

End of Ideology)[1]이 예견되고, 시장자유주의의 승리가 보편화된 지 20년이 약간 넘은 이 시기동안 시장자유주의의 원리가 많은 폐단을 낳을지언정 그 폐단을 현명하게 타개하고 사회의 희망과 발전을 이야기할 수 있는 새로운 가치는 명확하게 제시된 적이 없다. 세계화는 이루어졌지만, 세계화의 혜택을 어떻게 배분하고, 이의 부작용으로 나타나는 현상에 어떻게 대응해야 할지에 대한 논의는 미진하게 진행되고 있다.

국내적으로는 1998년의 IMF 사태와 세계적으로는 2008년의 서브프라임(Subprime) 사태를 통해 시장자유주의가 언제나 공고한 것은 아니며 주기적으로 위기에 봉착할 수 있다는 사실에 사회는 불안하게 되었고, 자본주의에 대한 의심과 자본주의의 폐해를 치료해야 한다는 요구가 증대하게 되었다. 위기를 경험한 사회는 물질만능 가치 이면의 진정한 삶의 가치에 대해 성찰하게 되었으며, '무엇이 중요한가', '소유가 최선인가'에 대해 고민하게 되었다. 한편으로는 환경 변화의 측면에서 기후 변화와 자원의 고갈에 직면하여 생산 비용은 오르고, 기존 삶의 방식으로는 도저히 감당하기 어려운 자원과 에너지 고갈이라는 환경 문제까지 심화되었다. 도시화에 의해 많은 인구가 도시로 몰려들고 도시는 팽창하면서 생산의 또 다른 축을 감당해야 하는 농촌은 공동화(空洞化)되었고, 지역 격차, 도시 격차는 지역 갈등, 도농 갈등으로 확산되었다.

문제가 있으면 해결하면서 사회가 유지되고 치유되는 것일 수도 있

---

1   Daniel Bell (1998)

지만 이는 자동적인 과정이 아니라 인간의 의지 특히 리더의 작용이 필요한 부분이다. 이미 만연한 위기의 조짐 속에서 새로운 가치가 대안으로 제시되어야만 해결의 실마리를 찾아갈 수 있다. 소유(possess)를 중심으로 한 시장자유주의의 원리를 공유(share)로 대체할 수 있다는 원리가 그것이다. 즉, 이미 소유하고 있는 것 가운데 나 아닌 다른 사람과 공유할 수 있는 기회를 네트워크를 통해 확산할 수 있다면 브레이크 없는 이 시장자유주의의 급속한 질주를 늦추면서 개인이나 소유의 한정된 가치를 공동체나 공유의 확산적 가치로 전환하여 사회 발전의 돌파구를 마련할 수 있다는 공유 운동이 그것이다. 산업화와 근대화 시기에는 가능하지 않았던 혹은 단지 자선과 같은 형태로나 나타났던 이러한 경향성은 네트워크 사회가 되어 더욱 크게 확산되고 있다.

공짜 경제(Free Economy)[2], 메시(Mesh) 운동[3], 에어비엔비(Airbnb), 집카 (Zipcar), 우버(Uber), 온라인 무료 교육 서비스 무크(MOOC: Massive Open Online Course 이하 무크로 통칭)와 같은 온라인 기반의 네트워크 공유 운동은 온라인을 넘어서 오프라인 공간까지 진출하며 영향력을 미치고 있다. 제레미 리프킨(Jeremy Rifkin)이 주장하고 있듯이 현재의 경제구조는 한계비용제로의 사회 속에서 위기에 처해있으며, 이를 타개할 수 있는 방안은 경제구조의 마이크로화와 공유를 통한 협력적 공유 사회가 되어야 한다는 것이다.[4] 물론, 한편으로 온라인상의 공유 운동 시도는

2　　Chris Anderson (2009)

3　　Lisa Gansky (2010)

4　　Jeremy Rifkin (2014)

성장세가 두드러지는 만큼 오프라인의 실정법과도 갈등을 빚고 있으며 아직까지는 실험이라고 평가될 뿐 보편적인 대안 경제 현상은 아니다. 그럼에도 불구하고, 현실적으로 여전히 개인과 소유가 중요한 시장자유주의의 시대이지만 거대한 거시적 가치의 틀 속에서 공유 운동과 같은 새로운 대안의 가능성을 통해 경제사회의 일부가 변화하고 있다는 사실에 주목할 필요가 있는 것이다.

즉, 이제는 획일적인 부의 추구라는 가치를 대중이 모두 따라가는 시대가 아니라 자생적으로 공동체의 가치를 실현하고 작은 범위에서나마 그 효능감을 공유하며 함께 성장하자는 대안의 가치가 성장하고 있다. 이는 마치 20세기 전반부의 대공황과 양차대전이라는 참화를 목도하면서 칼 폴라니(Karl Polanyi)가 분석한 '자기조정적 시장(self-regulating marekt)'과 '사회의 자기보호(self-protection of society)' 사이의 '이중운동 (double movement)'을 연상시킨다.[5] 2008년 금융위기로 인한 자기조정적 시장의 대명사였던 월가의 몰락과 이에 대한 사회의 반발인 월가점령 시위(Occupy Wall Street)가 그것이며, 그 이후 앞에서 열거한 다양한 형태의 공동체에 기반한 경제의 모습이 시도되고 있는 것이다.

2) 사회문화적 환경

사회문화적 환경도 마찬가지로 변화하고 있다. 제2차 세계 대전 후 사회 안정과 경제 발전에 의해 물질적 풍요가 확산되면서 사람들

---

5   Karl Polanyi (1944)

은 여가라는 것을 생각하게 되었다. 1963년 미국에서는 국민들의 국립공원 방문을 통한 여가 선용을 독려하는 '국가 여가 위원회(National Recreation Area)'가 국가 기관으로 생기기도 하였다. 먹고 살만 하게 되었으니 이제 잘 쉬는 법도 생각해보자라는 가치가 반영된 시도였다. 최근에 이르러 잘 쉬어야 한다는 가치는, 무조건 즐기고 놀아보자, 단지 양적인 의미에서 남는 시간을 의미있게 써보자는 수준을 넘어 웰빙(wellbeing), 힐링(healing)의 가치로 전환되었다. 환경변화와 무한경쟁 속에서 육체 건강 유지뿐만 아니라 정신 건강을 유지하는 것은 스트레스에 짓눌린 현대인들의 영원한 자기 과제인 것처럼 부여된 것이다.

한편으로는 사회적 가치도 다양화되었다. 68혁명 이후 환경운동, 소수자운동, 인권운동 등의 가치가 서구에 유행한 것처럼 사람들의 가치는 획일화에서 다양화로 변모하고 있다. 오래 전에는 유행하지 않았던 자신의 정체성을 사회적으로 드러내기(coming out), 다양한 인종의 가치를 존중하기, 다문화 사회와 같은 용어는 이와 같은 가치 다양화의 한 모습을 반영한다. 한쪽에서는 인종 갈등, 민족 갈등, 종교 갈등의 심화로 극한의 문화 전쟁을 겪고 있기도 하지만, 한쪽에서는 '모두가 다 함께 공존하기'와 같은 가치가 급격히 확산되고 있는 것이다.

또 다른 측면에서 시민의 모습은 좀 더 똑똑한 모습으로 변모하고 있다. 생산적 소비자(prosumer),[6] 롱테일(longtail),[7] 똑똑한 군중(smart

---

6   Alvin Toffler (1991)
7   Chris Anderson (2009)

mob)[8] 등으로 상징되는 적극적인 시민 활동을 통해 기업의 생산양식은 소품종 대량생산에서 다품종 소량생산으로 변화하였으며, 엄지 혁명[9], 촛불집회[10], 페이스북 혁명[11]과 같은 개미 혁명의 사건들이 등장하게 되었다. 더 이상 흩어져 있는 미미한 개인으로 머물러 있는 것이 아니라 똑똑한 다수가 신기술을 활용해 모이고 사회변화를 요구할 수 있는 네트워크 권력을 가진 행위자로 전면 부상하면서 네트워크화된 개인주의(Networked Individualism)가 확산되고 있다. 과거의 대중은 획일적인 하나의 '덩어리'로 존재하였기 때문에 다수가 원하는 것만을 따라가면 되었지만 이제는 다양한 취향을 가진 개인이 취향·의견·이익을 중심으로 언제든 새로운 연결망을 형성하고 있기 때문에 미시와 거시의 차원에서 다양한 개인과 개인 간 연결망의 요구를 정확하게 파악하는 것이 더 중요하게 되었다.

똑똑한 시민의 머리를 채우는 것은 제도 교육이나 한정된 기간의 학교 교육에 머물고 있지 않다. 무크(MOOC)나 온라인 강연 모음 서비스 테드(TED, http://www.ted.com)처럼 소셜 미디어, 기술 및 네트워크에 의한 무료(고등)교육 등의 인프라는 평생교육, 무료교육, 네트워크 교육 등의 형태로 언제나 손쉽게 다양한 교육 콘텐츠를 습득할 수 있는 기반을 제공한다. 이제, 시민은 고립되어 있는 것이 아니라 연결되어 있고,

---

8   Howard Rheingold (2002)
9   2001년 필리핀에서 시민들이 휴대폰 문자 메시지(SMS)를 통해 집결하여 에스트라다 대통령을 하야시킨 사건
10   2008년 한국에서의 수입산 소고기 반대 촛불집회 사건
11   2011년 중동에서의 혁명에서 페이스북이 큰 역할을 하였음을 의미하는 용어

머물러 있는 것이 아니라 계속 배우며, 고정된 하나의 가치만을 고집하는 것이 아니라 다양한 가치를 학습하고, 이해하고, 실천하고자 하는 존재가 된 것이다.

3) 정치적 환경

경제나 사회문화적 변화에 비해 정치 분야의 변화는 역동적이거나 낙관적이지 않다. 사회 발전을 실시간으로 따라가거나 사회 문제를 선도적으로 해결하지 못하는 무능하고 경직된 정치에 대한 불만과 무관심이 이미 일상화되고 있다. 인터넷과 스마트폰으로 무장하여 날고 뛰는 시민 뒤에서 과거 가치에 매몰되어 변화를 이해하지 못하고 기어오는 정치인의 형국처럼, 정치는 언제나 지체되어 있고 반응성이 느리다.

정치 영역에서 가장 강력한 행위자라고 할 수 있는 정부와 정당 또한 과거의 모습과는 매우 달라야 하지만 실제는 전혀 그렇지 못하다. 정부의 경우, 강한 정부나 큰 정부보다는 유연한 정부, 작은 정부, 효율적인 정부라는 과제에 직면해있다. 영토와 주권을 지키고 군사적 안보 역할을 수행하며, 다른 나라와 경쟁하는 선진국이 되기 위한 정부의 역할을 요구하는 것은 이미 과거의 모습일 뿐, 현재에는 언제, 어디에서, 어떻게 발생할지 모르는 문제를 신속하게 책임지고 해결하며, 국방·외교, 경제력과 같은 하드 파워(hard power) 뿐만 아니라 문화적 우수성 및 국가와 지도자가 가진 매력인 소프트 파워(soft power)[12]를 가진 정부의

---

12   Joseph S. Nye Jr. (2004)

모습을 기대하게 되었다. 그러나 하드 파워와 소프트 파워를 효과적으로 발휘하면서 균형을 유지하는 정부에 대한 기대감을 충족하기 위한 현재의 정부 모습은 과거의 차원에 머물러 있을 뿐이다.

한편, 2000년대 초반부터는 전자정부(electronic government, e-gov)의 정보공개, 전자투표, 국민청원과 같은 신기술 연동 서비스를 통해 국민과의 접점을 확대하고, 반응성을 높이며, 정부의 투명성 강조를 통해 신뢰를 강화하려는 정부의 모습으로 변모하려는 시도가 있기도 하다. 현재에는 시민 맞춤형 서비스를 제공할 수 있는 정부 3.0 모델까지 제시되어 있다. 즉, 단지 공공 행정에 ICT(Information Communication Technology)를 적용하는 기술적인 정부가 되는 것에 그치는 것이 아니라, 수직적이고 폐쇄적인 행정 양태와 조직을 수평적이고 개방적인 형태로 전환시키는 시도가 이루어지고 있다.

정당 영역에서는, 한때 가장 강한 사회세력이던 노동조합이나 사회공동체 등을 배경으로 명확한 전략과 정책을 표방하며 경쟁하던 정당의 가입자 수는 해가 다르게 줄어들고 있다. 오랜 역사를 가진 영국의 보수당, 미국의 민주당, 일본의 자민당 등의 강한 정당들은 이미 현격하게 당원이 줄어들고 있으며, 정강과 노선이 명확한 정당보다는 정당 간 구분이 안 되는, 당선되기 위해서라면 어떤 정책도 좋다는 포괄적 정당, 선거만을 위한 정당으로 변화한지 오래이다.

이에 대한 대안으로 유럽의 해적당(Pirate Party), 파워포인트 정당과 같은 실험적 시도가 나타나고 있고, 무브온(MoveOn)과 같은 조직은 정당보다 훨씬 강력한 영향력을 발휘하고 있다. 또한 뉴미디어를 활용하여 온라인 서비스를 적극적으로 전개하면서 젊은 당원들을 포섭하고 제도 진출의 비율을 높이고 있는 유럽의 극우 정당(Far Right)의 움직임 도 활발하다.

정당 본래의 기능은 대의제의 대표를 선출하고, 시민들에게 정치 교 육을 하고, 책임감 있는 정치 의제를 사회에 제시하는 것인데, 이미 그 런 수문장(gatekeeper) 역할은 온라인 공간을 통해 여러 가지 방법으로 우회당하고 있다. 정부와 직접 소통하고 자기 스스로가 미디어가 되는 직접적인 시민 활동이 많이 늘어나 과연 정당은 필요할까 라는, 존재 자체에 대한 의구심마저 확산되고 있는 상황이다.

이와 같은 경제, 사회문화, 정치 영역에서의 세 가지 변화상을 정리 하면 다음 〈표 1〉과 같다.

표 1 분야별 사회변화

	위기	변화
경 제	• 대규모 경제 위기 • 자원 고갈, 에너지 부족	• (소유를 대체하는) 협력적 공유 경제의 출현
사회문화	• 물질적 풍요의 확산 • 획일적 가치의 위기	• 사회적 가치의 다양화 • 똑똑한 시민 • 무료 교육, 네트워크 교육 인프라 기회
정 치	• 강한 정부, 큰 정부의 위기 • 하드 파워의 중요성 감소 • 정당 대표성의 위기	• 소프트 파워의 필요성 증대 • 유연하고 반응성 높은 신속한 정부 • 시민들의 직접적인 의제 생산 능력 신장 • 네트워크 정당의 출현

II. 리더십 환경의 변화 : 개인·집단·제도

이 장에서는 1장에서 정리한 거시적인 변화를 리더십 환경 변화의 측면에서 개인·집단·제도를 중심으로 국내외 주요 사례를 참고하여 분석한다. 리더십의 세 차원이 구분되는 이유는 리더십을 가진 리더로서의 개인적 자질은 개인 단위에서 일어나는 사회변화를 반영해야 하기 때문이다. 또한 조직과 제도 차원에서도 조직과 제도 변화 트렌드를 반영할 수 있는 리더십이 요구되는 상황이 발생할 수 있다. 세 차원의 리더십 특성을 좀 더 쉽게 이해할 수 있도록 실제 사례에 대한 예시를 통해 좀 더 미시적으로 소개하고, 미래 리더십의 속성을 전망할 수 있는 이론적, 현실적 토대를 제공하고자 한다.

1. 개인 : 의제설정권한 확대와 네트워크 행위자의 출현

과거의 의제 설정은 제도 권력이나 매스미디어(Mass Media)가 독점하였다. 정부나 정당이 제시한 의제만이 사회적으로 주목해야 할 주제였으며, 신문이나 TV 뉴스를 통해서만 그러한 의제에 대해 파악할 수 있었다. 꾸준히 9시 뉴스를 보고, 아침마다 신문을 정독한 사람 혹은 정부 관계자나 정당에 관심 있는 사람들만이 의제에 대해 잘 파악할 수 있는 제한적인 정보 독점의 사회였다.

스티븐 룩스(Steven Lukes)는[13] 권력의 세 차원을 구분하여 제시한 바 있는데, 1차원적 권력은 타인에 대한 가시적인 영향력을 전제로 하는 행태적 권력이고, 2차원적 권력은 의제설정권력으로서 결정 혹은 비결정의 구조적 권력을 의미한다. 마지막으로 3차원적 권력은 아이디어나 담론의 소통에 의한 구성적 권력으로서 사고와 아이디어의 주조 능력이 중요하다는 것을 강조하였다. 1차원의 행태적 권력만큼이나 2차원의 의제설정 권력은 매우 영향력이 큰 중요한 권력 형태였다.

그러나 인터넷 등장 후 정보를 습득할 수 있는 정보원(source)은 무한대로 확장되었고, 단지 정보를 습득하는 것에만 멈추는 것이 아니라 댓글, 토론, 메신저 등을 통해 누구와도 소통하는 것이 가능해졌다. 즉, 정보원은 다양해졌고, 정보 유통의 공간은 무한 확대되고 있다. 이러한 현상은 단지 국내에만 한정되는 것이 아니다. 외국의 모든 정보와 뉴스도 실시간으로 전파된다. 자연재해뿐만 아니라 알기 어려운 먼 나라의 선거 소식, 어디에선가 일어난 시민들의 새로운 시도들에 대한 뉴스들이 실시간으로 네트워크 공간에 넘쳐난다.

아는 범위가 확장되는 만큼 시민에 의한 역의제설정권력(Reverse Agenda Setting Power)이 확대되고 있다. 과거의 권력이 독점하던 의제설정권력은 시민의 권력에 대한 역감시(Synopticon) 및 개입의 확장으로 인해 의제설정권력의 민주화 현상을 야기하게 된 것이다. 주변의 뉴스를 어디에서 습득하는가라는 조사를 해보면 과거에는 신문, TV, 주변

---

13 Steven Lukes (1974)

인(직장 동료 혹은 가족)이라는 통계가 많았지만 현재에는 그에 더하여 인터넷, 소셜미디어, 메신저 등의 비중이 높아지고 있는 상황이다. 뉴미디어의 확산은 의제를 설정하는 '구조적 권력'을 변화시키고 있다.

매체 확장의 권력적 위력은 여기에서 시작한다. 아는 것이 많아진 만큼 관심도 늘어나고 나만 아는 것이 아니라 남도 알고 있다는 사실을, 더 나아가서는 '내가 알고 있다는 것을 남도 알고 있다는 것'을 알게 됨으로써 사회 변화가 시작되는 것이다. '나는 생각한다. 고로 존재한다(Cogito ergo sum)'는 데카르트의 유명한 명언은 네트워크 사회에서는 '나는 접속한다. 고로 존재한다'는 새로운 존재론으로 변화하고 있다.

똑똑해지고 연결된 시민들은 언제, 어디서, 누구나 사회적 의제를 생산할 수 있다. 또한, 뉴미디어 공간에서의 온라인 소통을 통해 확산되는 의제와 기존의 미디어가 설정하는 의제 사이에는 큰 차이가 존재하는 경우가 많다. 트위터에서 제기된 모 대형할인점의 '통큰치킨' 논쟁, 재난보도에 대한 실시간 속보 전달, 정치인의 뉴미디어를 활용한 출마 선언, 수많은 새로운 캠페인 등이 대표적인 예라고 할 수 있으며, 이는 기존 미디어에서 소외받고 있던 의제들이 스스로 자리매김하면서 새로운 의제로 주목받는 사례이다.

기술 진화를 통해 각 개인은 자기 안의 무한한 자아의 형태들을 뉴미디어를 통해 실현시킬 수 있게 되었고, 이를 통해 권력적인 속성도 보유하게 되었다. 이렇게 볼 때, 뉴미디어 시대의 비제도 권력 주체들이 권력의 주체로 등장할 수 있게 한 가장 큰 원인은 권력 자원이나 특정한 권력 수단 때문이라기보다는, 네트워크 집단화로 인한 '정보 공유'와 '연대'라고 볼 수 있다. 그 결과, 시민의 속성도 몇 년에 한 번씩 선거에 의무적으로 참여하는 '수동적'인 존재로부터, 일상적으로 정치에 참여하지만 기존의 방식과는 다른 방식으로 참여하는 '관여적' 시민으로 바뀌고 있다.

2. 집단 : 네트워크집단 활성화

집단 차원에서는 영원한 조직은 없는 사회로 변화하고 있다. 정부 조직이나 정당 조직은 과거의 관료적이고 상하 위계적인 조직 운영 원리만 고수해서는 지속되기 어려운 상황이 되었다. 어느 순간부터인가 특정 임무 수행을 위한 태스크포스팀(Task Force Team)이라는 말이 효율성을 상징하게 된 것처럼, 이제는 변하지 않는 조직 편제가 아니라 언제든 미션에 따라 새로운 팀이 구성될 수 있는 네트워크 태스크포스팀이 도처에 산재하게 되었다. 또한 그들의 효율성이 정부나 정당 조직의 효율성을 능가하는 사례 또한 많아지고 있다. 스워밍(swarming) 현상이 바로 그것이다.

뉴미디어의 등장은 비제도 권력에게 적은 비용으로 많은 효과를 누릴 수 있는 '권력의 경제'를 가능하게 만들었다는 점에서 변혁적이다. 사회 변화가 균질한 양과 질의 변화에 의해 이루어지는 것이 아니라 '많아지면 달라진다'[14]는 일정한 정도의 임계점(tipping point)에 의해 촉

---

14   많아진다는 양적 변화를, 달라진다는 질적 변화를 의미하는 것으로, 얼음-물-수증기(고체-액체-기체)의 상전이(phase transition) 현상과 유사하다.

발된다는 점을 생각할 때, 뉴미디어에 의한 비제도 권력의 약진은 보다 강화될 것이다. 중동에서의 재스민 혁명, 월스트리트 점령 운동, 촛불 집회와 같은 사례가 이를 잘 보여주고 있다.

뉴미디어의 영향력은 시공간을 초월하여 누구나와 연결될 수 있다는 '연결의 위력'에 있다. 그때그때의 현실적 상황에 따라 생성되고 소멸하는 그야말로 '순간 운동(ad hoc movement)'을 통해 전통적인 강한 유대(strong tie)에 기초하지 않은 약한 유대(weak ties)의 연대가 활성화되고 있다. 여기에서 단순 움직임(move)에 머무는 것이 아니라 세계적인 네트워크 연대에 의한 운동(movement)으로 전환되는 측면이 중요하다.

대표적인 사례로서 전세계 부정감시 운동인 우샤히디(http://www.ushahidi.com)'[15]가 있다. 이 운동은 아프리카 지역에 한정되어 나타난 정치 부정감시 운동이 소셜 미디어를 통해 전세계의 시민들에 의한 위기 정보 공유 플랫폼으로 거듭난 경우이다. 이는 일상적인 차원에서의 단일 운동이 전세계적인 사회 공조로 변화하는 현상을 잘 보여주는 사례이다. 한편, 대부분의 통신이 정부 통제 하에 있던 튀니지와 이집트에서는 소셜 미디어가 위기상황의 촉매제와 같은 역할을 함으로써 역사에 남을 중동혁명(Arab Uprisings)이라는 사건이 발생하였다. 또한 신자유주의적인 자본의 무책임성을 비판하고 시민의 권리를 설파한 월가 점령운동은 소셜 미디어를 통해 전세계적인 의제가 되었다. 이 모든

---

15   우샤히디는 '증언(testimony)', '목격'(스와힐리어)을 의미함

최근의 현상은 TV나 신문으로 보도되었다기 보다는[16] 트위터, 유튜브, 페이스북과 같은 소셜 미디어 연결을 통해 급속하게 확산되었다.

정치조직으로서 대표적인 사례로는 무브온을 들 수 있다. '움직인다 (move)'에 그치는 것이 아니라 '움직여 나아가야 한다'는 의미의 명칭처럼 무브온(www.moveon.org)은 단순한 정당 지지가 아니라, 그들이 지지하는 민주주의 가치를 공유하는 무소속이나 공화당 후보들과도 행동을 같이 한다는 것이 강점이다. 시작부터 인터넷을 활용한 정치운동을 주도하면서 온라인과 오프라인이 결합된 활동을 하고 있다. 무브온의 초기 활동은 웹과 이메일을 통해 이루어졌다. 예를 들어 1998년 9월과 1999년 1월 사이에 무브온의 활동에 따라 지역 유권자들은 약 50만건에 이르는 청원 메시지를 의회에 보냈다. 여기에 든 비용은 참여자당 약 0.02센트에 불과하여 미국 역사상 가장 적은 비용으로 대중청원운동을 전개한 최초의 사례로 평가된다.[17]

무브온은 다양한 소통방법을 사용한다. 웹 사이트에서 다운로드 가능한 비디오, 오디오, 이미지 등의 멀티미디어는 물론이고, 인쇄물 광고, 방송 미디어, 빌보드와 버스 표지판, 범퍼스티커 등과 같은 전통적인 홍보 방식도 이용한다. 또한 오프라인 매체의 광고물들은 인터넷 웹사이트에서 디지털 버전으로 다운로드할 수 있도록 서비스한다. 무브온에 참여한 시민들의 다양한 편지를 통해 무브온 활동을 소개한 책에는 연대, 투표, 언론참여, 정치행동을 강조하는 무브온의 상세전략이

16   Joe Trippie (2004)
17   MoveOn (2004)

소개되어 있는데, 온라인 청원, 정보 공유, 메시지 전파, 투표 독려, 미디어 시민운동, 자원봉사, 정치자금 기부, 지역활동 활성화 등의 전략은 현재의 온라인 선거운동에서도 매우 유용하게 쓰일 수 있는 선진적인 선거전략이며, 무브온의 풀뿌리에 근간한 운동 정신을 잘 보여주는 것이기도 하다.[18]

이와 같은 사례의 특징은 '정보화' 시대가 가져온 "네트워크 개인주의(Network Individualism)"를 다시 하나의 네트워크로 결집시키는 "네트워크 집단화(Network Collectivization)"로 전환시킬 수 있다는 점이다. 네트워크 개인주의는 정보생산자와 정보수용자를 구분하고, 또한 그러한 집단 내에서 맡은 역할 또한 위계적 질서에 따라 고정되어 있음에 반해, 네트워크 집단화로 인해 다양한 권력 자원과 특수화된 권력 수단을 보유한 개인들은 저마다 다양한 권력의 주체이자, 능동적이고 자유롭게 전환 가능한 정보생산자로서 네트워크에 평등하게 참여하고 있다.

이들의 연결 기술을 이해할 수 있는 유용한 이론으로는 네트워크 이론이 있다.[19] 네트워크 이론에서는 네트워크의 가장 핵심이 되는 허브(hub), 허브를 허브로 성장시킬 수 있는 커넥터(connector), 메이븐(maven)의 활약, 이들이 연결되어 만들어지는 세상은 6단계(six degrees)만 건너면 모두가 서로 알 수 있는 좁은 세상(small world)이라고 이야기한다. 이와 같은 네트워크 이론을 통해서는 정보·사람·돈·질병·테러리스트의 연결까지 모두 파악할 수 있다. 또한 이들이 서로 어떻게 연결되었는

---

18   MoveOn (2004)
19   네트워크 이론의 기원 및 주요 네트워크 이론의 세부 내용에 대해서는 조희정 (2010) 참조.

지, 즉 서로 간의 상관관계를 파악할 수 있다.[20] 고정적인 집단으로부터 네트워크로 연결되는 유동적인 집단으로 변화하고 있는 것이다.

3. 제도 : 수평적 권력 관계와 제도의 투명성에 대한 요구 확대

뉴미디어는 비제도 권력을 권력의 주체로 등장시킴으로써 권력을 특정한 주체로부터 탈구시키는 결과를 초래했다. 따라서 권력의 관계는 권력행위자와 권력수용자라는 기존의 수직적이고 위계적이며 불평등한 관계(즉 갑과 을의 관계)가 아닌, 권력행위자와 행위자간의 다차원의 수평적이고 대등한 관계(즉 갑과 갑의 관계)로 변화 가능하게 되었다. 여전히 사회 내에는 위계, 저마다의 직책으로 구성된 조직성이 존재하고 있지만, 또 다른 한편에는 1인 미디어, 파워 블로거(Power Blogger), 조직보다 나은 네트워크라는 속성도 성장하고 있다.

1인 미디어와 파워 블로거의 영향력이 강해지면서 온라인 공간에서 새롭게 나타나는 흐름은 투명한 정보 공개요구이다. 2013년 에드워드 스노든(Edward Joseph Snowden)은 가디언(Guardian)지를 통해 미국의 통화 감찰 사실과 미국 정부의 기밀문서를 폭로했다. 이보다 앞서 2006년 줄리안 어산지(Julian Paul Assange)와 그의 동료들은 기밀 및 미공개 정보를 제공하는 위키리크스(Wikileaks) 서비스를 제공하였다. 그 후로 위키리크스는 전세계 모든 미디어가 주목하는 사이트가 되었다. 이와 같은

---

20 조희정 (2010)

폭로는 많은 것을 시사한다. 즉, 많은 정보가 비공개이고, 폐쇄적이며, 기존 미디어에서 다루지 않는 주제를 온라인 미디어를 통해 전세계로 공개할 수 있는 네트워크 전달 방법의 의미를 생각하게 하는 것이다.

기존 제도의 입장에서 위키리크스나 스노든과 같은 행동은 제도의 안전을 위협하는 무책임한 폭로행위로 평가될 수 있지만, 시민의 입장에서는 시민의 세금으로 사용되는 모든 행위에 대한 정당한 알 권리를 구현시킬 수 있는 참신하고 의미 있는 방법으로 평가될 수도 있는 것이다. 또한 이와 같은 사례는 수평적 권리가 실제 구현된 사례로서 제도의 정보 공개를 통한 투명성과 신뢰성이라는 부분이 그 어느 때보다 중요한 가치로 대두하고 있음을 의미하기도 한다.

한편, 미국의 정보공개 서비스(http://www.data.gov)와 같이 정부가 먼저 나서서 정부의 모든 (데이터를 포함한) 정보를 공개하는 것 또한 하나의 유행이 되고 있다. 이와 같은 정보 공개는 단지 정부의 정보를 공개하는 차원에 머무는 것뿐만 아니라 정부의 정보를 활용하여 시민이 비즈니스를 할 수 있는 공공 데이터 활용 서비스로 까지 확대되고 있는데, 과거의 문서 자료실에 오랫동안 묵혀있던 정보들이 디지털화됨으로써 공개되고, 정부의 투명성까지 확보함으로써 정부에 대한 시민들의 신뢰도를 높이는데 기여하고 있다.

III. 미래의 리더십

　인간성의 복잡한 구성요소만큼이나 리더십의 구성요인은 매우 다양하다. 2장에서 살펴본 개인·조직·제도 차원의 변화와 관련하여 미래의 리더십은 이러한 변화에 조응하는 내용으로 구성되어야 할 것이다. 즉, 개인 차원에서 의제설정권력이 강한 연결된 개인이 등장하고 있다면, 미래의 리더십은 반응적이고 연결적인 리더십으로 구성되어야 한다. 집단 차원에서도 네트워크 집단이 강화되고 있다면 이렇게 연결된 집단을 이끌 수 있는 창의적이고 공유적인 리더십이 필요하다. 마지막으로 제도 차원에서 수평적 권력성과 제도의 투명성이 요구되는 만큼 경성 권력 보다는 연성 리더십과 개방형 리더십이 필요한 것이다.

　2장에서 소개한 구조 변화에 조응하는 미래 리더십의 조건을 정리하면 다음의 〈표 2〉와 같다. 개인 차원의 의제설정권한이 확대되고 네트워크 행위자가 출현한다면 네트워크 내에서의 리더십은 반응성이 높고 연결을 잘하는 리더십이어야 하며, 집단 차원에서 네트워크 집단화가 촉진되고 있기 때문에 그렇게 연결된 집단을 공유적 가치와 창의적 가치로 이끌어나갈 리더십에 대한 요구가 높아질 것이다. 또한 제도적 차원에서 수평적 권력화와 제도의 투명성에 대한 요구가 높아지는 만큼 수평성 속에 리더십을 매력적으로 만들 수 있는 일상 속에서의 소프트 리더십이 요구될 것이며, 투명성을 수용할 수 있는 개방형 리더십을 찾게 될 것이다.

표 2 사회변화와 미래의 리더십

분야	사회변화	미래의 리더십
개인	• 의제설정권한 확대 • 네트워크 행위자의 출현	• 반응적 리더십 • 연결적 리더십
집단	• 네트워크 집단화	• 창의적 리더십 • 공유형 리더십
제도	• 수평적 권력 • 투명 제도화	• 소프트 리더십 • 개방형 리더십

1. 개인 차원 : 반응적 · 연결적 리더십

1) 반응적 리더십

개인 차원에서 변화에 조응하는 미래의 리더십은 반응적이고 연결적이어야 한다. 즉, 모든 것이 연결된 네트워크 사회에서 리더의 반응이 무반응이거나 늦거나 애매모호하거나 부정적이어서는 시민들의 요구에 적절하게 부응한다고 평가하기 어렵다. 이와 같은 요구는 매우 상식적이고 새로운 것은 아니지만, 네트워크 사회에서는 네트워크 내의 모든 행위자가 연결되어 있는 만큼 시민들이 매일매일 새롭게 관찰하고 생산하는 의제에 대해 공감하고, 알고 있고, 지켜보고 있으며, 이를 해결하기 위해 노력하고 있다는 반응을 실시간으로 보여주는 것이 매우 중요하다. 네트워크 내에서는 시민이든, 정치인이든, 정부든 누구나 연결되어 있기 때문에 네트워크의 흐름을 감지하고 반응해야 한다는 점에 있어서는 그 누구도 예외일 수 없다.

새로운 이슈를 따라가지 못하고, 시민들의 움직임에 적절히 반응하지 못하여 의제가 이슈가 되고 사회갈등 요인이 된 사례는 매우 많이 있다. 2008년 6월, 우리나라에서 수입산 소고기 반대 여론이 촛불집회로 이어지고 사회운동이 되어버린 몇 개월 동안 정부가 보인 반응이 대표적인 사례이다. 정부는 정보를 제공한 방송사를 규제하고, 촛불집회 주동의 배후를 추정하고 수색하겠다는 의지를 표명하기 보다는 정확하게 정책의 내용을 설명하고, 사과할 것은 사과하고, 단계적으로 문제를 풀고자 하는 의지를 보였어야 했다. 그러나 신속하고 정확하며 긍정적인 대응이 이루어지지 못한 결과 부정적 여론은 사회운동으로 퍼져 매우 많은 시간적·정신적·경제적 소모비용을 지불하여야 했다. 그 외에도 온라인 공간에서 나타나는 정치인의 때늦은 반응은 자주 조롱거리가 되기도 한다.

외국의 사례로는 2011년 1월 이집트 정부의 대응을 들 수 있다. 부정선거 및 경제 불안에 대한 부정적 여론이 온라인 공간으로 확산되고, 페이스북이나 구글과 같은 온라인 서비스들이 언어번역서비스를 통해 중동의 소식을 전세계로 확산하고, 데일리모션(Dailymotion)이라는 채널을 통해 중동 시위의 강경진압 현장 동영상 등이 유포되고, 트위터를 통해 실시간으로 중동 시위의 소식이 전파되자 2011년 1월 27일 이집트 정부가 가장 분명하게 행한 정책은 인터넷과 휴대폰 차단(shutdown)이었다. 이집트의 인터넷 차단이라는 초강수 정책은 〈그림 1〉에 보이듯이 이집트로부터 그리고 이집트로 향하는 인터넷 트래픽을 차단하는데는 성공하였다. 하지만 국제사회 네트워크의 결집을 가져오는 커다

란 계기로 작용하였는데, 인터넷의 자유주의 정신에 대한 정면 도전이
라고 받아들인 전세계 네티즌의 주목을 받으면서 서구의 주요 인터넷
사업자들과 미디어사업자들도 네트워크의 중요 행위자로 뛰어들게 되
었다.[21]

그림 1 이집트의 인터넷 트래픽 추이

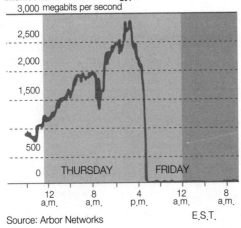

Blocking Egypt's Internet
On Thursday, just after midnight Cairo time, or 5 p.m. New York
time, Egyptian authorities had succeeded in shutting down the
country's international Internet access points.

Internet traffic to and from Egypt

Source: Arbor Networks

* 자료 : Arbor Networks

이와 반대로 2012년 미국 대선에서 오바마 후보가 전개한 진실 규명

---

21   예를 들어, 2월 1일 일본 소프트뱅크는 이집트에서 SMS 사용을 무료로 할 수 있는 정책을 실시
     하였다.

캠페인은 긍정적이며 네트워크를 잘 활용한 대응으로 평가할 수 있다. 2008년에 이어 2012년 역시 오바마 후보는 이슬람 태생설, 테러범과의 연계설 등 각종 흑색 선전의 공격을 받고 있었다. 통상적인 후보자들의 반응이었다면 이에 대한 반박 성명서를 발표하는 정도에 그칠 사건이었다. 그러나 오바마 캠프에서는 이러한 루머에 적극적으로 반응하여 〈그림 2〉의 '진실 규명팀(Truth Team)'을 구성하였다.[22] 이 팀은 후보자로서 수동적인 해명에 머무는 것이 아니라 수백만 명의 오바마 대리인들을 사실(fact)로 무장시키는 자율적 전략, 소셜 규명 전략을 취했다.

그림 2 오바마의 진실규명팀

* 자료 : http://www.barackobama.com/truth-team/attack-watch

22 반면, 2008년 오바마 후보측이 만든 '중상모략 퇴치(Fight the Smears)'라는 진실규명팀은 단지 다수를 동원하여 해명하는 수동적인 수준에 머물러 있었다.

즉 다수의 오바마 지지자들이 트위터, 페이스북, 친구와 이웃 등 주변인들과의 직접 대화를 통해 필요한 부분을 강조하는 역할을 하게끔 적극적인 해명의 네트워크 구축과 지지자 획득이라는 전략을 동시에 구사한 것이다. 또한 단순히 루머에 대한 수세적인 방어에 그친 것이 아니라 상대 후보에 대한 공략도 동시에 취하는 적극적인 대응의 모습을 보였다.

리더의 반응은 신속하고, 정확하고, 긍정적일 때 많은 사람의 공감과 신뢰를 획득할 수 있다. 온라인 공간을 어떻게 수용하는가에 따라 리더는 감시의 주체가 될 수도, 소통의 주체가 될 수도 있지만, 시민이나 구성원의 요구에 대한 반응성이 낮다면 끝없이 빠르게 변화하는 시민 사회와 더욱더 많은 갈등을 노정할 수밖에 없을 것이고 이러한 리더를 유능한 리더로 평가하기는 어려울 것이다.

2) 연결적 리더십

너무 빠른 세상 변화 때문에 과거보다 정치하기 힘들어졌다는 정치인도 있기는 하지만, 리더십이란 변하지 않는 안정된 체제 속에서 통치하거나 군림하거나 고립되어 있는 모습으로 존재할 수는 없는 것이다. 트위터를 열심히 하는 대기업 회장, 페이스북을 통해 소통하는 시장, 파워 블로거라고 부를 수 있을 정도로 블로그 포스팅(posting)을 열심히 하는 국회의원들의 모습을 통해 유명인 혹은 연예인으로서의 그들과 권력 거리(power distance)를 좁히고 친근감을 느끼고 대화하고 싶어하는 소통의 가능성이 열릴 수 있다.

게르트 호프스테드(Geert Hofstead)의 책에 소개된 권력 거리 개념은 네덜란드의 실험사회심리학자인 멀더(Mauk Mulder)의 연구에서 비롯되었는데 멀더는 부하들이 그들의 상사들로부터 격리된 감정적 거리에 대해 연구하였다.[23] 호프스테드는 이를 발전시켜 각국의 권력거리지수(power distance index, PDI)를 측정하였다. 측정 결과, 상사를 두려워하지 않고, 상사들이 별로 전제적이거나 가부장적이지 않은 나라의 구성원들은 상의적 의사결정 스타일 선호를 드러냈다. 즉, '대체로 어떤 결정을 내리기 전에 부하직원들과 상의하는' 상사를 선호한다는 연구결과가 나온 것이다.[24]

권력은 '관계(relation)'이다. 권력을 '관계'로 이해하는 것은 권력 행사자와 권력 수용자, 그 양자를 관계 지우는 개별적·사회적 관계가 양자 사이를 매개하고 있음을 의미한다. 권력을 개별적 관계로 이해하는 것은 곧, 어떤 행위자와 다른 행위자 간의 '특정한 권력관계'가 성립하기 위해선 최소한 둘 사이의 '연결고리(connection)'가 존재해야 함을 의미한다. 이러한 연결고리에는 두 가지가 있을 수 있는데, 첫 번째는 양자 간 '이해관계(interests-relation)'이며, 두 번째는 '제도(institution)'이다. 그러나 네트워크 사회에서는 온라인 공간 자체가 연결의 매개고리로 작동할 수 있다. 앞서 지적한 것처럼 누구나 연결되어 있다는 이 당연한 사실을 리더들은 망각하기 쉽다는 것이다.

그러한 연결을 통해 반응적 차원에 머무는 것이 아니라, 한걸음 더

23 Geert Hofstead (1991)
24 Geert Hofstede (1991 : 49-55)

나아가 선도적 가치를 제시할 수도 있다. 서로 떨어져 있는 이슈들을 자신의 리더십으로 연결시켜 새로운 사회현상으로 전환시킬 수 있다. 큰 이슈보다 시민들에게 체감도가 높은 일상 이슈를 개선함으로써 연결적 생활 리더십을 구축할 수도 있다. 많은 유명인들이 온라인 공간에서 새로운 아이디어를 먼저 제시함으로써 사회운동으로 전환된 사례는 매우 많다. 오노 요코가 트위터를 통해 제안한 '월요일에 고기 안 먹기 운동(Meat-Free Mondays)', 유명가수 이효리가 블로그를 통해 제안한 노란봉투 모금 운동[25] 등은 단지 유명인(celebrity)의 세 과시가 아니라 네트워크 공간에서 일상적으로 소통하고 유명인으로서의 능력을 다수와의 네트워크 연결을 통하여 새롭고 유연하게 전환시킨 대표적인 사례라고 평가할 수 있다.

2. 집단 차원 : 창의적·공유형 리더십

집단차원에서의 네트워크 집단화에 조응하는 미래의 리더십은 창의적 리더십과 공유형 리더십을 들 수 있다.

1) 창의적 리더십

창의적 리더십은 새로운 선도적 가치의 제시를 하는 리더십으로서

---

25 2014년 4월 아름다운재단은 쌍용차 철도노조 등 노동자들에 대한 손해배상과 가압류의 문제를 해결하기 위한 '노란봉투캠페인'을 전개하였으며, 이효리의 손편지와 기부 사실이 알려지면서 미국의 노암 촘스키까지 동참하여 통 2만 여명이 참여하였고, 모금액은 10억 원에 달하는 효과가 나타났다.

애플의 스티브 잡스(Steve Jobs)의 리더십을 들 수 있다. 네트워크 집단화를 통한 상시적인 사회운동이나 조직화가 가능한 상황에서 정적이고 변화하지 않은 리더십보다는 언제든 변화할 수 있고 어디로 변화해나갈 것인가를 제시하는 선도적 리더십이 매우 중요하다. '모두가 예라고 할 때 아니라고 말할 수 있는 용기'를 패기라고 지칭했던 오래된 광고 카피는 네트워크 사회에서는 '모두가 예라고 할 때 더 좋은 예, 더 많은 예가 있다는 것을 보여주는 것'이 중요하다는 슬로건으로 전환될 수 있다.

까다롭고 사용하기 불편하고 기술전문가(geeks)들만이 사용하는 일부 애호가들의 소장품으로 알려진 애플 컴퓨터가 아이팟(ipod), 맥북(Macbook), 아이폰(iPhone) 등의 상품을 출시하면서 모두가 선망하는 우수한 디자인과 고성능의 기기로 평가된 것은 스티브 잡스의 끊임없는 혁신 아이디어와 현재에 머무르지 않는 선도적 가치 제시에서 가능한 것이었다. 스티브 잡스가 워낙 독특한 괴짜였기 때문에 그러한 리더십이 가능했다고 평가하는 것은 제한적이며, 리더십에 있어서 창의적 요소라는 측면이 매우 중요하다. 또한 동기 부여가 두려움이 아닌 비전 제시로부터 가능하며, 변화는 고통이 아니라 성장이라는 것을 보여주는 대표적인 사례로서 의미가 있다.

새로운 집단이 새로운 가치를 제시할 때 그저 다양한 현상을 먼 곳에서 바라보는 것에 그치는 것이 아니라 그것을 하나의 가치로 전환하고 새로운 비전을 제시하는 능동적이고 창의적인 리더십이 필요한 것이다. 네트워크 집단의 대안 운동이 발생했을 때 그것을 단지 과거의 가치에 천착하여 규제하고 억제하고 부정하는 자세보다는 희망적이고 가능성 있는 가치와 조화시켜서 새로운 가치로 전환할 수 있는 능력이 필요하다. 이는 개인에 대한 반응뿐만 아니라 사회에 대한 반응으로서 끊임없이 사회 유지와 사회 통합을 위한 가치의 재발견 노력이 이루어질 때 가능한 리더십의 모습이라고 평가할 수 있다.

2) 공유형 리더십

보스(Boss)와 리더는 다르다. 사전적 의미에 보스는 실권을 쥐고 있는 책임자이고, 리더는 조직을 이끌어가는 위치에 있는 사람인데 모든 보스가 리더를 의미하는 것은 아니다. 즉, 직책으로 보스는 있을 수 있지만 누구나 리더가 되는 것은 아니다.[26] 보스는 잘해야 리더십의 부분집합에 불과하다. 〈그림 3〉은 보스와 리더의 차이를 보여준다. 보스는 조직원 위에 군림하고 명령하고 평가하며 지배한다. 리더는 함께하고, 명령하기보다 가르치며, 앞서 가며, 구성원과 모든 것을 공유하고 공동체의 가치를 소중하게 평가한다.

미래의 리더십에서는 이러한 리더의 모습이 더 많이 요구된다. 조직의 정점에 있는 보스가 유능함의 상징이던 권력 독점의 시대, 너무 위에 있기 때문에 마치 조직 밖에서 조직원을 감시하고 동떨어져 있는 것 같은 시대보다는 조직 내에서 조직원의 곁에서 함께 공유하는 즉, 공감과 소통이 가능한 리더십이 더욱 중요해진다. 명령하기 보다는 대

---

26 http://expertbusinessanalyst.com/seven-points-differentiating-the-boss-and-the-leader(검색일 : 2014년 10월 15일)

화형 말걸기, 의견 나눔 등의 리더십의 실천이 더 의미 있게 되는 것이다. 이로써 조직은 통제의 대상이 아니라 서비스의 장으로 재평가되고, 조직구성원은 학생이나 아이가 아니라 동료로서 자리매김 된다.

그림 3 보스와 리더의 차이

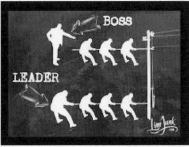

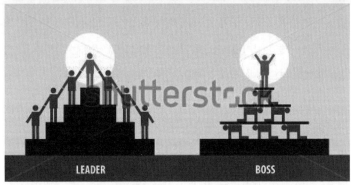

www.shutterstock.com · 141817552

*자료 :

(좌) http://modernservantleader.com/servant-leadership/bad-boss-vs-good-leader-image(검색일 : 2014년 11월 1일)

(우) http://expertbusinessanalyst.com/seven-points-differentiating-the-boss-and-the-leader(검색일 : 2014년 11월 1일)

(하) http://www.shutterstock.com/s/conformist/search.html(검색일 : 2014년 11월 1일)

또한 2012년 미국 대선에서 오바마의 선거운동에서 돋보였던 공유의 가치를 수용할 필요가 있다. 대부분의 정치인들이 지지자들을 끌어모으고 그들에게 한 표를 호소하는 방식으로 선거운동을 한 것에 비해, 2012년 오바마의 선거운동이 높게 평가받는 이유는 조직을 이끄는 선거운동이 아니라 조직이 스스로 움직이게 하는 선거운동이었기 때문이다. 즉, '나를 지지해주세요'가 아니라 '나를 지지하고 있다는 사실을 (연결된 네트워크 공간에서) 주변에 널리 알려 주세요'라는 방식이 새롭고 의미 있다는 평가를 받은 것이다. 이와 같은 공유형 리더십은 일방향이 아닌 쌍방향의 관계를 상정하고 연결된 공간에서 가치와 대화를 촉진할 수 있는 리더십으로 활용될 때 더욱 더 큰 효과를 기대할 수 있다.

3. 제도 차원 : 소프트·개방형 리더십

개인과 조직 차원의 변화에 조응한 미래 리더십의 모습보다 제도적 차원에서의 변화에 조응하는 리더십은 상대적으로 좀 더 거시적인 국가와 같은 규모의 리더십에 요구되는 것으로서, 강력하고 위계적인 체계가 수평적이고 개방적이며 유연한 체계로 변화하면서 요구되는 리더십이다. 따라서 경성 권력보다는 소프트 리더십, 폐쇄적 리더십보다는 개방형 리더십의 가치를 중심으로 제시할 수 있다.

1) 소프트 리더십

이익 갈등, 국력 경쟁과 같은 가치가 강조되었던 과거의 환경에서는 군사력이나 경제력이 매우 중요한 가치였다. 2009년 오바마 행정부는 소프트 파워를 새로운 외교원칙으로 제시하였는데, 군사력과 경제력에 주로 의지하는 하드 파워만으로는 더 이상 세계 리더가 되기 어렵다는 현실적 판단에 기반하여, 상대를 설득하여 동의를 얻어내는 소프트 파워에 관심을 가지기 시작한 것이다.[27] 쉽게 말해 '완력'만을 내세우던 기존의 방식을 탈피하여 '실력'과 '매력'을 겸비한 '똑똑한 힘(smart power)'의 전략을 펼치겠다는 것이다.

이러한 국가전략 변화의 저변에는 이론적인 차원에서 하버드대 교수인 조지프 나이(Joseph S. Nye Jr.)가 제시한 경성 권력(Hard Power)이 아닌 소프트 파워(Soft Power)의 중요성이 있다. 나이의 권력 개념은 국제정치학계에서 벌어지고 있는 21세기 권력론의 두 가지 고민을 반영한 것으로, 첫째, 군사력이나 경제력으로 환원되지 않는 비물질적 권력, 특히 '지식 권력'의 중요성에 대한 고민이다. 둘째, 21세기 권력이 더 이상 행위자의 속성이나 기존 자원에서 우러나오는 것이 아니라 행위자들이 구성하는 '관계적 맥락'에서 발생하는 것으로 이해해야 한다는 것에서 시작되었다. 나이의 권력에 대한 도식을 보면, 권력이란 '특정한 자원의 보유를 바탕으로 타인의 행동에 영향을 미쳐 자신의 원하는 결과를 얻는 능력'이지만 좀 더 나아가, 권력이 생성되고 작동하는 '비물질

---

27   이하의 소프트파워 논의는 김상배 (2009) 논의를 참고하여 재구성하였다.

적 측면'과 '관계적 맥락'에 대해서 좀 더 많은 관심을 가진다.

예를 들어, 인도의 인구는 2034년에 중국을 능가하고, 세계 4위 규모의 군대를 가질 것으로 예측되고, 핵무기도 갖고 있다. 세계 5위 경제 규모이며, 2008년 세계 경제 위기 때에도 6.7%의 경제 성장을 했다. 그러나 이런 것으로 인도가 강대국이라고 평가하는 사람은 많지 않을 것이다. 오히려 인도 발리우드(Bollywood)의 영화, 인도의 음식, 인도의 의료 아유르베다(yur-veda), 인도인들의 높은 수학과 컴퓨터 능력 때문에 미래의 강대국이 될 것이라고 생각한다. 이것이 소프트 파워이다. 이는 미국의 힘을 FBI나 CIA 혹은 전세계 미군의 존재나 미국의 부의 능력으로 평가하기도 하지만, 할리우드 영화나 맥도날드·켄터키치킨 등으로 대표되는 수많은 글로벌 프랜차이즈 그리고 세계 언어로서의 영어, 세계적 대학 등을 기준으로 평가하는 것과 같은 의미이다. 즉, 미래의 힘은 군대에 의해서만 나오는 것이 아니라 더 좋은 이야기를 만들어 내는데서 나오는 것이다.

하드 파워로부터 소프트 파워로의 권력이동은 행위의 스펙트럼을 따라 명령으로부터 동조와 자발적 동의에 이르는 과정이다. 소프트 파워에 이르는 i) 강제, ii) 회유, iii) 의제설정, iv) 매력, v) 자발적 동의의 다섯 단계 진행과정은 각각의 행위에 친화적인 자원으로서, i) 무력과 제재, ii) 보상과 매수, iii) 제도, iv) 가치와 문화, v) 구체적 실천을 강조한다. 즉, 매력의 차원에 도달하기 위해서는 가치와 문화가 매우 중요한 요소가 되는 것이다. 소프트 파워의 리더십은 가치와 문화를 중요시하는 리더십이다. 또한 소프트 파워의 리더십은 네트워크의 세를 모을 수 있는 네트워크 지성(network intelligence)을 갖춰야 하고, 네트워크상의 관계적 맥락을 활용하는 위치 지성(positional intelligence)이 있어야 하며, 네트워크의 권력구조 자체를 구성할 수 있는 틈새 공략의 지성(niche intelligence)을 갖추어야 한다.

2) 개방형 리더십

바버(Barber 1992)는 미국 대통령 리더십의 유형 구분 기준은 직무 수행에 적극적인가 아닌가, 직무 수행을 즐기는가 아닌가 여부를 중심으로 대통령의 개인적 자질(personality)과 심리적 측면에 주목하여, 적극적-긍정적(active-positive), 적극적-부정적(active-negative), 소극적-긍정적(passive-positive), 그리고 소극적-부정적(passive-negative)이라는 네 가지 유형으로 분류하였는데, 이 가운데 적극적-긍정적을 가장 호의적으로, 그리고 소극적-부정적을 가장 나쁜 형태로 파악하였다. 일면 매우 상식적인 이와 같은 구분이 여전히 중요한 이유는 소극적-부정적인 제도가 여전히 해결되지 않은 문제로 남아 있기 때문이다.

가장 대표적인 예가 비밀주의와 특권의식에 기반한 폐쇄적 조직과 제도 작동방식인데, 이미 모든 것을 다 알 수 있고, 모든 것을 다 알고자 하는 네트워크 사회에서 이러한 비밀주의나 특권의식은 긍정적으로 평가받기 어려운 대표적인 소극적-부정적 자세의 전형이다. 특히 보통 선거에 기반한 근대적 의미의 민주적 가치가 아닌 개방성에 기반한 탈근대적 민주적 가치를 중심으로 본다면, 개인의 프라이버시나 개인의 특권의식이 아닌 조직 단위와 제도 차원에서의 이러한 폐쇄성이 증가하는 것은 매우 비민주적인 태도로까지 폄하된다.

　국회의원 회관, 청와대, 회사 임원실에 존재하던 그들만의 공간과 시민들의 일상의 공간은 더 이상 단절되어 있지 않고 온라인 속에서 연결되고 개방되어 있다. 위키리크스나 내부 폭로와 같은 고위험의 개방 압력이 존재하는 네트워크 사회에서는 선제적인 개방성과 투명성을 확보한 리더십이 높은 평가를 받는다. 미국의 열린 정부(open government) 프로젝트나 전세계적인 정보공개운동이 상징하는 것도 현대가 이미 개방성과 투명성의 사회라는 것을 의미한다. 과거처럼 그저 제도만 민주주의적이면 된다는 소극적인 의미보다는 민주주의적 가치를 적극적으로 실현하기 위하여 개방성과 투명성을 확보한 리더십으로 발현되어야 하는 것이다.

Ⅳ. 결론 : 리더십의 미래

1. 현재의 권력과 미래의 권력간 조화

사회와 역사는 하나의 신기술 등장에 의해 과거와 완전히 단절되는 것이 아니다. 탈근대 사회라고 일컬어지는 지금의 상황도 근대의 모든 가치가 소멸된 것이 아니다. 또한 전환의 시기에는 모든 것이 갈등하고 그 갈등을 잘 관리하지 못하면 다음 단계로의 연착륙(soft landing)이 어려울 뿐만 아니라 사회적 차원에서의 갈등에 소모되는 비용도 불필요하게 많아진다. 권력의 미래에 대한 모든 가능성은 열려 있지만 미래의 권력을 구체적으로 상정하기 힘든 것은 바로 이런 이유 때문이다. 권력의 미래는 '현재'의 권력과 '미래'의 권력이 어떻게 공존하면서 변화되어 나갈 것인가, 즉, 권력 전이(transition)의 안정성 혹은 불안정성을 의미한다.

지금은 네트워크 사회로 진입하는 과도기일 뿐이고 아직 진행형이다. 우리가 어떤 선택을 하는지에 따라 필요조건으로서의 뉴미디어가 약이 될 수도 있고, 병이 될 수도 있다. 뉴미디어의 가능성은 지금 우리의 선택이라는 충분조건에 따라 모양을 갖춰 나갈 것이고, 이에 대한 현명한 판단이 요구되는 시점이다. '현재의 권력'과 '미래의 권력'이 충돌하지 않을 수 있는 방향에 대한 성찰적인 모색이 필요한 이유이다.

즉, '권력의 미래'가 안정적일지 불안정적일지 결정하는 중요한 요인이기 때문이다.

과거에는 홈페이지 정보인 URL을 북마크하고 수집하는 정도에 머무는 것이 '정보'였다면 이제는 트위터의 트윗 자체가 정보이거나 페이스북 담벼락의 모든 콘텐츠가 정보로 변화하게 되었다. 모든 정보는 '연결'되어 있고 그 연결 속에서 권력이 나오기 때문이다. 이와 같은 변화는 첫째, 형태적인 면에 있어서 단지 정보의 소스만이 정보가 아니라 의견이나 이미지 등도 정보가 되어 정보의 형태가 멀티미디어화되어가고 있음을 나타낸다. 둘째, 일방적인 정보 제공이 아니라 소통과 연결의 의미가 훨씬 중요해져 네트워크 자체의 쌍방향 소통이 더욱 중요해졌다는 것을 의미한다. 아무리 좋은 미디어가 있어도 그것을 통해 좋은 콘텐츠가 확산되고 그것에 사람들이 공감을 하고, 그 공감이 행동의 원동력이 되지 못한다면 더 좋은 미디어가 나와도 사회의 변화나 희망은 만들어지지 않는 것이다.

현재 전 세계 각국의 정부와 정당은 시민과의 접점을 확대하는 플랫폼으로 전환함으로써 시민사회와의 소통 및 의견수렴 그리고 정책발전을 위해 주력하고 있다. 물론 시민사회에서도 적극적으로 정보를 수용하고 이를 기반으로 정치적 요구나 의제 개발 또한 활발하게 이루어지고 있다. 이와 같은 변화는 단지 기술 발전을 따라가지 못하면 낙후될 것이라는 수세적인 인식에서 나오는 것이 아니다. 오히려 현재의 문제를 좀 더 선제적, 효율적으로 해결하고 사회의 안전과 통합과 발전을 고민하기 때문에 이루어지는 시도라고 볼 수 있다.

과거와 현재와 미래가 중첩되고 있는 것은 역사 속의 오래된 사실이지만 최근의 변화처럼 많은 것이 응축되어 빠르게 변화하는 시대에는 수동적인 수용보다는 능동적이고 선제적으로 수용하는 것이 중요하며 그것이 리더십의 미래를 낙관적으로 전망할 수 있는 근거가 된다. 다만, 능동적이고 선제적인 리더십은 기술의 속성을 반영하여 기술의 속성이 사회변화의 긍정적인 에너지로 전환될 수 있는 계기를 제공하는 것에 기반 해야 한다. 단지 새로운 기술을 사용한다는 사실이 멋진 리더의 모습이 아니라 새로운 기술을 통해 공공의 가치와 사회 회복의 가치를 제시하는 차원까지 발전할 때 그것이 진짜 리더십의 '능력'이 되는 것이다. 스마트폰을 사용한다는 것과 스마트폰을 통해 무엇을 하고 어떤 가치를 실현할 것인가는 전혀 다른 것이다.

2. 필요조건으로서의 뉴미디어

뉴미디어의 도래로 인해 권력 주체가 특정 주체로부터 탈구되었다는 점에서 권력 관계의 수준에서는 수평적이고 민주적 차원에서의 의미 있는 변화가 일어나고 있다. 과거의 영웅은 히어로(Hero) 단 한 명에 머물러도 대중이 열광하였지만 현재의 영웅은 영웅들의 집합인 어벤져스(Avengers)급으로 몰려다녀도 설득력이 없다. 오히려 네트워크 공간 속에서 알려지지 않은 능력자들이 툭 던진 평범한 이슈에 사람들이 '맞다, 맞다!' 하고 공감하는 경우도 비일비재하다. 누구나 뉴미디어와 네트워크를 잘 활용하면 제기하고 싶은 의제와 아이디어를 효과적으로 이야기할 수 있다.

그러나 그것은 여전히 실험중인 상태이고 '가능태'에 머물고 있을 뿐이다. 새로운 이슈와 새로운 권력이 사회적으로 의미 있기 위해서는 효과적인 제도변화까지 이어져야 한다. 권력은 그것이 실제로 어떠한 변화를 가져왔는가를 통해 판단하는 것이기 때문이다. 아직까지 뉴미디어는 단지 그러한 권력을 행사할 수 있는 토대를 마련해주었을 뿐, 그 결과까지 보장해주지 않는다. 따라서 권력을 행사하기에 앞서 일어난 이러한 권력 관계의 변화가 그 결과에까지 실현되기 위해서는, 나아가 그로 인해 권력이 재생산되는 권력 구조에도 유의미한 변화를 가져오기 위해서는 권력을 둘러싼 쌍방의 대화와 소통, 그리고 제도화와 현실화를 위한 노력이 절실히 요구된다. 다시 말해 뉴미디어는 권력의 변환 혹은 더 나아가 민주화를 이루기 위한 필요조건일 수는 있어도 그 자체가 충분조건으로 기능하기에는 불충분할 수 있다.

3. 리더십의 선택과 반응

과거 산업사회에서의 물질적인 사회경제적 균열은 탈물질적 균열로 전환되었다. 문화, 여가, 자아실현, 환경 문제에 대한 대중의 관심이 그것으로서, 점점 다양화되는 대중의 가치를 표상한다. 네트워크 사회는 이러한 탈물질적 균열을 포함하면서 한편으로는 상대적으로 다양한 이슈의 분산과 네트워크라는 새로운 속성을 포괄하여 균열의 범위가 매우 복잡한 구조를 형성한다는 특징이 나타난다.

또한 과거 사회에서의 균열이 계량할 수 있는 가시적인 문제에 기초하여 나타났다면, 네트워크 사회에서의 균열은 이슈의 개인화와 네트워크화라는 구조 변화를 통해 과거와 같이 분명한 갈등의 축을 파악하기 어렵고 이슈의 확산이 급속도로 전개된다는 점에서 이에 대한 신속하고 효과적인 대응이 매우 어렵다. 네트워크 상의 빅데이터(big data)를 분석하는 사회연결망분석(Social Network Analysis)이 유행하는 것도 이와 같은 맥락이다. 트위터나 페이스북, 블로그 등에서의 의미있는 단어와 노드(node)의 연결을 효과적으로 파악하면 이 시대의 중요 관심사가 무엇인지 누가 누구와 연결되어 네트워크 안에서 힘을 발휘하는가를 과학적으로 파악할 수 있다.

네트워크 사회의 가치를 강조하는 이유는 정보 자체의 개념이 변화되었기 때문이 아니라 정보가 차지하는 역할과 중요성, 그리고 정보가 유통되는 속도와 방식이 이전의 시기와 엄청나게 달라졌기 때문이다. 즉, 정보의 생산과 소비 그리고 유통방식이 변화한 것이다. 네트워크 환경에서 정보는 대화를 통해 전달되는 것이기 때문에 결국은 대화 자체가 수월할 수 있도록 대화 채널을 더욱더 다양화해야 한다.

결국 네트워크 사회의 권력은 네트워크를 기반으로 한 다양한 정보의 유통과 소통에 기초하여야 한다. 과거의 물질적인 권력은 일정한 정도 지속적으로 유효한 측면이 존재하겠으나, 이것만으로는 불충분하다. 새로운 권력 주체의 등장과 이들 간의 권력의 재배분은 새로운 문제를 제기하고 있다. '미래의 권력'은 바로 소통과 공유라는 변화된 측면을 정확히 포착하고 이에 적합한 대응을 하는데서 창출될 수 있고,

이를 상징적으로 담지 하는 모습이 미래 사회의 리더십이라고 할 수 있다.

'미래의 권력'은 정보의 공유와 연대 그리고 이에 기초한 소통을 올바르게 하는 세력이 장악하게 될 것이다. '현재의 권력'과 '미래의 권력'이 선형적으로 발전하면서 안정적인 전환을 이룰 때 사회의 안녕과 평화는 보장받을 수 있다. 하지만 이 두 권력이 서로 다른 방향으로 움직이게 된다면 사회는 1789년의 프랑스 대혁명, 혹은 1968년과 같은 또 다른 대변혁의 시기를 맞이하게 될지도 모른다. '권력의 미래'가 얼마나 혼란스러울지 아니면 안정적으로 관리될지의 문제는 '현재의 권력'의 속성과 '미래의 권력'의 속성을 정확히 인식하고 이 변환에 어떻게 대응하는지에 달려있다. 미네르바의 올빼미가 황혼이 되어야 날게 되는 역사적 교훈을 다시 반복하지 않으려는 모색이 필요한 시점이라고 할 수 있다. 이러한 변화를 정확히 읽어서 파악하고 이에 적절히 대응할 수 있는 '미래를 향하는 현재의 리더십'의 존재는 그래서 더욱더 중요하다.

21세기가 15년이 지난 지금 밀레니엄의 시대가 온다는 진단은 틀린 것이 아니었다. 21세기가 되자마자 모든 것이 변한 것은 아니었지만 축적된 변화의 물결이 때로는 위기의 징후로, 때로는 가능성으로, 때로는 변화의 힘으로 전환되고 있다. 우리는 거대한 전환의 시대에 살고 있다. 특히 전환의 시기이기 때문에 리더십의 역할은 매우 중요하다. 각자 맡은 역할에 충실해야 할 시민이나 조직의 구성원들에게 공공의 가치와 미래의 나은 모습을 제시하는 것이 리더의 역할이기 때문이다.

이 글에서는 탈근대·네트워크 사회로의 변화 양태의 분석을 통하여, 과거와 현재의 변화에 기반하여 미래의 리더십이 어떤 모습이어야 할까를 제시하였다. 그러나 레고 블록이나 로봇처럼 이 모든 요소들이 기계적으로만 결합되어 하나의 완성체를 이루는 것이 아니다. 이보다는 기회와 위기에 따라 적절한 리더십이 효과적으로 발휘되어야 한다는 것을 의미한다. 오래된 권력의 형태로서 무력·국가권력·부보다는, 사회적 규범이나 아이디어의 영향력이 높이 평가되는 사회로 변화하고 있다. 이제 리더십은 타인에 대한 일방적인 지시와 강제만을 의미하는 것이 아니라 물 흐르듯이 일상의 모든 영역에 스며들어 사람들의 규범이나 아이디어와 융합할 때 더 큰 파급력이 있는 것으로 평가되고 있다. 오래된 근대의 이분법적인 틀에서 탈근대의 다양성과 소통의 폭발을 표출하는 뉴미디어의 시대가 된 현재, 미래의 리더십은 개인적 속성이라는 차원에서의 필요조건에 더하여 시대변화에 조응하면서 이를 적극적으로 수용하는 방향으로 변화해야 한다.

참고자료

강원택. 2012. "성공하는 리더십의 조건". 류상영 외.
2012. 『한국의 오늘과 내일을 말하다』. 서울 : 동아시아재단. 제8장

김상배. 2009. "스마트 파워의 개념적 이해와 비판적 검토 : 중견국 네트워크 권력론
의 시각." 『국제정치논총』 49(4) : 7-33.

류석진·윤성이·조희정. 2008. 『인터넷 정치 참여와 대의민주주의』. 서울 : 국회입법
조사처.

류석진·조희정. 2009. 『디지털 컨버전스 환경에서의 정치제도와 시민사회 변화 연
구』. 서울 : 정보통신정책연구원.

류석진·허정수. 2010. 『디지털 컨버전스사회의 정치권력연구』. 서울 : 정보통신정책
연구원.

조희정. 2010. 『네트워크 사회의 정치와 민주주의 : 정부·정당·시민사회의 변화와 전
망』. 서울 : 서강대학교 출판부.

Anderson, Chris. 2009. Free : The Future of a Radical Price. Brockman
Inc. 정준희 역. 2009. 『프리 : 비트 경제와 공짜 가격이 만드는 혁명적 미래』. 서울 :
랜덤하우스.

Barber, James. 1992. The Presidential Character : Predicting Performance
in the White House. 4th ed. Englewood Cliffs, N.J. : Prentice-Hall.

Bell, Daniel. 1988. The End of Ideology : On the Exhaustion of Political
Ideas in the Fifties : With a New Afterword. Harvard University Press. 이상
두 역. 1999. 『이데올로기의 종언』. 서울 : 범우사.

Bimber, Bruce. 2003. Information and American Democracy : Technology
in the Evolution of Political Power, Cambridge University Press. 이원태 역.
2007. 『인터넷 시대 정치권력의 변동 : 미국 민주주의의 역사적 진화』. 서울 : 삼인.

Gansky, Lisa. 2010. The Mesh. Penguin Group. 윤영삼. 역. 2011. 『메시』. 서울

: 21세기북스.

Hofstede, Geert. 1991. Culture and Organizations : Software of the Mind. London : McGraw Hills. 차재호, 나은영 역. 1995. 『세계의 문화와 조직 : 문화간 협력과 세계 속에서의 생존』. 서울 : 학지사.

Lukes, Steven. 1974. Power: A Radical View. McMillan. 서규환 역. 1992. 『3 차원적 권력론』. 서울 : 나남.

MoveOn org. 2004. Moveon's 50 Ways to Love Your Country : How to Find Your Political Voice and Become a Catalyst for Change. 송경재 역. 2010. 『나라를 사랑하는 50가지 방법』. 서울: 리북.

Nye, Joseph S. Jr. 2004. Soft Power : The Means to Success in World Politics. Public Affairs. 홍수원 역. 2004. 『소프트파워』. 세종서적.

Polanyi, Karl. 1944. The Great Transformation: The Political and Economic Origins of Our Time. Boston. Beacon Press.

Rheingold, Howard. 2002. Smart Mobs. Perseus Pubs. 이운경 역. 2003. 『참여군중』. 서울 : 황금가지.

Rifkin, Jeremy. 2014. The Zero Marginal Cost Society : The Internet of Things and the Rise of the Sharing Economy. Palgrave Macmillan. 안진환 역. 2014. 『한계비용 제로 사회 : 사물인터넷과 공유경제의 부상』. 서울 : 민음사.

Shirky, Clay. 2008. Here Comes Everybody. Brockman. 송연석 역. 2008. 『끌리고 쏠리고 들끓다』. 서울 : 갤리온.

Tapscott, Don. 2008. Grown Up Digital: How the Net Generation Is Changing Your World. New York: McGraw-Hill.

Toffler, Alvin. 1991. Power shift : Knowledge, Wealth, and Violence at the Edge of the 21st Century. BANTAM.

Trippi, Joe. 2004. The Revolution will not be televised : Democracy, the Internet, and the Overthrow of Everything, Harper Collins Publishers. 윤영미·김정수 역. 2006. 『혁명은 TV로 중계되지 않는다』. 서울 : 산해.

미래 한국사회의 리더십

조흥식

조홍식

학력
파리정치대학교 정치·사회·경제학 학사
파리정치대학교 정치학 석사
파리정치대학교 정치학 박사

주요 경력
현   숭실대 정치외교학과 부교수
        숭실대 사회과학연구소 소장
북경외국어대학 객원 교수
하버드대 유럽학연구소 객원 연구원
중앙일보 외교전문기자

주요 저서 / 논문
2014. 『유럽의 민주주의: 새로운 도전과 과제』 조홍식 외 공저. 서울: 사회평론
2013. 『국익을 찾아서: 이론과 현실』 이승주 외 공저. 서울: 명인문화사
2012. 『아직도 민족주의인가. 우리시대 애국심의 지성사』 곽준혁 공편. 파주: 한길사
2010. 『국가의 품격』 김우창 외 공저. 파주: 한길사
2009. 『하나의 유럽: 유럽연합의 역사와 정책』 강원택 공저. 서울: 푸른길.
2006. 『유럽 통합과 '민족'의 미래』 서울: 푸른길.

I. 한국 사회, 리더십의 위기

한국 사회가 총체적 리더십의 위기에 빠졌다. 한국은 사회 전체가 함께 우러러 볼 수 있는 위인이나 리더가 무척 드물다. 많은 나라에서 리더의 이름을 따서 도로명이나 공공시설의 이름을 짓는다. 하지만 한국에서 현대 인물의 이름을 딴 경우는 매우 예외적이다. 일반적으로 선진국에서 리더가 활동하는 시기에는 맹렬하게 비판을 퍼부으며 공과(功過)를 따지지만, 퇴임하고 난 다음에는 공인(公人)으로서의 위상을 인정해 주는 것이 관행이다.

※ 2014년 12월 9일 포항공대 미래전략연구소 주최 회의에서 이 글을 토론해 준 서울대 전상인 교수와 국민대 백기복 교수, 그리고 토론에 참여하여 내용을 풍부하게 보충하고 향상시키는데 기여해 준 모든 분께 심심한 감사를 표한다.

미국에서 케네디(John F. Kennedy) 대통령은 재임 당시 공화당의 강한 비판의 대상이었다. 그러나 1963년 암살된 이후 뉴욕의 주요 국제공항의 이름(JFK)으로 기억되고 있다. 세계에서 방문객이 가장 많은 도시 가운데 하나인 뉴욕은 대통령의 이름을 통해 외국인을 맞이하는 셈이다. 1980년대 미국을 통치했던 로널드 레이건(Ronald Reagan) 대통령도 재임 기간 신자유주의 정책으로 민주당의 강렬한 비난을 받았지만, 1998년 워싱턴 내셔널 공항의 이름으로 선정되어 기념의 대상이다. 각각 20세기를 대표하는 민주당과 공화당의 대표적 대통령이라고 할 수 있는 인물들이 사후에는 국가 관문의 간판이 된 셈이다.

이것은 비단 미국만의 현상은 아니다. 민주주의의 역사가 긴 프랑스에서도 정치인의 이름을 따서 공공시설을 기념하는 전통은 강하다. 프랑스 파리에 도착하는 많은 사람들은 샤를 드골(Charles de Gaulle) 공항(CDG)에 내린다. 드골은 1958년부터 1969년까지 프랑스 대통령을 역임했다. 미국은 헌정 질서가 안정된 국가이기 때문에 과거의 대통령을 기념하는 것이 쉬울 수도 있다. 프랑스의 경우 드골의 1958년 집권 과정이 합법적이지 못했다는 비판도 있다². 그럼에도 불구하고 1974년 파리 북부 공항은 샤를 드골 공항이 되었다. 현대 예술의 메카로 불리는 파리의 퐁피두(Georges Pompidou) 센터는 드골에 이어 1969년부터 1974년까지 집권한 대통령 이름이고, 국립도서관은 미테랑(Fran ois

---

2   드골의 정적(政敵) 미테랑은 1964년 드골의 집권을 가리켜 『지속적 쿠데타』(Mitterrand 1964)라는 책을 출간한 바 있다. 이는 1958년의 집권 과정이 쿠데타에 속한다고 주장하는 것은 물론, 그 후 1962년 간선제를 직선제로 변화시킨 개헌도 쿠데타라고 보는 입장이다.

Mitterrand) 대통령(1981년-1995년)의 이름을 받았다. 미국에서 공화당과 민주당 양당의 대통령을 기념하듯이 프랑스 역시 좌우를 막론하고 대표적인 대통령을 국가적으로 기억하는 것이다.

한국에서는 재직 중의 리더는 물론이고 과거의 리더에 대해서도 사회가 공통적으로 기념하는 여유를 가지지 못했다[3]. 이승만은 한편에서 '건국의 아버지'로 치켜세우지만 반대편에서는 부족한 일제 청산, 과도한 반공주의, 그리고 분단의 책임을 비판한다. 진영 사이에 평가가 엇갈리는데 그치지 않고 공통의 기억 자체를 서로 거부하는 셈이다. 박정희 또한 '경제발전과 국가부흥의 영웅'과 '쿠데타와 군부 독재의 상징'으로 의견이 대립된다. 이승만이나 박정희를 둘러싼 역사 논쟁은 독재의 그림자가 영향을 미쳐 그렇다 치더라도, 현재 우리가 살고 있는 민주주의 체제에서 민주적으로 선출된 대통령에 대한 기억과 기념조차도 허용할 수 없을 만큼 대한민국은 정치적으로 양극화 되어 있다. 김대중 도서관이나 김영삼 도서관이 있지만 이들은 민간 재단에서 추진하는 사업이다.

2014년 한국 영화계에는 하나의 신기록이 세워졌다. 이순신 장군의 리더십을 조명하는 〈명량〉이라는 영화가 역사상 최고의 관객 수 1,700만 명을 돌파하였다(구희언 2014). 세종로의 이순신상이 보여주듯이 구국의 리더로서 이순신은 오래 전부터 숭상의 대상이었다. 그러나 이번

---

3   하상복(2014)의 『죽은 자의 정치학』은 한국, 미국, 프랑스에서 국립묘지의 역사와 진화를 추적함으로써 기억의 정치를 분석한다. 특히 한국에서 국립묘지가 어떤 과정을 거쳐 반공 군사주의와 권력주의 미학으로 포장되었는지를 설명한다.

〈명량〉의 성공은 국가나 정치 세력이 이데올로기적으로 동원한 영웅이 아니라, 시민사회에서 자체적으로 그려내고 대중이 호응한 '순수 민간 현상'이라는 점에서 놀랍다. 현택수 한국사회문제연구원장은 이에 대해 "과거 인물이지만 오늘날 사회에서 강력한 리더를 바라는 염원, 바람이 투영된 것"이라며, "이순신이 위인으로 존경받는 이유는 사사로운 감정보다 국가를 위해 헌신하는 자세 때문"이라고 분석했다. 임원빈 순천향대 이순신연구소장 역시 "영화 〈명량〉이 흥행돌풍을 일으킨 건 지금의 대한민국 리더들에게서 발견하지 못한, 나라와 백성을 진정 사랑하는 면모를 이순신에게서 발견했기 때문이다. 현실에서 리더 찾기에 실패한 국민이 비록 작가가 만들어낸 이순신이지만 대리만족이라도 하려는 듯 극장가로 몰려드는 것"이라고 설명한다. 2001년 이미 김훈의 소설 『칼의 노래』의 성공에서 이러한 영웅적 리더에 대한 사회적 목마름이 존재했었고, 소설이 이를 어느 정도 충족시켰었다고 보아야 할 것이다. 그리고 올 들어 영화라는 가장 현대적이고 대중적인 매체를 통해 폭발적 인기를 끌게 된 셈이다.

이 글을 시작하면서 제시한 한국사회가 리더십의 위기를 안고 있다는 진단에 대한 반론도 가능하다. 한국은 세계가 부러워하는 산업화와 민주화의 업적을 동시에 달성한 훌륭한 나라이며, 이를 가능하게 한 것은 뛰어난 리더들이 존재했기 때문이라는 지적을 할 수 있다. 실제로 박정희는 많은 개발도상국에서 모델로 삼고 싶어 하는 리더임에 틀림없으며, 김대중은 노벨평화상 수상으로 민주화와 민족화해의 업적을 국제적으로 인정받았다. 문제는 세 가지다. 첫째, 우리가 설사 과거에 그 시대에 적합한 훌륭한 리더십을 가졌다고 하더라도 그것이 21세기 대한민국의 모델로는 적합하지 않을 수 있다. 달리 말해 과거의 리더십은 현재 사회에 적합하지 않을 수 있다는 말이다. 둘째, 보수와 진보가 함께 기념하고 기억할 수 있는 리더가 없다는 것은 진정한 통합 리더십의 청사진을 그리는데 실패했다는 뜻이다. 새로운 시대에 적합한 리더십의 청사진을 공통적으로 그려내는 것은 필수적인 과제라고 할 수 있다. 셋째, 과거의 리더십 논의로 미래를 구상하는 방법은 적절하지 못하다. 과거에 집착하면 할수록 미래에 대한 리더십을 구상하기가 곤란해지기 때문이다. 따라서 이 글에서 주장하는 리더십의 위기는 1) 현재의 리더십을 의미하며, 2) 공통의 리더십 모델 부재를 뜻하고, 3) 방법론적으로 미래 지향적 접근이라는 점을 강조하고자 한다.

이상에서 논의한 아이러니와 패러독스를 어떻게 이해해야 하는가. 현세에 대한 리더십에 궁하면 할수록 더 이전의 과거에서 영웅을 찾는다고 보아야 하는지도 모른다. 한국에서 리더십에 대한 위기를 조금 더 자세히 진단하기 위해서는 정치 뿐 아니라 사회의 각 분야를 잘 들여다 볼 필요가 있다. 논의의 시작은 정치 리더였지만, 사실 우리 사회가 총체적 리더십의 위기를 가지고 있다는 사실에 주목해야 한다. 따라서 정치나 국가에서 시작하여, 기업과 종교, 그리고 가장 사적인 가정에 이르기까지 리더십이라는 일관된 관점에서의 위기 또는 실패를 지적할 필요가 있다.

1. 정치의 위기

리더(leader)의 가장 기본적인 정의는 어학적이다. 무리를 이끌고 앞서 나가는(to lead) 길잡이라고 할 수 있다. 동아시아에서 사용하는 지도자(指導者) 역시 길을 가리키고 무리를 인도한다는 의미다. 여기서 볼 수 있듯이 리더십은 동·서양에서 모두 정치 또는 권력과 밀접한 관계를 맺는다.[4] 현대 한국 사회가 안고 있는 리더십의 위기는 달리 표현하자면 정치의 위기이며, 권력 관계의 패착에서 비롯된다고 할 수 있다. 보다 근본적으로 현대적 권력 장치인 국가가 제대로 기능하지 못하는 측면이 있다는 것이다.

국가의 실패를 가장 극적으로 드러내는 한국 현대 정치사의 상징은 전두환과 노태우의 천문학적 부정부패 행위다. 전두환은 1997년 대법원에서 무기징역과 추징금 2,205억 원을 선고 받았고, 노태우는 징역 15년에 2,628억 원의 추징금을 선고 받았다. 1979년 말부터 1993년 초까지 한국을 실질적으로 통치한 두 정치 지도자는 개인적 축재로 법을 만들고 수호하고 적용하는 국가의 위상을 바닥에 떨어뜨렸다. 국가원수의 대규모 부패는 당연히 국가 자체에 대한 신뢰를 파괴하고 국가와 사회의 관계를 적대적으로 만든다.

이러한 행위는 서구적 의미의 현대 국가에서 있을 수 없는 일이다.

---

4   노스하우스(Northouse 2013, 5)는 리더십을 "개인이 공동의 목표를 달성하기 위해 집단의 다른 개인들에게 영향을 끼치는 과정"이라고 정의한다. 학자마다 서로 다른 정의를 가지고 리더십에 접근하는데, 우리는 이러한 리더 개인에 초점을 맞추는 접근법보다는 보다 광범위하게 리더와 팔로워의 상호 관계를 규정하는 구조라는 측면에서 리더십을 보도록 한다.

서구 정치사에서 근대 국가는 왕실과의 차별화를 통해서 형성되었다. 특히 서구의 국가 형성사에서 중요한 기준은 왕실의 재산과 국가의 재산을 구분하는 시점이다(Kantorowicz 1998). 막스 베버(Weber 1947)는 근대 국가의 원칙이 법적이고 합리적인 논리의 적용이라고 역설하였다. 근대적 의미의 국가가 만들어 진다는 것은 법으로 규정한 예산의 집행과 정책적 합리성을 추구한다는 뜻이다. 비자금(秘資金)이라는 표현 자체가 근대 국가 원리의 부정인 셈이다. 게다가 민주주의가 예산이라는 국가의 기능과 밀접하게 연관되어 있음은 영국에서 의회 권력의 확산이나 미국 독립의 촉발제가 되었던 티파티(Tea party)에서도 발견할 수 있다.

동양 유교 전통의 관점에서 보더라도 전두환과 노태우의 부정부패 사례는 가장 심각한 경우에 해당한다. 집권 과정이나 독재적 성향이 문치(文治)에서 벗어난다는 점은 이승만, 박정희 등과 공통된 약점이다. 하지만 이들은 여기에 더해서 공사(公私)를 구분하지 못했다. 또한 친인척 다수가 비리와 연관되어 처벌을 받은 바 있다. 청렴한 지도자를 우러러 보는 전통적 관점에서 이들은 사리사욕을 채우는 소인배에 해당한다. 심지어 재산을 두고 형제간에 다투거나 추징금을 내지 않기 위해 29만 원의 재산밖에 없다고 항변하는 것은 몰염치에 속한다. 전통적 관점에서 지탄을 받을 수밖에 없는 또 다른 경우다.

이러한 국가의 실패는 대개 전통적 가치도 없고 근대적 원칙도 없는 곳에서만 일어난다고 우리는 생각한다. 자이레의 모부투(Mobutu Sese Seko) 대통령은 아프리카의 대표적 부패 지도자로 꼽힌다(French 1997). 그는 1965년부터 1997년까지 무려 30여 년 동안 중앙아프리카에서 제일 큰 국가를 통치하면서 개인용 음속 비행기 콩코드를 타고 파리에 쇼핑을 다녔고 국가의 자금을 자기 돈으로 치부했다. 전문가들은 그가 40억에서 150억 달러 정도의 자금을 횡령했다고 추정하고 있다. 부끄럽게도 이보다 훨씬 짧은 기간 동안 집권한 한국 독재자들의 부패 정도는 그에 비해 크게 떨어지지 않는다.

한국의 보수진영조차 이승만은 건국의 아버지로, 박정희는 경제발전의 지도자로 내세우지만 전두환과 노태우는 계승하려 하지 않는다. 오히려 이들을 일관되게 비판하는 정도다. 어떤 의미에서 전두환과 노태우의 탐욕은 이승만과 박정희의 상대적 청렴을 빛내주는 장치로 사용되는 측면도 있다. 하지만 이는 정치 세력의 시각이자 전략이지 국민의 눈에 그렇게 비치는 것은 아니다.

천문학적 부정부패의 상징으로서 국가 최고 지도자가 두 명이나 존재한다는 사실은 리더십 위기의 중요한 부분을 차지한다. 전두환과 노태우는 한국의 정치 지형에서 양측이 모두 공격하고 비난하는 대상이지만 다른 지도자들도 이러한 의심에서 완전히 벗어나는 것은 아니다. 정경유착과 정치자금의 문제, 최고 권력자 가족과 측근의 비리나 권력 남용 등에서 자유로운 대통령은 없다. 달리 말해서 정치적 투쟁의 과정에서도 살아남을 수 있는 위대한 대통령을 우리는 불행히도 갖지 못했다는 뜻이다.

더욱 심각한 문제는 국가의 일반적인 부정부패의 정도가 여전히 심한 편이며, 특정 최고 지도자만의 문제가 아니라는 사실이다. 국가 권력을 상징하는 리더의 부패는 국가 전체의 일반적 부패를 강조해서 부각시킬 뿐이다. 부패의 정도를 나타내는 지수의 국제적 비교에서 한국은 그다지 우수한 성적표를 갖지 못했다. 2013년 국제투명성기구(TI, Transparency International)의 조사에 따르면 한국의 부패인식지수(CPI, Corruption Perceptions Index)는 전 세계 177개국 중 46위의 수준이며, 경제협력개발기구(OECD)의 34개국 가운데 27위로 하위권이다. 특히 국가가 사회를 리드한다는 인식이 강한 유교 문화에서 국가는 사회보다 청렴하고 정직하고 투명해야 한다. 하지만 현대사에서 한국의 국가는 결코 시민이 만족할만한 수준의 청렴도와 정직성과 투명성을 보여주지 못했다.

2014년 한국 사회를 충격에 빠뜨린 세월호 침몰 사건은 '관피아'라고 하는 국가 리더십 실패의 현상을 잘 드러냈다. 맑아야 하는 윗물의 혼탁한 정도가 얼마나 심했으면 저잣거리의 깡패 집단에나 적용되는 마피아라는 용어와 합성어를 만들 지경이 되었단 말인가. '관피아' 현상이 특별히 관심을 끌어야 하는 이유는 리더 계층과 일반 시민의 인식에 엄청난 괴리가 존재한다는 사실을 잘 보여주기 때문이다.

리더 계층에서는 '관피아' 현상이 엘리트들의 오래 된 관행이라는 점에서 접근하고 있으며, 불법이 아니라는 사실을 강조하곤 한다. 물론 관료들이 국가 조직에서 활동하면서 누리는 권리, 그리고 퇴임 후 사회에 돌아와 누리는 특권이 명백한 불법이 아닐 수 있다. 하지만 국민의 눈에 그것은 명확한 편법이며, 부당한 권리임에 틀림없다. 일부에서는 우수한 인재가 국가를 위해 봉사한 만큼 퇴임한 다음에 적절한 보상을 받는 것이라는 논리도 내세운다. 하지만 이는 전형적으로 국가를 엘리트 집단의 입신양명(立身揚名)의 수단으로 삼는 이기적 태도에 불과하다.

일반 시민의 시각에서 '관피아' 현상은 백성의 삶을 유린하는 탐관오리(貪官汚吏)의 현대적 버전이다. 신분과 계급이 사라진 현대 사회에서 이러한 행태는 국가에 대한 사회의 깊은 불만과 불신의 원인이다. 유교적 시각에서 국가가 전쟁에서 질 수도 있고, 사회가 기아에 허덕일 수도 있다. 그러나 백성의 신뢰를 잃는 것이야 말로 모든 것을 잃는 것이라고 하였다. 근대 서구 정치사상 또한 신뢰 즉 트러스트(trust)라 불리는 사회자본을 가장 중요한 요소로 친다(Fukuyama 1995). 근대 국가가 만들어 진 근본에는 시민과 국가의 계약이 존재한다. 이 약속이 깨지는 순간 국가가 무너지고 혁명의 권리가 고개를 치켜드는 것이다. 혁명의 상황은 본질적으로 기존의 리더십이 무너짐을 의미한다.

따라서 한국의 리더십 위기는 정치 위기와 국가의 실패에서 첫 원인을 찾아야 한다. 시민은 국가가 사회라는 무리를 이끌고 바른 길로 공동체를 인도하기를 바랐다. 특히 일제라는 참혹한 경험 속에서 국가에 대한 시민들의 기대와 희망은 더욱 강렬해 질 수밖에 없었다. 그러나 리더들은 자신들만의 밥그릇을 챙기는데 급급했다. 외세를 등에 업고 나라를 가르고 나누어 내 몫을 챙기는데 혈안이었다. 바른 길은커녕 민족상잔으로 형제를 죽이는데 앞장서게 했다.

전쟁이 끝난 뒤 남과 북은 서로 다른 길을 갔다. 조선민주주의인민공화국은 사실상 김일성 가의 세습 집단으로 전락했고 사회를 리드하기보다는 억압과 착취의 기관으로 돌변했다. 대한민국은 경제발전과 민주화라는 세계가 부러워하는 과업을 달성했다. 하지만 그럼에도 불구하고 국가와 지도자, 관료는 여전히 권위적이고 특권적이며 불신의 대상이다. 일부에서는 정치적 성향에 따라 특정 시기 국가나 지도자, 관료의 리더십을 강조하지만 국민의 일반적 호응을 얻거나 합의의 대상이 되는 것은 아니다. 기껏해야 반쪽의 리더십 인정은 결국 한국 사회가 하나의 통합된 리더십 모델을 갖지 못했다는 의미일 것이며, 리더십의 위기에 처해 있다는 뜻이다.

2. 경제의 위기

삼성의 이건희 회장은 1995년 4월 베이징 특파원 간담회에서 "한국 기업은 2류, 관료와 행정은 3류, 정치는 4류"라고 강력하게 비판했다.(김윤태 2012, 201) 한국 정치의 수준이 사회의 다양한 분야 가운데 가장 낮다는 평가였다. 이러한 비난은 정치권에 대한 재계의 불만을 대변하면서 대중적 불신에 편승하는 방식이었다. 이 발언에서 한국 기업을 1류라고 하지 않고 2류로 표현한 것은 일종의 겸손이지만, 과연 한국 기업이 2류라도 되는지에 관해서는 의문을 제기하지 않을 수 없다.

세계 시장에서의 지배력을 가지고 따진다면 삼성전자는 분명 1류에 포함된다. 세계 경제위기가 시작되는 2008년부터 삼성은 스마트폰 분야에서 공격적인 전략으로 애플의 위상을 위협하면서 급성장했고, 세계 1위의 자리를 차지하는데 성공했기 때문이다. 철강이나 조선 산업에서 한국의 위상도 세계 1류라고 할 만하다. 자동차 산업에서도 세계 시장에서 경쟁하는 주요 행위자로 부상한 것은 맞다. 한국 국민이 해외에

나가서 한국의 브랜드를 발견하면서 뿌듯함을 느끼는 것도 사실이다.

그러나 기업이 한국 사회의 리더십 모델을 제공하는 데는 정치나 행정과 마찬가지로 실패했다는 진단을 내릴 수밖에 없다. '유전무죄, 무전유죄'(有錢無罪 無錢有罪)라는 표현은 수많은 재벌들이 다양한 범죄행위를 저지르고도 교묘하게 빠져나와 버젓하게 활동하는 현상을 가리킨다. '3년 징역에 5년 집행유예'라는 선고 공식은 사법부가 얼마나 재벌에 대해 관대한가를 보여주는 또 다른 표현이다. 삼성의 이건희, 현대차의 정몽구, 금호의 박찬구, 한화의 김승연 등 이 공식에 따라 선고받은 대표적 재벌이다.

형이 집행되는 과정에서도 재벌 총수는 특별한 대접을 받고 오히려 이 기간 동안 총수 면회를 가기위해 줄을 서는 현상이 벌어지기도 한다. 또한 재벌이 지병을 핑계 삼아 휠체어나 침대에 누워 석방되는 광경은 불행히도 국민들에게 너무나 익숙하다. 그리고 일단 석방이 되면 언제 아팠냐는 듯이 벌떡 일어나 활동하는 모습을 볼 수 있다. 이런 행태가 과연 세계 2류 라도 되는지 되묻지 않을 수 없다.

한국을 대표하는 기업 총수들은 거의 모두가 범죄자다. 불법과 편법이 동원되는 탈세, 증여, 상속, 세습, 배임, 횡령 등 기업과 관련된 범죄의 종합세트라고 해도 과언이 아니다(박상인 2012). 재벌 사이에서 감옥을 '대학원'이라 부른다는 슬픈 소문이다. 한국 기업의 도덕적 실패가 그만큼 심각하다는 의미이며 일반화 되었다는 뜻이기도 하다. 결국 기업인들은 '국가 경제 발전에 기여'와 같은 모호한 이유로 감형 석방되고 사면되는데, 이는 권력자들이 가지는 낮은 윤리적 기준에서 비롯된다고 설명할 수도 있다.

일부에서는 '노블레스 오블리쥬'(Noblesse oblige)를 언급하며 한국의 기업인들도 사회에 기여하고 선도하는 역할을 해야 한다고 주장한다. 실제 미국 사회에서는 록펠러, 카네기 등이 만든 전통을 빌 게이츠 등이 지속하고 있다. 21세기가 되었지만 아직 한국에서 이런 사회적 기여를 바라는 것은 무리다. 다만 재벌들이 일반 시민들만큼이라도 법을 지켜달라는 바람이 있을 뿐이다.

미국은 자유 시장 경제의 나라로서 불평등이 심하고 노동이 상대적으로 대접을 받지 못한다고 많은 비판의 대상이 되고 있지만, 적어도 경제 범죄에 대한 처벌은 확실하다. 사상 최대의 스캔들을 일으킨 엔론(Enron)사의 제프리 스킬링(Jeffrey Skilling)은 24년 형을 선고받았다. 이 판결은 집행유예는커녕 최소한 20년을 복역하도록 하는 조항을 동반했다. 엔론의 창업주 케네스 레이(Kenneth Lay)도 비슷한 형을 받았겠지만 선고 전에 심장마비로 사망했다. 바로 이런 엄정한 사법적 기반이 있기에 미국에서는 자유 시장 경제 체제와 제도가 국민의 지지를 받고 있다. 21세기의 국민은 정치 뿐 아니라 경제 부문에서도 범죄자가 아닌 존경할만한 리더를 가질 권리가 있다.

3. 종교의 위기

한국의 기업이 세계적 기업으로 성장하는데 성공했듯이 한국의 종교 역시 조직적 역량을 발휘해 성장하는 데는 성공적이었다. 자신을 메시

아로 자리매김하는 문선명의 통일교는 세계적 조직을 가지고 있다. 개
신교에서 순복음교회를 비롯한 다양한 대형 교회들은 한국의 위상을
높였다. 한국은 21세기 들어 세계에서 미국 다음으로 선교사를 해외에
많이 파견하는 나라가 되었다. 불교나 다른 신흥 종교도 한국에서 탄탄
한 신도 조직을 보유하고 있다.

그러나 불행히도 한국의 재벌이 가지는 황제경영이나 세습과 같은
문제가 종교 분야에서도 비슷하게 드러났다. 오너가 주식회사를 독단
적으로 운영하면서 비정상적 행위를 일삼는 것과 마찬가지로 종교 지
도자는 해당 집단을 자신의 사유물로 여기면서 자식들에게까지 세습하
려는 무리한 행동 등을 일삼았다. 한국의 대규모 종교 집단은 경제 활
동에까지 범위를 넓혀왔으며, 행태에 있어 재벌 집단과 유사하게 심각
한 법적 도덕적 문제들을 노출해 왔다. 2014년 조용기 순복음교회 목
사와 아들 조희준 전 국민일보 회장은 130억 원대의 배임 혐의로 형을
선고받았다(이신영 2014).

종교는 그 어느 분야보다도 높은 도덕성이 요구되는 영역이다. 그럼
에도 불구하고 일반 사회에서 볼 수 있는 종류의 범죄나 편법, 이기심
의 충돌 등이 빈번하게 발생한다는 사실은 한국에서 종교의 리더십 역
시 실패했음을 여실히 드러낸다. 한국 기독교 내부의 진단이 "한국 교
회의 위기가 중세시대 온갖 추문과 부정으로 얼룩졌던 가톨릭의 모습
과 닮아 있다"거나 "한국 교회는 심각한 부패의 수렁에 빠져 있다"는
것이다. 그리고 교회 건축에 몰두하거나 양적 성장의 집착에서 벗어나
질적 성장을 도모해야 한다는 의견이 제기되었다(박지훈 2014). 불교계에

서도 "한국불교는 조계종의 부정부패 승려들로 인해 심각한 위기에 직면했다"는 주장이 내부적으로 제기되는 형편이다(공병설 2014).

종교가 정신적이고 성스러운 삶의 영역에 남아있는 것이 아니라 경제 활동에 적극 나서는 한국의 현실은 2014년 세월호 사태에서 다시 여실히 드러났다. 일명 구원파가 교주의 가족을 중심으로 다양한 사업을 벌이고 있었으며, 종교 활동과 경제 이윤 추구가 밀접하게 연결되어 있었다는 사실이 새롭게 조명되었다. 물론 아무리 정신적인 활동이라도 물질적 기반을 필요로 한다. 그러나 물질적 목표의 추구가 종교의 본질을 변화시키는 정도가 되어서는 곤란할 것이다.

물론 한국에서도 대중의 존경을 받는 종교 리더가 없는 것은 아니다. 예를 들어 가톨릭의 김수환 추기경, 개신교의 한경직 목사, 불교의 법정 스님 등은 해당 종교의 틀을 넘어 한국 사회의 광범위한 신뢰와 존경의 대상이다. 이들의 공통점은 위에서 비판했던 '종교 사업가'들과는 달리 주어진 조직의 틀 속에서 청렴하고 모범적인 삶을 살았다는 점이다. 법정 스님(1999)의 경우 '무소유'를 주장할 정도로 세속적 욕심과 기준에서 벗어나는 가르침을 폈다. 이들은 개인적 모범과 선구적 행동으로 사회의 분위기를 쇄신하는 역할을 분명히 했다.

하지만 종교의 전반적인 리더십이라는 측면에서 판단한다면 이들은 오히려 예외적인 경우에 속한다. 가장 많은 사람들이 일상적으로 접할 수 있는 평범한 종교 집단의 리더십은 이와 같은 청렴과 절제와 모범으로 다가오기보다는 경쟁과 성장과 축적의 측면이 더 강하게 작동하는 것이 아닌가 싶다. 적절한 종교의 리더십은 두 가지를 동시에 감안해야 하겠지만 한국의 현실은 세속이 성스러움보다 강하고, 현실이 이상을 항상 앞서는 것으로 보인다.

4. 가정의 위기

리더십에 관한 논의에서 가정의 실패를 언급하는 것이 다소 의외일 수 있다. 그러나 리더십을 단순한 개인적인 문제라고 보지 않고 특정 사회를 지배하는 하나의 문화라는 차원에서 인류학적으로 접근한다면, 가정은 리더십의 배경이 되는 것은 물론 가장 근본적으로 리더십을 형성하는 현장이라고 할 수 있다. 인간이 태어나서 사회화 되는 그 첫 번째 발걸음이 바로 가정에서 이뤄지기 때문이다.

프랑스의 사회학자 엠마누엘 토드(Todd 1983)는 특정 사회를 지배하는 가족 구조와 정치사회제도 그리고 이데올로기 체제의 상관관계를 연구한 바 있다. 그가 정의하는 가족 구조는 크게 두 가지 차원에서 규정된다. 첫째는 부모와 자식의 관계가 얼마나 권위적 또는 자유적인가의 기준이다. 둘째는 형제 사이의 관계가 얼마만큼 평등 또는 불평등한가의 기준이다. 가족 구조의 성격에 따라 위계적이거나 자유적인 이데올로기가 지배적으로 등장하고, 평등을 지향하는 보편주의와 불평등을 인정하는 세계관 등이 만들어 진다는 설명이다.

이 글에서 토드 연구의 과학적 적실성을 논의하기는 어렵지만 가족 구조라는 것이 특정 사회의 이데올로기적 토대를 형성하고 정치사회적 제도의 기반을 구축한다는 주장은 상당한 개연성을 갖는다. 부모자식

관계의 성격에 따라 그 사회에서 당연하다고 여겨지는 위계질서는 변화할 것이다. 마찬가지로 형제간의 평등 또는 불평등의 의식이 세상을 바라보는 시각에 반영될 가능성은 높다. 토드는 한국의 가족 구조를 권위적이고 불평등한 구조로 보았다.

더 나아가 현대 한국이 겪고 있는 문제는 가족 자체가 해체하거나 무너지는 양상을 보인다는 데 있다. 물론 한국의 결혼률은 선진국 가운데 높은 편이다. 2009년 인구 1,000명당 혼인율은 7.13건으로 터키, 미국 등에 이어 OECD 국가 가운데 3위다. 하지만 2010년 기준으로 한국의 출산율은 1.23명으로 34개 회원국 가운데 최저 수준이다. 동거를 터부시하고 결혼이라는 형식의 강한 사회적 요구가 작용하여 혼인율은 높게 나타나지만, 그것이 전통적 의미의 가족을 형성하는 재생산으로 이어지지는 못하고 있다는 의미다. 이에 덧붙여 이혼율은 같은 OECD 국가 중 9위라는 높은 수준이며, 아시아에서는 제일 높은 수준이다.

가족이 약해지고 해체하는 경향은 자살의 급격한 증가에서도 확인할 수 있다. 해마다 조금의 차이는 있지만 한국의 자살률은 선진국 가운데 가장 높은 수준이다. 한국은 빠른 경제 발전으로 압축 성장을 했다고 잘 알려져 있다. 물질적 혜택의 수준이 엄청난 속도로 늘어났다고 봐야한다. 그러나 사람들은 과거보다 나아진 물질적 혜택을 누리려고 하기보다는 극단적 선택을 통해 스스로 목숨을 끊는다. 특히 빈곤 노인의 자살이 기록적이라는 현실은 부모와 자식의 관계가 권위적 또는 자유적 틀 속에서 유지되는 것이 아니라 많은 경우 단순히 단절되어 버린다고 볼 수밖에 없다. 또한 아이를 낳지 않는 문화 속에서 형제라는 존재 자체가 매우 희귀한 일이 되어 버렸다.

한국 사회에서 리더십의 실패는 가정에서도 여실히 드러난다. 현대 한국에서 가정의 리더는 존재하지 않는 듯하다. 전통 유교 사회의 가문을 대표하는 리더가 존재하는 것도 아니고, 그렇다고 핵가족의 가장이 리더 역할을 하는 듯 보이지도 않는다. 산업사회에서 세계 최고의 노동 시간에 시달리는 아버지는 가정에서 사라진지 오래지만, 그렇다고 어머니가 가정의 리더라고 하기도 쉽지 않다. 리더가 없다고 해서 매우 평등한 협력 체제가 구성되어 있는 것은 더더욱 아니다. 모델이 없는 상황에서 각각의 가정이 나름의 불안정한 균형을 찾아가려 노력할 뿐이다.

정치에서 경제까지, 그리고 종교에서 가정까지 리더십의 부재, 부패, 혼란과 불안은 심각한 지경이다. 이러한 현실 진단에서 바람직한 미래 리더십을 그리는 작업은 쉽지 않다. 그러나 적어도 현실의 심각한 실패를 극복하려는 노력은 급선무다. 다소 절망적인 현실 진단은 일단 덮어 두고, 이제는 현재진행형인 한국 사회의 변화에 주목하면서 필요한 리더십의 형태를 조망해 본다.

II. 사회의 변화와 리더십의 적합성

훌륭한 리더십은 절대적인 개념이 아니다. 리더십이야말로 시대적 배경과의 상호 관계 속에서 규정되는 개념이다[5]. 칭기즈칸은 세계 최대의 제국을 건설한 몽골 민족의 위대한 리더이지만, 현대적 관점에서 그의 삶이나 행동이 반드시 숭상의 대상이 될 수 있는 것은 아니다[6]. 중세에 적용되었던 전략과 사고와 행동이 다른 시대와 문화에서 그대로 적용될 경우 심각한 부작용을 일으킬 것이 확실하다. 시대적 배경 못지않게 중요한 것은 문화적 토양이다. 한국은 민주화의 과정을 거쳤지만 여러 차원에서 유럽이나 미국과는 다른 모습을 보여준다. 유교를 포함한 동양의 전통적 가치관이 여전히 살아 있기 때문이다.

게다가 한국 사회는 빠른 속도로 변화하는 환경이다. 어떤 의미에서 한국은 지난 백년간의 변화가 그 이전의 천년의 변화보다 더 크다고 할 수 있다. 여기서는 다양한 방면에서 나타난 한국 사회의 획기적인 변화를 진단함으로써 어떤 리더십이 필요할지를 판단할 수 있는 기초를 확보하려 한다. 특히 정치 분야에서의 민주화, 경제 분야에서의 발

---

5 역사적 상황에 따라 리더십이 변화해야 한다는 측면은 다음 스토리(Storey 2011, 14-37)의 연구를 참고할 것.

6 웨더포드(Weatherford 2004)는 칭기즈칸의 위대한 업적에 대한 분석을 하였는데, 그가 살았던 시대에 얼마나 빠른 속도로 적응했고 새로운 변화를 받아들이는 데 적극적이었음을 소개한 바 있다.

전, 문화에서 나타나는 다양화, 그리고 사회적으로 세계화라는 커다란 움직임을 검토한다.

1. 민주화와 평등주의

대한민국은 1987년 민주화 운동의 결과로 제도적 민주주의를 수립할 수 있었고, 그 결과 30여 년 가까이 민주주의의 공고화 과정을 거쳤다(최장집 2002). 민주화와 함께 태어난 아이들이 이제 성인이 되어 유권자의 젊은 층을 차지하기 시작했다는 의미다. 80년대 민주화를 주도한 20대의 젊은 세대는 이제 50대에 접어들면서 한국 사회의 지도층을 형성하기 시작했다. 달리 말해서 한국에서 가장 활동적인 연령이라고 할 수 있는 20대부터 50대까지를 민주화의 주역과 그 아이들이 차지하는 모습이 되었다. 이제 민주주의는 여야를 차별 짓는 정치적 기준이 아니라 한국 사회가 공유하고 지향하는 가치로 부상하였다.

헌정 체제로서의 민주주의 뿐 아니라 사회 전체를 놓고 보더라도 한국 사회에서 민주주의는 긴 역사를 지닌 셈이다. 적어도 일제에서 해방된 이후 한국의 헌정질서는 민간 및 군사 독재에도 불구하고 다수의 정치세력이 경쟁하는 체제를 유지해 왔으며, 국민들이 투표를 통해 제한적이지만 선택권을 행사하는 전통을 만들어 왔다. 민주화와 함께 실행된 지방자치제도 역시 투표와 선택의 범위를 일상화하고 넓히는데 기여했다. 명예나 권력을 가지는 자들이 투표라는 민주적 절차를 통해 선출되어야 한다는 사고는 이제 당연한 것이 되었다.

사회의 민주화라는 측면에서 한국이 놀라운 점은 투표라는 선출 방식이 정치 뿐 아니라 사회 전반적으로 널리 확산되었다는 일이다. 학교에서 학생들은 반장 선거, 학생회장 선거 등을 통해 투표의 민주주의를 학습한다. 대학에서는 총장의 선거가 일반화 되었다. 더 나아가 각종 사회단체는 물론 동창회, 사교 모임, 동호회 등 매우 사적이거나 공·사가 결합된 형태의 모임에서 투표 민주주의는 보편화 되었다. 적어도 형식적 차원의 민주주의 실천에서 한국은 오랜 민주주의 전통의 국가에 뒤지지 않는 것으로 평가할 수 있다.

한국 사회가 가지는 강한 민주적 성격은 투표에서 그치지 않고 제비뽑기식의 직접 민주주의의 요소를 가진다는 사실에서도 발견할 수 있다. 한국의 정치제도에서 채택한 임기는 대통령 5년, 국회의원 4년 등 선진국과 비슷한 수준이지만, 민간 부문의 다양한 '감투'의 임기는 매우 짧은 편이다. 거의 모든 학회의 회장 임기는 1년에 불과하다. 회장은 돌아가면서 골고루 해야 한다는 인식이 작용하는 셈이다. 형식과 범위의 차이는 있지만 그리스에서 택했던 제비뽑기와 비슷한 기능을 찾아볼 수 있다[7].

선출직은 아니지만 한국의 조직을 살펴보면 돌아가면서 골고루 한다는 의식이 얼마나 확산되어 있는지 알 수 있다. 어느 조직이나 요직과 한직이 있게 마련이다. 선진국에서는 대부분 유능한 사람, 또는 운이

---

7   미국에서 활동하는 프랑스 학자 마냉(Manin 2004)은 원래 평등성에 기초한 민주주의의 개념이 선거의 보편화와 함께 매우 엘리트주의적인 방향으로 변질되었다고 비판하면서 그 역사적 변천 과정을 추적하였다.

좋은 사람은 요직을 오랫동안 유지하는 경향이 강하다. 미국의 국무장관은 대부분 4년 동안 대통령과 임기를 함께 한다. 프랑스 문화정책의 기반을 세운 앙드레 말로(Andr Malraux)는 드골 대통령의 신임을 받아 1959년부터 69년까지 10년간 장관으로 일했다. 반면 한국에서는 좋은 자리와 나쁜 자리를 돌아가면서 골고루 차지하는 것이 공정하다는 인식이 일반적이다. 외교관들이 특정 지역으로 전문화하기보다는 선진국과 오지를 돌아가면서 근무하는 순환제가 그 대표적인 사례다.

평등주의는 이처럼 한국 사회를 지배하는 강력한 힘이라고 할 수 있다. 토크빌은 19세기 세계의 흐름을 관찰하면서 평등이 지배하는 민주적 상태로 모든 사회가 변화해 나가고 있다고 분석했다(Tocqueville 1961). 20세기를 거쳐 21세기 초 세계를 분석해 보면 한국 사회가 이런 평등주의의 의식이 가장 강한 사회 가운데 하나로 돌변한 것이 아닌가 싶을 정도다. 토크빌의 분석에 이어 20세기를 관찰한 겔너는 평등하기 때문에 이동성이 강한 사회인 것이 아니라, 이동성이 높기 때문에 평등의식이 발전하게 된다고 설명했다(Gellner 1988). 전통사회의 붕괴, 일제 식민지배, 전쟁, 압축적 근대화 등 총체적인 사회의 변화 속에서 나타난 높은 사회 이동성은 한국에서 세계에서 둘째라면 서러울 강력한 평등주의를 낳았다고 볼 수 있다.

2. 경제발전

한국의 눈부신 경제발전은 세계 경제사에서 독보적이다. '한강의 기적'을 논하면서 '라인 강의 기적'을 떠올리지만 사실 서독에서 나타난 기적은 과거의 영광을 빠른 속도로 재건한 것에 불과하다. 한국처럼 세계에서 가장 낮은 경제 수준을 불과 수십 년 만에 선진국의 수준으로 높인 것이야말로 명확한 기적에 해당한다. 프리든(Frieden 2007)은 『글로벌 자본주의』에서 한국의 사례를 소개하면서 맑시스트 학자들의 놀라움조차 자아냈다고 지적하였다. 동아시아에서 한국의 기적과 비교 가능한 경우는 일본과 소수의 신흥공업국, 그리고 중국이다.

한국의 위상은 동아시아 내에서도 특별하다. 일본은 한국보다 훨씬 먼저 19세기에 이미 경제 발전의 궤도 위에 올랐다. 한국과 함께 네 마리의 용이라 불렸던 타이완, 홍콩, 싱가포르는 규모가 작거나 도시 국가에 불과하다. 인구 5천만 명의 한국은 오히려 인구 6천만 규모의 영국이나 프랑스 등과 비교 가능한 나라다. 영국이나 프랑스는 이런 규모의 인구로 세계의 공장이 되었고, 세계 제국의 중심을 자부했다. 한국의 국가 규모가 상당히 크다는 의미다. 마지막으로 중국은 1970년대 말 이후 어쩌면 한국보다도 더 빠른 속도의 경제 발전을 이룩하고 있지만, 한국처럼 선진국에 진입하여 발전의 경로를 완성했다고 보기는 어렵다. 중국이 발전을 지속하여 선진화에 성공한다면 한국보다 더 놀랍고 커다란 기적의 사례로 등극할 것이다.

경제 발전과 함께 한국 사회의 변화를 이끌어 온 것은 교육의 보편화다. 한국의 경제발전사와 교육사를 교차 비교하면 매우 흥미로운 결론을 도출해 낼 수 있다. 한국 전쟁이 종결되고 초등교육이 어느 정도 보편화 된 뒤에 한국은 경공업 산업화에 성공했다. 이어서 중등교육의 보편화는 1970, 80년대의 중공업 산업화에 기여했다. 그리고 한국은 21세기 들어 고등교육조차 보편화되는 현상을 경험했다. 이와 동시에 한국은 전자·통신 등 일부 첨단 산업에서 세계 최고의 수준을 자랑하는 위상을 갖게 되었다. 사회 이동성이나 평등주의의 정도가 세계 최고의 수준이듯이, 한국의 교육열은 타의추종을 불허한다.

하지만 급속한 경제발전은 일부 부작용을 동반하지 않을 수 없었다. 그 첫 번째 증상은 속도에 대한 강박관념이다. 소위 '빨리 빨리' 문화는 목표를 형식적으로 달성하기 위해 내용에 충실하지 못하는 나쁜 습관을 일반화 시켰다. 세계의 메트로폴리스 가운데 하나인 서울에서 1990년대 성수대교가 붕괴하고, 선진국을 자랑하던 21세기 한국에서 세월호가 침몰하는 사태는 얼마만큼 안전과 생명에 대한 '대충 대충'의 인식이 위험한 사회를 만들었는지를 여실하게 드러내 주었다. 이런 충격적인 사건을 제외하더라도 한국은 산업 재해의 위험이 세계에서 가장 높은 국가 가운데 하나이며, 선진국을 자부하지만 각종 사고로 인한 사망의 비율이 높다.

다음은 경제발전이 성숙기로 돌입하면서 사회 구조의 경직화 현상이 나타나고 있다는 사실이다. 가장 높은 수준이었던 사회 이동성은 점차 줄어들면서 사회적 재생산의 현상이 강화되고 있다. 위에서 지적했듯이 한국인이 가지는 강력한 평등주의는 사회 구조 경직화에 대해 강한 불만을 초래하기 마련이다. 불평등 구조의 고착화는 시민들의 불만의 정도를 크게 높여 놓았다. 한편으로 초고속 성장을 이룬 한국 사회이지만 오히려 시민들이 주관적으로 느끼는 절망은 하늘을 찌르는 역설적 상황이다.

그리고 이에 덧붙여 한국은 많은 선진국과는 달리 복지제도나 복지국가를 건설하는데 심각한 어려움을 겪고 있다. 분단국가로서 진보적 세력이 성장하기 어려운 정치 구조의 왜곡이나 개혁 정치 세력의 정책적 무능 등 다양한 요인을 이유로 들 수 있다. 무엇보다 심각하게 느껴지는 것은 바로 리더십의 문제다. 시민들은 복지의 필요성을 인식하면서도 1) 개인의 책임을 매우 강조하는 사회 철학과 2) 국가에 대한 전반적 불신이 어우러져 복지 정책의 확장을 가로막고 있다. 이런 점에서 복지국가가 수립되지 못한 미국의 경우와 상당한 유사성을 보인다. 특히 한국은 미국과 달리 '단일민족'의 국가라는 점에서 이상의 불신 요소가 더욱 강하다고 볼 수도 있다.

요약하자면 한국은 기적적인 경제발전을 빠른 속도로 이룩했고, 그 바탕에는 세계에서 가장 교육을 많이 받은 국민이 존재한다. 하지만 역설적으로 풍요로운 사회이지만 매우 위험한 사회가 되었고, 부유해졌지만 불만은 극대화한 상황으로 돌변했다. 또 복지에 대한 사회적 요구는 커지지만 이를 실천하기에는 막다른 골목에 있다. 리더십의 위기는 이러한 과제를 해결하는 것을 가로막는 커다란 요인 가운데 하나다.

3. 다양화

민주화나 경제발전이 한국 사회를 근본적으로 뒤바꾸어 놓은 것과 마찬가지로 한국 사회는 놀라울 정도로 다양해 졌다. 그것은 비단 한국만의 문제는 아니다. 한 여성학자는 인류 사회의 역사적 변화를 설명하면서 사실 지난 백 년 동안 일어난 변화 가운데 가장 큰 것은 과학 기술이나 정치·경제가 아니라 여성의 지위에 관한 것이라고 하였다(Braidotti 2006). 한국 사회는 이런 세계적 변화의 가장 극단적인 경우가 아닌가 싶다. 불과 백 년 전에 비해 한국 여성의 상황과 지위는 상상하기도 어려운 급격한 변화가 일어난 것이다.

일부 엘리트 직종에서 여성의 부상은 남성 쿼터제를 논의할 정도로 막강해 졌다. 유교적 전통에서 중시했던 국가 엘리트 시험에서 여성이 남성의 영역에 대거 진출하기 시작한지 이미 몇 해가 지났다. 언론이나 기업의 민간 엘리트 선발에서도 여성의 비중은 빠른 속도로 늘어가고 있다. 이러한 변화는 한국 사회의 평등주의가 남녀 부문으로 점차 확산된 결과라고 할 수 있다. 군 가산점 논의는 이런 측면을 잘 보여준다.

하지만 이런 변화의 이면에는 한국 사회가 일에서 남녀 차별이 가장 강한 국가라는 현실이 존재한다. 한편에서는 기존의 인식이 받아들이기 어려운 현실적 변화가 일어나고 있지만, 다른 편에서는 가장 전통적인 차별의 관습이 살아남아 있다는 말이다. 그만큼 한국 사회는 변화의 속도가 부문이나 영역, 환경에 따라 다르기 때문에 발생하는 다양한 문제에 노출될 수밖에 없는 구조다.

여성의 사회 활동 증가와 함께 한국 사회의 심층적 변화는 '단일민족'의 개념이 무너져 내리고 있다는 점이다. '농촌 총각 장가보내기'라는 다소 단순하고 순박한 캠페인에서 시작한 국제결혼의 바람은 전국에 회오리를 치면서 한국을 다민족, 다문화 사회로 변화시키기 시작했다. 한국인의 개념에 서서히 변화가 올 수 밖에 없는 조건이 만들어지고 있는 셈이다.

여성의 사회 진출이 커다란 변화의 동력이듯이, 다문화 사회로의 진화는 한국 사회의 뿌리와 기본 개념부터 많은 것들이 재조정된다는 것을 의미한다(강원택 2007). 정치적으로 북한과의 한민족 의식이 약화되면서 대한민국 민족주의가 더욱 강화될 것이며, 국제적으로 가족의 네트워크가 새로운 흐름과 관계를 형성하는데 기여할 것이다. 코리아와 '아시안'(Asian)을 합성하여 '코시안'(Kosian)이라는 표현이 등장했듯이 한국과 국제결혼을 통해 맺어진 국제관계의 네트워크는 미래의 중요한 자원이 될 수 있다.

성별과 민족성에서 나타나는 다양성의 심화는 다른 분야에서도 확인할 수 있다. 특히 취향의 다양성은 기존에 우리가 인식했던 민주주의의 평등 부분을 자유의 분야로까지 확대하는 결과를 낳는다. 21세기 들어 한국 사회에서도 형식적 권리에 관한 투쟁이나 평등권을 주장하는 운동에서 점차 개인적 선택을 중시하는 쟁점으로까지 관심이 확대되는 것을 발견할 수 있다. 과거의 '먹고 사는 문제'가 여전히 중요한 역할을 차지하지만 잉글하트(Inglehart 1977)가 말했던 탈 물질적 가치와 문제들이 사회적 쟁점으로 떠오른다는 말이다.

한 예로 한국에서도 국제적 바람을 타고 동성애자의 권리 운동이 나타나기 시작했다. 서구에서는 21세기에 나타나는 동성애의 정상화를 매우 놀라운 변화라고 보고 있다. 성적 소수자를 상징하는 LGBT 즉 레즈비언, 게이, 바이섹슈얼, 트랜스젠더의 준말이 인권의 중요한 부분으로 등장하였다. 한국에서 그 정도는 아니지만 나름 논의가 시작되고 있는 것으로 보인다. 유교적 전통이나 남성 마초주의가 강한 사회라는 점을 감안할 때 놀라운 변화 가운데 하나다.

또 다른 사례로 사상이나 종교의 자유에 대한 민감한 반응이다. 국가가 학교를 배정해 주는 체제에서 종교를 강제하는 것은 개인의 종교 자유를 침해하는 것이라는 반발이다. 국가나 사회에서 강제하는 정신적 테두리를 더 이상 수동적으로 받아들이기를 거부하기 시작했다는 뜻이다. 또는 종교적 이유로 군복무를 거부하는 행위가 하나의 사회적 운동으로 발전하는 것도 사회 변화의 한 초상이다. 양심적 병역거부 운동을 통해 이제 양심이 사회운동의 전면에 등장하는 시대가 되었다. 국가에서 교육이나 병역 제도를 통해 강제했던 것들이 더 이상 수용되지 않는다는 의미이며, 시민 사회의 자유와 권리에 대한 인식이 점차 강해진다는 뜻이다.

마지막으로 방언의 사용에 관한 헌법소원과 같이 다양성의 권리를 주장하는 움직임이 나타나고 있다. 예를 들어 2006년에 '탯말두레'라는 지역어 연구 모임의 회원 100여명은 "표준어 규정과 국어 기본법 등이 행복 추구권, 교육권 등을 침해한다"며 헌법소원을 냈다(세계일보 2014). 2009년 헌법재판소에서 합헌 결정이 내려지기는 했지만 무척 새로운 시도라고 할 수 있다. 이는 전통적으로 가졌던 민주주의에 대한 인식을 훨씬 다양하고 넓은 분야로 확대하는 의미를 지닌다. 발전된 경제와 사회가 더욱 다양한 인식과 생각, 습관과 행태를 낳은 결과다. 더나아가 민주화된 정치가 문화적 다양성의 근원으로 작동하는 결과이기도 하다.

여성의 사회 진출과 이로 인한 성별의 공존, 새로운 민족 정체성의 정의, 그리고 사회의 다양화 속에서 표출되는 다양한 요구를 관리하고 주도할 수 있는 리더십이 미래에는 필요하다. 과거에는 교육을 보편화함으로써 하나의 표준어를 강제하고 방송과 언론을 통해 국민을 하나로 묶는 리더십이 필요했다면, 이제는 사회의 다양성을 반영하고 오히려 장려할 수 있는 리더십이 요구된다는 말이다.

4. 세계화

2014년 11월 중국 베이징에서 열린 아시아태평양 정상회담을 기회로 한국은 중국과 자유무역협정을 체결했다. 이로써 한국은 미국, 중국, 유럽연합 등 세계 3대 경제세력과 자유무역협정을 맺은 드문 나라가 되었다. 그리고 이런 개방적 경제 가운데(페루와 칠레) 한국은 가장 큰 규모다. 자유무역협정에 대해서는 정치적으로 다양한 견해가 존재하지만, 중요한 것은 한국이 세계화라는 거대한 운동에서 가장 첨단에 위치한 국가라는 사실이다. 한국은 대외무역의존도라는 기준을 통해서 보더라도 세계 최고의 수준이다. 매우 외향적인 경제발전 전략을 택했기 때문이다. 이런 현실을 동반하는 가장 '용감한' 전 방위 자유무역협정 체결정책을 편 결과 한국 사회는 경제적 결과에 온몸이 노출되는 취약한 존재가 되었다.

경제 분야의 현실이나 정책 뿐 아니라 한국의 민간 부문도 세계화를 앞장서 실천하는 편이다. 미국에서 한국 출신 유학생은 상대적으로 작은 나라임에도 불구하고 중국이나 인도와 같은 나라에 비해 크게 뒤처지지 않는다. 2014년 현재 중국은 27만 명의 유학생을, 인도는 10만 명, 그리고 한국은 6만 명의 유학생을 미국에 보낸 것으로 보도되었다 (오관철 2014). 미국은 한국의 우방이자 혈맹이고, 과거부터 한국 엘리트의 교육 코스라고 치자. 중국에서 가장 많은 유학생을 보유하는 나라도 한국이다. 2011년 중국에 유학하는 외국인 학생 가운데 한국은 6만 2천 여 명으로 21%를 차지한다. 2위 미국은 2만 3천 여 명 수준이다 (Institute of International Education 2014). 소위 G2에 많은 젊은이를 보내 공부시키는 나라가 한국인데, 국가 장학생이 많아서가 아니라 자발적으로 비용을 들여 공부하는 사람이 그렇게 많다는 것이 놀랍다.

이런 세계화에 대한 의욕은 엄청나다. 대학생들은 새롭게 생겨난 다양한 교류 프로그램을 통해 호주 포도밭에서 포도를 수확하기도 하고, 프랑스 식당에서 아르바이트를 하면서 세계를 방문하고 살아보고 경험한다. 외교부 워킹홀리데이 인포센터에 의하면 프로그램에 참여하는 한국인은 2008년 이후 2013년 현재까지 매년 4만 명 이상이다(외교부 2014). 유럽의 작은 도시에 가도 어학연수로 온 한국 학생들이 넘쳐난다는 것은 이미 오랜 전부터의 이야기다. 외국에 대한 커다란 호기심과 국내에서 청년 사이의 경쟁의식이 이런 결과를 낳는 것으로 보인다.

한국의 교회는 경제 발전을 동반하면서 크게 성장했다고 위에서 보았다. 이제 이들은 외국으로 선교사를 파견하는데 적극적이다. 세계무대에서 아직도 해외에 선교사를 파견하는 나라는 미국 정도다. 그런데 한국이 그 뒤를 이어 적극적인 세력으로 등장한 셈이다. 사고도 있었고 반대하는 목소리도 있지만 이들 역시 세계화를 향한 보편적 의식의 발로라는 데는 의미를 둘 수 있다.

매우 희망적인 또 다른 변화는 국제개발협력에 대한 한국인의 관대함이다. 국가 정책에서는 사실 매우 보수적이고 계산적인 모습을 발견할 수 있지만, 시민 사회의 관심과 반응은 상당히 크고 적극적이다. 일부에서 개발협력을 빙자한 관광과 같은 행태를 비난하는 분석도 있지만, 일단 약자와 빈곤국에 대한 관심은 긍정적이다. 그리고 한국이 가까운 과거에 빈곤과 어려움을 겪었기 때문에 수혜국과의 관계도 호의적일 수 있다.

한국은 세계화에 있어 국가와 사회가 모두 적극적이다. 국가의 '용감한' 세계화 정책은 한국을 태풍 앞의 촛불처럼 만들어 놓아 불안하기도 하지만, 사회를 맹혹한 훈련을 받도록 한다는 측면도 있다. 더 중요한 것은 한국 사회가 세계에 대한 호기심, 약자에 대한 관심, 그리고 보편적 정신에 기초해서 세계를 향해 팔을 벌리고 있다는 점이다. 세계와 함께 호흡하는 한국을 감안하지 않고 이 사회를 이끌어 나갈 수는 없는 시대가 되었다.

한국 사회는 민주주의나 평등에 대한 열망과 의지가 특별히 강하다. 이러한 민주화는 경제발전과 더불어 성장했고 세계에서 가장 교육 수준이 높은 국민이라는 결과를 낳았다. 게다가 한국 사회에는 여성과 다른 종족성의 집단, 취향이 차별화된 사람들이 각각의 특수성을 강조하며 부상하는 중이다. 또한 세계에 대한 거의 맹목적이다시피 한 호기심과 관심, 투자와 진출을 보여준다.

문제는 이상과 현실의 괴리다. 한편으로 민주, 평등, 자유에 대한 열망과 의지가 강하지만 한국 사회는 구조적으로 민주적이지 못하다. 열망과 의지가 끊임없이 실망하고 좌절한다는 말이다. 또한 빠른 경제 발전의 부작용과 함께, 느려지는 경제 성장의 속도가 다양한 불만을 자아내는 중이다. 마찬가지로 사회의 실질적 다양화만큼 사고의 변화가 따라가지 못해 세대, 성별, 그리고 집단 사이의 이해가 원활하지 못하다. 세계화에 있어서도 한국 사회는 전체적으로 개방적이라고 말할 수 있지만, 여전히 폐쇄적 사고와 습관은 살아남아 있다. 결국 미래 리더십의 가장 중요한 과제는 이상과 현실 사이에 존재하는 이러한 괴리와 문제를 해결하는 것이다.

III. 미래의 리더십

한국 사회에서 리더십의 총체적 위기가 정치 뿐 아니라 경제, 종교, 가족 등 다양한 분야에서 나타나는 상황을 점검했다. 그리고 변화하는 한국 사회의 모습을 민주화와 경제발전, 다양화와 세계화라는 네 가지 차원에서 검토해 보았다. 미래의 리더십은 실패의 교훈을 바탕으로 변화하는 한국 사회에 적합한 리더십이 되어야 할 것이다. 여기서는 미래 리더십의 성격으로 민주적, 도덕적, 포용적, 그리고 개방적 리더십을 제시한다.

정치에서의 민주적 성격, 경제에서는 도덕성, 사회에서 포용성과 국제 분야에서 개방성 등 도식적으로 볼 수도 있다. 그러나 우리는 이 네 가지 성격이 한 분야에 해당하는 것이 아니라 종합적으로 모든 분야에 적용되어야 한다는 주장이다. 민주적 리더십은 정치에서만 발휘되어야 하는 것이 아니라 경제나 사회, 국제 분야에서 모두 포함되어야 한다는 의미다. 기업을 운영하는데도 군대식으로 지휘하는 상명하달의 시대는 갔다. 설득과 동의가 필수적인 효율의 조건이다. 사회적으로도 민주적 리더십은 피할 수 없다. 동원의 시대는 가고 참여의 시대가 열렸기 때문이다. 마지막 국제 분야에서도 리더십은 민주주의와 보편 가치에 기초해야 한다. 2014년 우크라이나의 마이단 혁명은 이 나라의 국민이 러시아와의 오랜 역사적 관계의 끈을 절단하고 유럽연합 측의 자유와 번영을 지향하는 선택을 하게 되었다는 점을 명백히 밝혔다. 경제적 이익만이 문제였다면 러시아도 유럽 못지않은 혜택을 줄 수 있었을 것이다. 민주성과 마찬가지로 도덕성, 포용성, 개방성 역시 모든 분야에서 요구되는 리더십의 덕목으로 보아야 한다[8].

1. 민주적 리더십

민주주의와 리더십은 상당 부분 상충한다. 민주주의는 인간이 모두 평등하다는 기본 원칙 위에 만들어 진 사상이다. 그러나 리더십은 근본적으로 이끌어 가는 사람과 따라가는 사람을 구분 짓는다. '민주적 리더십'이라는 용어 자체가 두 개의 서로 다른 경향을 조합함으로써 어느 정도 근원적 정의의 문제를 안고 있다는 말이다. 민주적 리더십은 평등의 원칙과 역할의 차별화라는 두 상반된 필요 사이에 일종의 긴장관계를 포함한다. 특히 한국에서는 평등주의가 무척 강한 양상을 보인다는 점에서 긴장은 더욱 강하다고 할 수 있다.

정치사상의 논의에서는 민주적 리더십의 긴장을 두 방식으로 해결하

---

8   이 글의 토론 과정에서 미래의 리더십에 대해 두 종류의 비판이 제기되었다. 첫째는 훌륭한 리더십에 필요한 성격을 나열하는데 불과하다는 비판이다. 이와 연결하여 둘째 비판은 위의 네 가지 덕목이 시대를 막론하고 필요한 리더십의 내용이라는 비판이다. 첫 번째 비판은 어느 정도 타당하지만, 중요한 것은 무한정 늘릴 수 있는 다양한 덕목 가운데 미래 한국 사회에 필요하다고 할 수 있는 가장 중요한 사항을 일목요연하게 네 개념으로 정리했다는 데서 의의를 찾아야 할 것이다. 두 번째 비판과 관련해서 우리의 네 덕목이 시대를 초월하여 필요하다는 점은 인정한다. 하지만 그 중요성은 시대에 따라 다를 것이며, 만일 20세기 중반이나 19세기 였다면 민주성이나 개방성이 지금과 같이 중요하다고 할 수는 없을 것이다. 오히려 동원이나 교육 등 리더가 수동적 팔로워를 일깨우고 자극하는 덕목이 더 중요했을 수 있다.

려 노력해 왔다. 그 첫 번째는 민주주의의 성격을 강화하여 리더십을 확산하고 나누어 가지는 방식이다. 참여 민주주의, 직접 민주주의가 그 대표적인 형태다. 보다 많은 사안에 대해 시민의 목소리를 주민투표, 국민투표 등의 형식으로 반영하고, 시민이 법안을 발의하거나 다양한 방법으로 입법 및 행정 과정에 참여하는 방향이다.

정치의 전문 집단이라고 할 수 있는 정치권이 국민의 이익을 대변하기보다는 자신들의 이익을 추구하는데 열중인 한국의 상황에서 참여 및 직접 민주주의 요소의 도입은 매우 요긴한 제도적 개혁이 될 것이다. 이런 민주주의의 강화는 분명 바람직한 변화이지만 그렇다고 평상시 리더십 자체가 사라지거나 불평등의 문제가 해결되는 것은 아니다.

두 번째 방식은 민주주의의 한계를 인식하고 리더십을 강조하는 엘리트주의적 접근이다. 이미 20세기 초 로베르토 미헬스(Michels 2002)의 정당 연구는 가장 대중적이고 민주적이어야 하는 사회주의 정당에서조차 '과두제의 철칙'을 확인할 수 있음을 보여주었다. 리더십을 행사할 수 있는 사람은 어차피 소수가 될 수밖에 없다는 인식이며, 소수의 리더십을 어떻게 통제하거나 관리하는가에 관심을 가져야 한다는 것이다. 레닌(Lenine 1917)은 전위적 정당의 역할이나 프롤레타리아의 독재라는 개념을 통해 대중을 위한 소수 정예의 리더십을 강조한 셈이다. 하지만 민주주의의 의식과 문화가 보편화 되어 있는 현대 사회에서 엘리트주의는 지속적인 비판의 대상이며, 엘리트주의를 통해 결코 만족스럽게 민주적 리더십의 과제를 해결했다고 보기는 어렵다.

결국 현대 민주국가에서는 리더십이 본질적으로 문제와 한계를 가질 수밖에 없는 긴장관계임을 인정하고, 두 상반된 요구의 타협을 만들어 내는 노력이 필요하다. 민주적 리더십은 제도적으로 공동체의 자유로운 선택에 의해 만들어진다. 선거라는 제도가 민주사회에서 일반화 되어 있다는 점에 덧붙여, 리더는 주어진 임기 동안에 정해진 범위 안에서 리더십을 발휘한다.

한국은 독재라는 불행한 과거를 극복하기 위해 5년 단임제라는 대통령 임기제를 선택했다. 일부에서는 연임제 개헌을 주장하지만, 한국의 헌법 제도는 리더십의 민주성이라는 차원에서 본다면 매우 선진적인 제도이다. 당선되는 날부터 재선을 생각하고 준비하는 정치인의 행태를 감안한다면 대통령제에 연임 가능성을 도입하는 것보다는 오히려 대통령제의 단임제를 국회의원으로 확대하거나 적어도 의원 임기의 수에 제한을 두는 것이 정치권의 정화를 위해 바람직할 것이다. 한국 정치의 고질적 문제 가운데 하나가 정당이 제 기능을 못하고 정치인들의 단순한 이익을 보호하는 기제로 돌변한 것이다. 단임제나 임기 수의 제한은 정치인의 이익 집단화를 막을 수 있는 중요한 장치다(조흥식 2014).

민주적 리더십은 임기 동안에도 지속적인 감시와 비판의 대상이 된다. 강한 권력을 보유하는 자리일수록 감시와 비판의 정도는 세밀할 수밖에 없는 것이 민주적 리더십의 본질이다. 아마도 국가 원수에 대한 비판을 얼마만큼 허용하는가는 그 나라의 민주주의 척도로서 부족함이 없을 것이다. 1990년대 미국의 클린턴 대통령과 백악관 인턴 르윈스키의 관계로 인해 벌어진 사건은 세계 최강대국의 대통령이라면 정책 뿐 아니라 사적인 생활까지도 민주적 감시와 비판의 대상이 된다는 점을 적나라하게 보여주었다.

매우 흥미로운 점은 이러한 비판의 허용이 오히려 리더십의 견고함을 강화한다는 사실이다(Kane and Patapan 2012). 독재 국가에서 최고 지도자에 대한 비판은 체제에 대한 비판으로 연결된다. 북한이 김정은을 비난하는 전단에 민감해 하는 이유다. 독재 체제에서는 개인의 인격과 정치적 기능이 중복되고 일체화되기 때문이다. 그러나 민주주의에서는 리더에 대한 비판이 난무하더라도 리더십을 발휘하는데 커다란 영향을 끼치지 못한다. 북한이 아무리 대한민국 대통령을 모독하는 전단을 보내도 그것이 대한민국 헌정 질서를 훼손하는 등의 큰 효과를 발휘할 수 없는 이유다. 이처럼 민주적 리더십은 겉으로는 약해 보일 수 있지만 사실은 가장 강한 리더십이다.

민주적 리더는 끊임없이 자신의 행동을 설명하고 대중의 설득을 통해 지지를 얻어내야 하는 어려운 자리다. 이끌어 가는 자리임에는 틀림없지만, 따라가는 사람들을 대상으로 설명하고 설득하는 소통의 과정이 필수적이라는 의미이다. 선거에서 약속한 것이라도 사회의 강력한 저항을 받으면 다시 소통의 과정을 통해 대상과 여론을 설득해야 한다. 소통과 설득의 리더십을 제대로 발휘한다는 것은 단순한 언어와 소통의 기술, 즉 수사학에서 비롯되는 것이 아니라 리더가 대중의 삶을 경험하고 이해하고 파악해야 한다는 것을 뜻한다. 또한 서로 다른 이해관계를 가지는 사람들이 상이한 사고와 주장을 펴는 것이 자연스럽고 당연하다는 의식을 가져야 한다.

2. 도덕적 리더십

한국 사회에서 리더십을 정상화하기 위해 가장 급박한 과제는 바로 리더십의 도덕성을 강화하는 것이다. 위에서 살펴본 리더십의 실패에서 가장 뼈아프고 심각한 문제가 바로 도덕성에서 발견되기 때문이다. 국가의 최고 지도자부터 관료까지, 사회의 정신문화를 대표하는 종교 지도자부터 투자자의 돈으로 주식회사를 운영하는 재벌까지 공동체의 이익보다는 자신의 이익을 먼저 챙기고, 이를 위해 불법과 편법을 서슴지 않는다는 사실을 보았다. 한국 사회와 시민은 리더십에 대한 실망이 컸던 만큼 더욱 강한 도덕성을 요구하는 셈이다.

한국은 유교 전통 사회부터 대나무처럼 곧은 선비의 상을 리더에게 요구해 왔다. 유교는 모든 인간관계를 관장하는 질서를 중시했다는 점에서 보수적 성격이지만 동시에 윗사람 즉 리더에 대한 강한 도덕적 의무를 부여했다. 기존 질서가 강한만큼이나 윗사람에게 요구하는 의무 역시 강했다고 볼 수 있다. 도덕과 윤리가 사회 질서의 바탕이었다고 할 수 있는데, 한국에는 시대가 변했음에도 불구하고 이러한 전통적 의식이 상당히 남아 있는 것으로 보인다.

서구의 전통 사회는 '노블레스 오블리쥬'(Noblesse oblige)의 의식이 있기는 하지만 동시에 계급 간의 관계가 보다 교환적 성격을 가졌었다. 귀족은 많은 사회적 특권을 누리지만 그것은 주민의 안보를 보장하는 의무에 기초한 것이다. 서구에서는 시민들이 자신의 이익을 위해서 혁명을 한 것이지, 동양처럼 민중이 군주나 귀족에게 도덕적이고 윤리적인 모범을 강하게 요구했다고 보기는 어렵다. 서구에서 공직자의 윤리나 도덕이 강조되는 것은 대부분 민주화 이후의 변화라고 보는 것이 정확하다. 국민의 세금을 헛되이 써서는 안 된다는 의식의 결과다.

현대 한국에서 시민의 의식을 보면 전통적 유교의 모범과 서구적 민주주의의 청렴성이 동시에 요구되는 상황이다. 말하자면 국민들이 공직자나 리더를 향한 기대는 세계 어느 나라보다 높은데, 현실은 이를 따라가지 못하고 있는 셈이다. 한국의 엘리트는 자신의 이익을 위해서 불법과 편법을 사용하는데 커다란 죄책감을 느끼지 못하는 듯하다. 한국이 민주화 된 이후 국회에서 행해지는 인사청문회는 엘리트와 시민의 도덕적 윤리적 괴리를 잘 드러내 주는 전시장이다. 그리고 이러한 엘리트의 다양한 불법과 편법, 그리고 이에 대한 언론의 대대적 논의는 다시 사회 전체의 리더십 위기를 가져오는 원인이 된다.

미래 사회에 도덕적 리더십이 더욱 요구되는 이유는 사회의 변화에서도 찾을 수 있다. 한국 사회가 이룩한 경제발전은 부정부패나 비리의 잠재적 규모를 키웠고, 리더들의 결정이 초래할 수 있는 경제적 결과 역시 기하급수적으로 불어났다고 할 수 있다. 그만큼 비윤리적이고 부도덕한 행위의 유혹이 커졌다. 반면 도덕과 윤리의식은 점차 희미해지면서 물질만능주의가 사회를 지배하는 세상이 되었다. 악의 유혹은 커지는데 이를 저지할 수 있는 의식은 약해지니 도덕성은 심각한 위험에 처했다는 말이다.

국제 뉴스를 보더라도 엘리트의 부정부패와 범죄는 위험한 지경에 이르렀다. 중국과 같은 개발도상국과 권위주의 국가는 물론 미국이나 유럽과 같은 민주주의 선진국에서도 리더십의 도덕적 위기는 확산되는 분위기다. 예를 들어 세금을 적게 내기 위해 국적을 바꾸는 다국적 대기업 회장들이 다수 등장하는가 하면, 2013년 프랑스에서는 국가 예산의 적자를 줄이겠다는 예산담당 장관이 정작 자신은 탈세를 위해 스위스에 비밀계좌를 두고 있다는 사실이 밝혀지면서 사임했다.

자본주의의 조국 미국에서 발생한 엔론 사태는 아서 앤더슨(Arthur Anderson)과 같은 굴지의 컨설팅 회사가 얼마나 깊이 범죄적 기업 행위에 동참했는지를 드러냈다. 또 2008년 글로벌경제위기는 엘리트의 담합과 범죄가 얼마나 깊은지를 잘 보여주었다. 세계화로 시장의 규모가 커지면서 최근 나타난 국제 이자율(Libor) 관련 은행 간의 담합 역시 리더십의 위기를 보여주는 한 측면이다. 이처럼 도덕성의 문제는 분야를 막론하고 리더십의 매우 핵심적인 사안으로 떠올랐다.

도덕적 리더십은 비단 한국만의 문제가 아니다. 위에서 살펴보았듯이 세계화된 경제에서 부정과 부패의 유혹은 국제적이다. 리더십 분야에 도덕성을 제대로 확립하기 위해서는 국제적 협력과 공통의 고민이 필요하다. 최근 선진국 클럽인 OECD에서 부패 관련 논의가 활성화 되고, 국제적으로 부패를 방지하려는 노력이 이뤄지는 경향을 볼 수 있다. 이런 점에서 본다면 도덕성의 국제적 성격을 강화하는데 한국이 앞장서 나가는 것 역시 바람직한 방향이다.

3. 포용적 리더십

포용적 리더십은 차이를 인정하고 긍정하며 끌어안는 리더십이다.

한국은 세계에서 찾아보기 어려운 동질성을 지닌 사회다. 심지어 노르웨이의 극우 민족주의 테러리스트가 한국을 지목하며 민족적 동질성의 모델로 삼았을 정도다. 과거의 한국에서 리더십은 소수의 희생양을 배타적으로 지목함으로써 기존 공동체의 결집력을 강화하는 형식의 리더십이었다. 이미 매우 동질적인 사회에서 소수의 희생양에 대해 배타적인 돌팔매질을 함으로써 더더욱 결집력을 강화했던 것이다.

하지만 한국 사회는 이제 다양성이 한층 강화되었다. 과거처럼 동질성을 강화하기 위한 배타적 리더십은 한계에 부딪치고 비효율적인 결과를 낳는 시대로 변했다는 의미이다. 이제는 차이를 인정하는 것은 물론, 차이가 존재하기 때문에 생겨나는 다양성이 매우 긍정적이고 가치 있는 결과라는 사실을 인식해야 한다(Beck and Grande 2007). 차이를 끌어안고 앞으로 나아가야 하며 한국이 오히려 더욱 다양한 사회가 될 수 있도록 지도해야 할 것이다.

여성의 사회 진출은 포용적 리더십의 필요성을 강화하는 가장 대표적인 현상이다. 과거 여성은 사적 영역에 주로 머물렀고, 남녀의 관계도 대부분 가정이라는 사적 영역에 제한되어 있었다. 그러나 여성이 학교에 가고, 점점 더 긴 공부를 하고, 사회에 진출하여 일을 하고, 남성과 경쟁하면서 이제는 남성과 여성이 공적 영역에서 평화롭게 서로를 존중하면서 공존하는 방법을 찾아야 한다. 최근 들어 폭발적으로 발생하는 성차별, 성희롱, 성추행 등의 사건은 남녀의 공존이 그다지 쉽지 않음을 보여준다. 포용적 리더십의 첫 걸음은 남성과 여성의 차이를 인식하고 이를 최대한 긍정적으로 관리하고 활용하는 태도라고 할 수 있다.

한국은 식민지나 전쟁과 같은 불행한 역사로 인해 외국인에 대해 배타적인 태도를 가져왔다. 또한 강대국의 남성과 결혼하는 약소국 여성을 비하하는 전통을 가졌다. 국제결혼을 하는 여성을 '양공주'로 부르거나 국제결혼에서 출생한 자녀를 '튀기'라며 배타적으로 취급하였다. 강대국에 대한 약소국의 콤플렉스는 다시 더 약한 국가와 국민에 대한 우월감을 자극하였고 비정상적으로 적대적인 태도를 유발했다. 경제발전 이후 한국이 중국이나 동남아에서 보여준 '어글리 코리언의 졸부 행태'는 그 대표적 사례다.

그러나 21세기의 한국은 결혼이라고 하는 중요한 결정에서 외국인에 대한 배타성을 상당 부분 극복하는 새로운 모습을 보인다. 외국에서도 통계적으로 국제결혼이 높게 나타나는 경우가 있지만, 상세히 들여다보면 사실상 같거나 비슷한 인종 및 종족 집단 사이의 결혼이 많다. 유럽의 국제결혼이 백인과 유럽인 사이의 결혼이고, 인종과 대륙을 건거는 국제결혼은 유럽에 사는 이민자들이 고국의 사람과 결혼하는 경우다. 예를 들어 영국에 이민한 인도·파키스탄 사람이 조국에서 처를 데려오는 경우다. 한국만큼 대규모로 타 인종이나 종족집단과의 결혼이 이뤄지는 것은 특이한 현상이다. 한국 사회가 이들을 잘 끌어안는 것은 무척 중요한 리더십의 과제다.

한국 사회에서도 이제는 동질성을 강요하거나 배타성에 기초한 리더십의 전략이 개인의 자유와 충돌하는 일이 빈번하게 생겨나고 있다. 종교는 그 대표적인 경우라고 할 수 있다. 이명박 대통령 시기에 기독교의 독실한 신자인 국가 원수와 불교 공동체의 대립은 가장 상징적이다. 한국은 세계에서 드문 진정한 자유 종교의 나라다. 한 집안에서도 다양한 종교가 공존하는 신기한 나라이기도 하다. 종교는 타고나는 것이 아니라 개인이 선택한다는 인식은 희귀한 한국의 특징이다. 그만큼 종교는 개인의 소중한 선택의 결과라는 뜻이며 종교와 관련해 리더십은 당연히 포용적이어야만 한다.

한국 사회가 다양해지긴 했지만 여전히 전통적 동질성이 강하게 남아 있는 분야가 바로 가족의 형태다. 물론 한국은 이혼도 늘어나고 재구성된 가족도 늘어났다. 하지만 결혼을 하고 같이 살아야 한다는 형식은 변하지 않았다. 한국이 세계 최저의 출산율과 아시아 최고 수준의 이혼율을 자랑하지만 여전히 높은 결혼률이 유지되는 이유다. 미래에 이런 형태가 유지될지는 알 수 없다. 그러나 적어도 현재에 이미 가족의 다양성에 대한 포용적 리더십은 필요하며, 앞으로 더욱 강화되어야 할 것이다. 미국에서 오바마의 대통령 당선 자체가 사회적 변화를 상징했듯이, 한국에서 박근혜 대통령의 당선은 여성이자 독신의 최고 리더가 탄생했다는 사실만으로도 상징성을 가진다.[9]

남녀 간의 평화로운 공존을 위해, 다양한 인종과 종족집단 사이의 화합을 위해, 그리고 서로 다른 취향과 신념과 종교를 가진 사람들이 어울려 살기 위해서는 리더십이 포용적인 분위기를 조성하고 포용성을 사회의 핵심 가치로 내세워야만 한다. 21세기 미국 퍼거슨(Fergusson)시

---

9   물론 박근혜 대통령이 대한민국과 결혼했다는 슬로건은 결혼이라는 형식의 여전한 지배구도를 역설적으로 보여주었다.

에서 일어난 폭력 사태나 유럽에서도 흔히 경험하는 인종 간 폭력적 갈등은 선진국에서조차 포용의 리더십이나 포용적 사회의 실현이 간단 치 않다는 사실을 증명해 준다. 한국은 이들의 성공과 실패의 경험으로 부터 배우면서 한국에 적합한 해결책을 모색할 필요가 있다.

4. 개방적 리더십

포용적 리더십에서 한 걸음 더 나아간 것이 개방적 리더십이라고 부를 수 있다. 개방적 리더십은 적어도 두 가지 의미를 지닌다. 첫째는 리더가 개방적 사고, 특히 세계화 시대에는 세계의 흐름을 파악하고 국제적 마인드를 가진다는 뜻이다. 한국은 위에서 살펴 본 바와 같이 세계에서 가장 대외의존적인 경제를 가지고 있으며, 지정학적으로도 명확한 판단을 해야만 생존할 수 있는 위치에 있다. 리더십의 개방적 사고가 그 어느 나라보다도 필요한 경우라는 뜻이다.

한국은 미국과 중국에 많은 수의 유학생을 파견하여 개방적 리더십의 형성에 어느 정도 앞서 있다. 다만 아쉬운 점은 많은 사회 영역에서와 같이 너무 한쪽으로의 쏠림 현상이 강하게 나타난다는 사실이다. 한 바구니에 모든 달걀을 담고 움직이는 일은 매우 위험하다. 특히 한국 엘리트는 매우 국제화 되어 있고 개방적이지만 미국 중심의 사고와 지향성을 갖고 있다는 한계를 안고 있다. 우수한 인재는 미국 뿐 아니라 중국이나 인도와 같은 떠오르는 세력, 그리고 유럽과 같이 오랜 문화적 전통을 가진 지역으로 분산할 필요가 있다.

개방적 리더십이 점차 더 필요한 이유는 세계화 현상이 한국 사회에도 그대로 반영되어 나타나기 때문이다. 지난 2014년 가을에 볼 수 있었듯이 베이징의 APEC회의, 미얀마의 동아시아 관련 회의, 호주의 G20회의 등 국가 지도자들의 국제적 포럼은 늘어나고 있으며, 중요한 사안들이 국제적으로 결정되는 경향을 나타낸다. 국가 원수의 회동을 동반하는 장관 및 관료의 회의도 점점 늘어나는 추세다. '우물 안 개구리'의 인식과 사고방식으로 21세기를 이끌어 가는 것은 이제 불가능해졌다. 대통령에서 말단 관료까지 국제적 마인드의 개방적 리더십이 요구된다는 뜻이다.

또한 한국의 기업이 해외에 투자하거나 해외 기업을 인수함으로써 국제적 경영과 관리가 필요한 상황이 늘어나고 있다. 개방적 사고와 국제적 마인드가 없는 리더십은 외국에서 문화적 반발을 일으킬 것이고, 경제적 부작용도 커질 위험이 있다. 심지어 선교와 같은 국제 활동, 가난한 나라에 도움을 주기 위한 개발협력 등의 분야에서조차 개방적 리더십은 필수적인 조건이 되는 것이다.

개방적 리더십의 둘째 의미는 외부에서 리더를 영입함으로써 열린 조직으로 운영한다는 뜻이다. "고인 물은 썩는다"는 진실은 21세기의 상식에 속한다. 우선은 우수한 해외의 인재들이 한국에서 적극적으로 활동하고 활약할 수 있도록 제도를 강화하는 것이 필요하다. 한국의 발전은 국내의 인재를 키워서 가능했다. 하지만 한국이 여기서 한 걸음 더 나아가 세계 최고의 수준으로 성장하기 위해서는 국제적 인재의 보고(寶庫)로 발전해야만 한다. 이런 점에서 한국은 아직 싱가포르나 홍콩에 많이 뒤지는 것으로 판단된다. 여전히 과거의 동질성을 추구하는 배타적 문화가 남아 있는 것으로 보이고, 외국인들이 이를 피부로 느끼는 것 같다.

다음은 중요한 자리에 리더로 외국인을 임명하는 일이다. 축구에서 히딩크 감독의 역할은 한국을 월드컵 4강이라는 상상조차 하기 어려웠던 결과를 낳았다. 모든 외국인 리더가 이 같은 최상의 결과를 낳기는 어렵겠지만 히딩크 류의 실험은 사회의 여러 영역에서 다양하게 진행될 가치가 있다. 과거 많은 제국에서 노예나 환관, 외국인 등이 중용되었던 이유는 가족이나 족벌, 학연이나 지연 등 챙겨야 할 소속 집단이 없었기 때문에 상대적으로 자신의 임무에 충실할 수 있었기 때문이다. 히딩크가 한국에서 성공했던 이유와 유사하다.

미래에서 필요로 하는 리더십은 위의 네 가지 성격을 동시에 가져야 한다. 영역과 분야 별로 리더십의 특징은 항상 존재하겠지만, 어느 조직이나 집단이 필요로 하는 미래 리더십의 공통적인 요소를 파악하는 것이 여기서의 목표였다. 가장 위계적이라고 공감하는 군대조차 민주적인 리더십이 필요하다는 사실을 최근 다양한 사건 사고에서 발견할 수 있다. 도덕적 리더십은 정치나 종교에서만 필요한 것이 아니다. 개인이 사업을 하던 시대에서 점차 거대한 기업과 기관이 세계를 무대로 활동하는 21세기에는 경제 역시 강력한 도덕적 리더십을 필요로 한다.

포용성이나 개방성도 마찬가지다. 분야를 막론하고 여성, 소수자, 외국인 등에 대한 열린 태도와 인식은 리더의 필수적인 덕목이라 할 수 있으며, 배타적인 리더는 효율적으로 집단이나 조직을 이끌어 갈 수 없는 시대가 왔다. 덧붙여 세계를 염두에 두고 사고하지 않는 리더십은 조직의 생존 자체를 어렵게 만들 수 있다. 서구 세력은 여러 세기 동안 세계를 지배하면서 나름 국제적 마인드를 가졌지만 그럼에도 불구하고 우월성에 기초한 편향된 시각으로 동아시아의 부상을 제대로 인식하지 못했다. 그 결과 서구의 대규모 기업들은 20세기 중반 이후 속속들이 문을 닫을 수밖에 없었던 것이다.

다시 요약하자면 21세기 리더십의 공통된 요구 사항은 적어도 민주성, 도덕성, 포용성과 개방성이라는 네 가지 기둥을 바탕으로 만들어져야 할 것이다. 그것은 효율성의 문제이자 생존을 위한 선택이다. 이러한 요구는 세계 어느 나라의 리더십이나 동일하게 적용될 수 있는데 이를 종합적으로 가장 잘 대표하는 리더 집단을 가진 국가가 세계적 경쟁에서 제일 선두에 설 가능성이 높다.

Ⅳ. 리더십 교육

민주화 시대의 리더는 태어나기보다는 만들어진다고 할 수 있다. 민주화 이전 세습적 계급이 존재하던 시대에도 교육은 리더를 형성하는 데 중요한 위치를 차지했다. 민주적이면서 도덕적이고, 포용적임과 동시에 개방적인 리더를 만들기 위해서는 어떤 교육과 과정이 필요한지에 대한 고찰은 구체적으로 리더십을 생산해 내는 과정에 필수적이다. 여기서는 소통 능력과 인문 교육, 봉사의 의무와 국제 경험 등 네 가지 방향을 중심으로 논의를 전개한다.

위에서 살펴 본 바와 마찬가지로 여기서도 특정 분야의 엘리트나 리더보다는 전반적으로 사회의 다양한 분야에서 활동하는 지도자들이 가져야 하는 덕목을 중심으로 어떤 교육이 이런 능력을 불어넣을 수 있는지 고민해 보았다. 한국적 상황에 대한 고려와 함께 비슷한 목표를 달성하기 위한 선진국의 경우를 검토해 보았다.

1. 소통 능력

민주적 리더는 언제나 비판의 대상이 되는 리더이며, 설득의 리더라고 설명했다. 비판을 두려워한다면 민주화 시대의 리더가 될 자격이 없다. 민주주의는 선거라는 경쟁을 통해 지도자를 선출하는 제도이지만 더 나아가 서로 다른 생각을 가진 사람들이 토론이라는 과정을 거쳐 결론과 결정에 도달하는 제도이다. 일정의 과정을 통해 선택된 지도자는 무리를 이끌기 위해 자신이 나아가는 방향을 상세하게 설명해야 하고 이를 통해 공동체의 동의와 지지를 얻어야 한다.

민주주의 사회에는 역사적 명연설이 많다. 미국 링컨 대통령의 게티스버그(Gettysburg) 연설은 평등과 자유의 가치를 강조한 민주주의에 대한 찬사로 널리 알려졌다. 프랑스 사회주의 사상가이자 정치가인 장 조레스(Jean Jaurs)가 제1차 세계대전을 앞두고 전쟁을 막기 위해 선거 유세에서 했던 연설은 평화주의의 정수다. 미국의 시민운동 시기인 1963년 마틴 루터 킹 목사의 연설(I have a dream)은 미래를 향한 평화와 공존의 염원을 담은 열정적 상징이 되었다.

불행히도 한국의 정치사에는 명연설이라고 할 만한 리더의 연설을 손꼽기 어렵다. 말보다는 글을 중시했던 전통 문화의 영향이라고 할 수도 있고, 일제와 독재의 탄압 속에서 자유롭게 연설을 하기 어려웠던 탓도 있을 것이다. 하지만 민주화의 시대에 들어선지 30년이 가까워지지만 여전히 한국 정치가 소통과 설득의 정치로서 크게 발전했다고 보기는 어렵다. 그 이유는 아마도 교육과정에서 찾아야 할 것이다. 학생이 말하고 참여하는 교육보다는 주입식 교육의 결과이며, 논술이나 구두시험보다는 선다형의 문제풀기에 익숙한 교육이 원인이다. 게다가 요즘 대학에 들어오면 영어로 수업을 듣느라 정신이 없어 한국어를 제대로 구사하고 국문 글쓰기를 하는 훈련조차 제대로 받기 어려운 현실이다.

민주적 리더십은 미국과 같이 어린이나 학생의 의견을 경청하는 문화에서 자연스럽게 형성될 수 있다. 아무리 소수 또는 일반적으로 자격이 되지 않는 사람의 목소리에도 귀를 기울이는 문화는 소통의 문화라고 할 수 있다. 프랑스와 같이 전통적으로 대화의 문화가 발전된 토양에서도 19세기 후반 교육 과정에 토론을 포함시키는 혁신을 추진했다[10].

　　프랑스 정치·행정 엘리트의 대부분을 양성하는 파리정치대학(일명 시앙스포, Sciences Po)은 1872년 프랑스가 독일에게 전쟁에 진 뒤 국가 재건을 위해 만들어진 학교다. 제정이 종결되면서 공화국의 형식으로 새 출발을 하는 프랑스에 있어 새 체제에 어울리는 민주적 소통의 교육이 필요했고, 파리정치대학은 학생들이 음악회처럼 수동적으로 앉아서 듣는 대규모 강의가 아니라 교수와 학생이 토론으로 상호작용할 수 있는 소규모 강의를 도입하였다. 프랑스의 또 다른 특징은 고등학교 3학년에 자연계와 인문계, 실업계를 막론하고 누구나 철학 수업을 들어야 한다는 점이다. 그리고 프랑스 학생은 대입을 위한 바깔로레아(Baccalaur at)에서 반드시 철학 시험을 본다. 생각하고 논리 정연하게 자신의 주장을 펼 수 있는 민주 시민의 자격에 필수적이라고 생각하기 때문이다.

　　교육과정에서 자연스럽게 습득한 소통의 능력은 민주적 리더로 성장

10　유럽에서 나타난 교육 과정에서의 변천은 매우 흥미롭다. 중세 유럽의 대학에서는 당시 책이 귀하고 비쌌기 때문에 오히려 주어진 주제에 대한 구두로 토론을 벌이는 형식의 교육이 유행했다. 하지만 르네상스 이후 인쇄의 발달과 책의 보편화가 이뤄지면서 예수회를 중심으로 '문화교육' 즉 텍스트를 중심으로 하는 교육이 유행하게 된다. 그리고 다시 민주주의의 시대가 등장하면서 구두 토론과 소통의 중요성이 부상하는 것이다.

하도록 하는데 결정적이다. 토론에 익숙한 리더는 자신의 생각이 틀릴 수 있다는 생각을 항상 가진다. 그리고 토론을 통해 생각이 진화한다는 사실도 경험을 통해 잘 안다. 더 나아가 자신이 주도하는 공동체 일원의 입장에서 생각해 보고, 이들의 동의와 지지를 이끌어 내기 위해 어떤 설득의 전략을 펴야 하는지에 대해 고민한다.

2. 인문 교육

민주적 리더의 인문학적 소양은 무척 중요하다. 민주적 리더의 설득의 예술은 자신이 옳다고 생각하는 방향을 강요하거나 주장하는데 그쳐서는 곤란하다. 논리적 기초 위에 인문학적 이해를 바탕으로 사례를 들어가며 상대방의 마음에서 동의와 공감을 도출해 내야 하기 때문이다. 설득의 예술에는 논리 뿐 아니라 감정적 공감대를 형성하는 것이 무척 중요하다. 리더의 시적인 표현과 음악적 취향, 미적 감각 등이 그를 따르는 사람들에게 중대한 영향을 끼친다.

프랑스의 미테랑 대통령은 사회당 출신으로 1981년 당선되었다. 그는 공산당과 연정을 형성하여 집권하였기에 우파로부터 신랄한 비판의 대상이었다. 그럼에도 불구하고 미테랑은 책을 읽는 대통령, 문화를 사랑하는 지도자로서 좌우를 막론하고 존경을 받았다. 센느 강가에 새로 지어진 국립도서관이 그의 이름을 딴 것은 우연이 아니다. 매우 저렴한 가격에 학자와 학생들이 이용할 수 있는 이 도서관은 프랑스 소프트 파워의 중요한 상징이라고 할 수 있다.

인문 교육은 도덕적 리더를 양성하는데도 필수적이다. 현대 사회에서 강조하는 전문성의 교육은 훌륭한 기술자를 길러낼 수 있지만 균형적 판단을 내릴 수 있는 리더를 만들지는 못한다. 전문가들이 가지는 권력은 점점 커지는데 이들이 받는 인문 교육이 더욱 축소된다면 매우 본능적인 자기 이익만을 챙기고 법과 규칙을 우회하는 악습은 확대될 수밖에 없다. 인문 교육은 자신보다는 공공을 생각하고, 역사를 통해 결국은 협력이 인류가 발전하는 기초가 되었다는 사실을 일깨워준다.

리더 양성에서 인문 교육의 중요성은 아마 영국, 미국 등의 선진국에서 가장 특징적으로 발견할 수 있다. 영국의 엘리트를 양성하는 옥스퍼드(Oxford)와 케임브리지(Cambridge)대학교는 전통적으로 인문 교육을 중시했다. 영국의 엘리트 중등교육 또한 라틴어와 그리스어, 그리고 고대 고전을 중심으로 교육 과정이 짜여졌다. 미국 또한 학부 과정에서는 교양과 인문 교육이 중대한 위치를 차지한다. 심지어 학부 자체가 인문학적 교육을 담당하고, 전문 교육은 대학원에서나 시작한다고 볼 수도 있다. 한국처럼 법대와 의대와 같은 전문성을 가진 기능적 커리큘럼이 우수한 학생을 독점하는 체제와는 크게 다르다.

포용성과 개방성 또한 인문 교육을 통해 심어질 수 있다. 젊은이들은 소설을 읽음으로써 자신의 세계와는 전혀 다른 세상이 존재한다는 사실을 알 수 있다. 인류학에서 인간과 사회의 다양성을 배우는 것, 그리고 가치의 상대성을 인식하는 것은 모든 리더에게 필요한 일이다. 외국어를 배우는 것은 하나의 소통의 도구를 연마하는 것일 뿐 아니라 완전히 다른 사고방식과 문화가 지배하는 우주를 얻는 것과 마찬가지다.

번역된 고전들이 심금을 울리기는 하지만 그래도 원어로 읽는 고전 만큼의 감동을 주지는 못한다. 21세기의 리더라면 여러 개의 외국어를 구사하는 것이 당연하다. 많은 세상을 알 수 있는 지름길이기 때문이다.

인문 교육에 포함되어야 하는 중요한 부분이 예술 교육이다. 과거 피아노와 미술 학원이 동네마다 있었던 시절에서 최근에는 영어와 입시가 모든 것을 흡수하는 시대가 되었다. 음악과 미술을 비롯한 예술은 언어를 배우지 않고도 외국인과 소통할 수 있는 중요한 수단이다. 게다가 예술 교육은 인간에게 아름다움과 감동의 묘미를 전해줌으로써 평화롭고 선한 마음으로 인도한다. 덧붙여 예술은 협력의 필요성과 조율의 미를 교육한다. 오케스트라는 백 여 명의 연주자가 각각의 악기를 연주하지만 마에스트로(maestro)의 지휘에 따라 협력하고 조율하여 아름다운 음악을 만들어 내는 것이 아닌가. 지휘자야말로 리더십의 전형이라고 할 수 있다.

3. 봉사 의무

리더십이란 기본적으로 봉사(奉仕), 즉 받들고 섬김이다. 유럽언어로도 리더십은 서비스(service)라는 개념으로 설명된다. 여기서 서비스는 상품과 용역을 말할 때 서비스가 아니라 공익봉사(public service)를 의미하는 서비스이며, 받들고 섬긴다는 뜻의 동사 "to serve" 나 명사 'servant' 에 해당한다는 말이다. 이러한 인식은 동서고금을 막론하고 존재해 왔다. 아무리 국왕이라도 나라와 백성을 위해야 하며, 군주는 신의 의지를 받들어 세상을 관리해야 한다. 그 어느 곳에서도 자신의 개인적 이익, 또는 가문이나 집단의 부분적 이익이 전체의 이익을 앞서도 된다고 인정하지 않는다.

그러나 거대한 사회적 변화가 진행되면서 봉사의 개념이 점차 희미해지고 있다. 요즘엔 인간이 자신의 이익을 추구하는 것은 너무나 당연하다는 생각이 일반화 되었다. 공무원은 민간 부문에 비해 임금이 낮으니 연금으로 보상해야 한다고 말하고, 우수한 인재를 관료로 데려오기 위해서는 높은 임금을 줘야 한다는 주장이 대표적이다. 공직을 수행한다는 것은 개인의 희생을 요구한다는 과거의 사고는 점차 사라지는 듯하다.

전문가가 득세하는 세상이 되면서 또한 봉사의 개념은 약화되는 추세다. 특정 분야에서의 능력을 중시하다보니 봉사라는 윤리적 개념은 이차적인 잣대가 되어 버렸다. 그러나 전문성으로 인재를 등용한다는 명분이 특채의 남용과 편법으로 발전하였다. 한국에서 현직 외무장관이 자신의 자녀를 특채한 사건은 공직이 봉사가 아니라 특권이라는 사실을 잘 보여주었다(조홍식 2010). 위에서 지적한 '관피아'의 문제도 봉사가 아닌 전문성의 논리, 보상의 논리에 크게 의존하고 있다.

사회의 제도와 문화가 모두 인센티브라는 물질적 가치를 중심으로 변해가고 있다. 대학생의 자발적 참여를 이끌어내기 위해서 가장 효과적인 방법은 물질적 보상을 내거는 것이다. 불행히도 물질적 보상이 없으면 현대인은 관심을 보이지 않는 지경이 되었다. 심지어 규칙을 지키도록 하는데 가장 효율적인 방법도 벌금을 통해 물질적 제재를 가하는 것이 되었다. 당근과 채찍이라는 사고가 너무나도 사회 곳곳에까지 확산되어 봉사와 희생은 '바보들의 전유물'이 되었다.

그러나 이 모든 변화에도 불구하고 사회는 여전히 봉사하는 리더를 갈구한다. 정치적 호불호를 떠나 노무현 대통령이 정치에서 성공한 이유는 자신의 단기적 이익을 버리고 지역주의 극복이라는 바른 방향의 선택을 했기 때문일 것이다. '바보 노무현'이라는 트레이드마크는 이런 현상을 가리킨다. 반면 이명박 대통령에 대해 '나꼼수' 등의 비판이 강했던 것은 국익이 아닌 개인의 치부에 대한 의혹이 강했기 때문으로 보인다. 이에 대응하여 이명박 후보는 개인재산을 모두 기부한다고 발표했다. 대선을 앞두고 박근혜 후보가 국회의원을 그만 둔 것 또한 개인의 자리가 아닌 공익 봉사의 길을 선택했다는 점을 강조하기 위해서였다.

리더가 봉사하는 위치라는 사실을 강조하고 이를 리더 양성 과정에서 교육하지 못한다면 한국은 불행히도 리더십의 위기를 극복하지 못할 것이다. 봉사의 리더십을 교육하는 방법을 개발하는 것은 난제이다. 각 분야마다 방법은 다를 수 있겠지만 중요한 공통점은 자신을 희생하면서 공동체에 봉사하는 습관을 길러야 한다는 점이다. 그리고 진정한 봉사의 정신을 되살리기 위해서는 사회 전체적으로 물질적 보상체제 앞에 우뚝 설 수 있는 명예와 명성의 시스템을 갖추는 것이 중요할 것이다.

4. 국제 경험

세계화 시대의 엘리트 양성 과정에 국제적 경험이 필수적이라는 사실은 긴 설명이 필요 없다. '백문불여일견'(百聞不如一見)을 굳이 말하지 않더라도 새로운 세상에 대한 경험이 사람을 성숙하게 만든다는 이치 또한 보편적이다. 포용적이고 개방적인 리더십의 형성은 다른 나라와 문화를 경험함으로써 완성될 수 있다. 한국 엘리트의 국제화 정도는 일반적으로 높게 평가할 수 있다. 학술 분야의 경우 미국의 영향력이 막강하다. 문제는 너무 한쪽에 치우친 편파적인 국제화다.

미국의 부시 대통령은 2001년 아메리카 정상회의 기자회견장에서 "프랑스어도 영어도 멕시코어도 아니었다"는 표현으로 회자되며 국제 사회의 웃음거리가 된 적이 있다(Weisburg 2009). 멕시코에서 사용하는 언어가 스페인어라는 사실을 모를 만큼 해외에 대한 관심과 지식이 부족하다는 뜻이었다. 미국이 세상의 중심이며, 미국 밖으로의 여행을 위험하게 생각하는 미국보다 한국이 훨씬 국제화되어 있는 측면이 있다. 그러나 중소규모의 국가들이 옹기종기 모여 있는 유럽에 비교한다면 한국의 국제화는 아직 멀었다.

유럽에서는 강대국 사이에 위치한 중소규모의 나라일수록 국제화의 정도가 높은 것 같다. 예를 들어 네덜란드, 벨기에, 룩셈부르크는 일찍이 베네룩스 관세동맹 및 경제공동체를 만들어 유럽통합의 모델을 제시했다. 베네룩스는 적극적인 국제화, 유럽화 전략을 통해 작은 나라이지만 유럽의 중심으로 부상할 수 있었다. 스위스는 4개의 언어를 국어로 정하여 다문화 국가의 모습을 갖추었고 세계의 주요 국제기구를 유치하는데 성공하여 국제수도 역할을 담당한다.

유럽이 통합되면서 엘리트의 국제 경험이라는 측면이 더욱 강조되었다. 1980년대 시작된 에라스무스(Erasmus) 프로그램에 따라 유럽인들은 대학과정에서 적어도 1년을 다른 나라에서 보내도록 하는 계획을 추진하였다. 21세기 현재 유럽 대학생 대부분은 실제로 1년 이상을 외국에서 보내게 되었다. 1년은 상당히 긴 기간이기 때문에 다른 나라의 언어와 문화에 익숙해 질 수 있고, 해당 국가의 내부적 시각을 이해할 수 있는 기간이기도 하다. 동아시아의 역사 분쟁은 심각한 문제다. 엘리트 교육과정에서 상대방의 국가를 장기간 경험할 수 있다면 상호 이해의 범위를 넓힐 수 있을 것이다.

유럽의 또 다른 모델은 유럽 칼리지(College of Europe)라는 교육 기관이다. 1949년 제2차 세계대전이 끝나고 유럽을 주도하는 엘리트를 양성하기 위해 벨기에 브뤼헤(Bruges)에 만들어진 초국적 대학원이다. 이 기관의 교육은 영어와 프랑스어로 이뤄지며, 소수 정예의 엘리트를 국제적으로 키워 유럽의 연대의식과 상호이해를 증진하는 리더로 만든다는 목표다. 이 학교가 미국 비즈니스에서 하버드경영대학원이 하는 역할을 유럽 정치행정 분야에서 담당하고 있다고 타임즈(The Times)지는 분석했다. 중요한 사실은 이 학교가 유럽통합이 본격적으로 시작되었던 1951년 석탄철강공동체의 파리조약보다도 먼저 수립되었다는 점이다. 시간의 순서를 보면 리더십 양성 과정의 설립이 먼저였고 그것이 통합을 이끌어낸 셈이다.

유사한 동아시아 칼리지는 지역의 평화적 공존과 번영에 국운이 달린 한국이 저렴한 비용으로 주도할 수 있는 프로젝트 가운데 하나로 보인다. 미래 동아시아의 리더를 양성하기 위한 초국적 교육 기관을 한국에 둠으로써 기득권이 없는 분야에서 한국이 주도적 역할을 담당할 수 있으며, 선점 효과를 누릴 수 있다. 미래 동아시아의 리더를 한국에서 만들어내는 것만으로도 한국은 소프트 파워를 쉽게 강화하는 셈이다.

결론: 21세기의 리더십

이 글에서 우리의 접근은 첫째 한국의 리더십 위기를 진단하고, 둘째 한국 사회의 변화를 커다란 흐름으로 파악하는 것이었다. 그리고 이런 위기와 변화를 감안하는 리더십의 성격에 대해 고찰하였다. 마지막으로는 이런 리더십을 만들어내기 위해 필요한 교육과 과정을 상상해 보았다. 이러한 내용을 표로 만든다면 다음과 같은 형식으로 요약할 수 있다.

표 1 한국 사회의 미래 리더십

	리더십의 위기	사회의 변화	리더십 성격	리더십 교육
정치	국가	민주화	민주적	소통능력
경제	기업	경제발전	도덕적	인문교육
사회	종교	다양화	포용적	봉사의무
문화	가정	세계화	개방적	국제경험

이 글에서 다룬 리더십은 한국 사회에서의 리더십 문제다. 결론에서는 지금까지 논의한 내용을 보다 보편적인 차원에서 점검하고 비교해 볼 필요가 있다. 다양하고 방대한 리더십 관련 문헌에 비추어 한국 사례를 논의하기는 어렵지만 기존 리더십 연구를 검토한 저서가 있어 사고의 폭을 넓힌다는 의미에서 간략하게 언급하고 소개하고자 한다.

미국의 리더십 학자 로스트(Rost 1993)는 1990년대에 『21세기를 위한 리더십』이라는 저서를 통해 20세기에 등장한 리더십 문헌을 종합적으로 분석하고 이를 바탕으로 새로운 리더십을 제안한 바 있다. 로스트는 특히 두 가지 측면에서 이 연구의 방향과 일치하는 결론을 제시한다.

첫째, 기존의 리더십 연구에 대한 비판이다. 그는 1978년 출간된 번스(Burns)의 명저 『리더십』을 인용하면서 "우리는 리더에 대해서는 너무나 많은 것을 알고 있지만, 리더십에 대해 아는 것은 너무 적다"라고 설명한다. 따라서 "리더십은 지구상의 현상 가운데 우리가 가장 많이 관찰하지만, 사실 정확한 이해가 제일 부족한 현상"이라고 소개한다.

리더십을 제대로 이해하지 못하는 가장 큰 요인은 리더십의 핵심을 파악하지 못하고 주변적 요소에 매달리기 때문이다. 리더의 특징이나 성격, 위대함, 효율성, 목적 달성, 상황, 스타일 등 조직 관리 및 경영이라는 관점에서 보기 때문에 나무는 보지만 숲을 보지 못한다는 뜻이다. 다음은 리더십의 내용에만 관심을 보일 뿐 리더십이 리더와 팔로워(followers)의 상호 관계라는 과정에 적절한 조명을 하지 못했다는 것이다. 달리 표현하자면 마치 리더가 팔로워와는 별개로 존재하며, 리더의 능력에 따라 팔로워는 그야말로 쫓아가기만 한다는 인식으로 리더만 바라보기에 상호 관계의 과정으로서 리더십을 이해 못한다는 뜻이다.

이 글에서는 한국 사회에서 리더십을 과정이라는 차원에서 접근하려 노력했다. 리더십의 위기는 단순히 리더의 자질 문제라기보다는 사회의 변화에 비추어 평가하고 분석해야 한다는 인식이다. 그동안 한국에서 리더십에 관한 연구는 정치학, 행정학, 경영학 등 너무 전문 분야별로 나뉘어 진행되었으며, 박정희, 김대중, 박태준, 이병철, 정주영 등 특정 인물을 중심으로 논의되었다. 이 글의 특징은 특정 분야나 특정 인물에 집착하지 않고 한국 사회의 리더십이라는 종합적 문제의식을 중심으로 분석을 진행하려 했다는 점이다. 그리고 부족하지만 언제나 팔로워, 즉 일반 시민의 시각과 입장을 반영하여 리더십을 이해하려 했다.

둘째, 로스트는 그의 책 제목이 말하듯이 미래 21세기의 리더십을 새롭게 정의한다. 그는 20세기의 리더십이란 정해진 목표를 향해 높은 효율성을 도출해 내는 위대한 사람들이었다고 설명한다. 이들은 특정한 성격이나 능력을 발휘하여 팔로워들에게 영향을 미치면서 이러한 목적을 달성하였다. 로스트는 이런 리더십 패러다임을 '산업사회 리더십'이라고 부른다. 매우 구조 기능주의적이고, 관리자에게 우선적 역할을 부여하며, 리더의 개인적 능력에 초점을 맞추는 등의 특징을 가졌기 때문이다.

그러나 21세기의 리더십은 산업사회 패러다임으로 열어가기 어렵다고 주장한다. 이 새로운 리더십이 함양해야 하는 가치로는 협력과 공공 가치, 글로벌 의식, 구조와 참여에 있어 다양성과 다원주의, 고객 지향성, 시민적 덕목, 모든 조직에서 표현의 자유, 비판적 대화, 질적 언어와 방법론, 실질적 정의(substantive justice)와 합의 지향적 정책결정과정 등이다(Rost 1993, 181). 요약하자면 우리가 제시했던 민주성, 도덕성, 포용성과 개방성이 새로운 리더십 패러다임에서 핵심적인 요구라는 것이다.

이러한 분석은 과학적 연구를 통해 어느 정도 증명된 바 있다. 『초협력자』라는 저서(Nowak and Highfield 2012)는 진화 생물학을 수학적으로 분석하는 독특한 방법론을 통해 개인과 개인, 그리고 집단과 집단이 협력함으로써 생존했고, 발전했으며, 진화해 왔다고 설명한다. 이러한 새로운 시각은 기존의 산업사회 패러다임과는 많은 차이점을 드러낸다. 산업사회 리더십의 패러다임은 기본적으로 조직 내의 협력, 그리고 다른 조직과의 경쟁 또는 영합게임이라는 대조적 틀 속에서 구상된 것이다. 하지만 경쟁과 영합게임은 이미 20세기부터 상당한 문제점과 심각한 위기를 초래하기 시작했다.

우선 정치적으로 민족과 국가의 조직적 성격, 공동체적 특징만을 강조하는 시각은 파괴적인 전쟁과 반인륜적 범죄로 귀결되었다. 반복되는 대륙적, 세계적 차원의 전쟁은 민족 국가 단위의 리더십만이 아니라 상대방을 인정하고 차이를 받아들일 수 있는 새로운 형태의 리더십을 요구했던 것이다. 이런 요구는 유럽에서 지역통합 또는 코스모폴리타니즘(Cosmopolitanism)이라는 이름으로 새로운 리더십을 만들어 냈다.

경제적으로도 1929년 대공황 이후 영합적 국제 질서와 그로 인한 보호주의 강화, 그리고 화폐의 경쟁적 평가절하 등은 결국 세계경제의 블록화와 혼란과 퇴보를 초래했다. 2007~2008년의 글로벌 경제위기 또한 장기적 공공성에 대한 의식보다는 단기적 조직의 이기적 목적만을 향해 달려온 결과라고 할 수 있다. 글로벌 의식이나 시민적 덕목을 결여한 리더십은 아무리 효율적이라도 지구적 차원의 불행을 초래하는 것이다.

최근 퍼거슨 사태에서 볼 수 있듯이 선진국 미국마저도 사회적으로 여전히 흑백 갈등을 해결하지 못하고 있는 상황이다. 1960년대 이후 시민운동의 결과, 많은 변화와 발전이 있었다. 미국은 심지어 흑인 대통령을 선출하는 데까지 성공했지만 본질적인 갈등과 문제를 해결하는 데는 실패했다. 달리 말해서 리더가 바뀐 것은 커다란 진전이라고 할 수 있지만 리더십의 성격은 크게 변화하지 못했다는 말이다.

문화적인 측면에서 세계는 여전히 하나가 되어가는 현상과, 그럼에도 불구하고 차이가 차별과 소외로 연결되는 모습을 볼 수 있다. 최근에 일어난 스코틀랜드의 독립 관련 투표는 300여 년의 공동의 역사에도 불구하고 하나의 공동체를 만드는 일이 얼마나 힘든 것인지를 잘 보여주었다. 그리고 공동체 분열 현상은 예외가 아니라 카탈루냐, 홍콩, 타이완 등 다양한 양상으로 나타나고 있다. 다양성을 관리하는 리더십이 필수적인 이유다.

표현은 다르지만 로스트의 '새로운 리더십 패러다임'은 이 글에서 우리가 강조한 민주성, 도덕성, 포용성, 개방성과 잘 부합하는 가치로 구성되었다고 할 수 있다. 결국 세계화 시대에 한국이 필요로 하는 리더십이나 미국을 중심으로 서구에서 논의하는 리더십의 방향은 크게 다르지 않다는 의미이다. G2를 형성하는 미국과 중국, 그리고 세계의 다양한 국가들이 모두 새로운 성격의 리더십을 필요로 한다. 물론 교육 과정이나 구체적으로 리더십을 형성하는 방법은 차이가 나겠지만 말이다. 따라서 활발한 국제적 교류를 통해 다양하면서도 소통 가능하고, 서로 다르면서도 협력을 도출해 낼 수 있는 리더십을 만들어 내는 것은 미래의 지구촌을 위해서도 필수적인 목표다.

참고문헌

강원택 편. 2007.『한국인의 국가정체성과 한국정치』서울: 동아시아연구원.

공병설. 2014. '선화원 "제2정화운동… 16권승 조계종 떠나라"' 연합뉴스 11월 4일. (http://www.yonhapnews.co.kr/bulletin/2014/11/04/0200000000AKR20141104174900005. HTML?from=search 검색일 2014년 11월 30일)

구희언. 2014. '리더 갈증 시대가 '이순신'을 다시 불렀다'『주간동아』8월 11일자. 950호. pp.36-38.

김우창 외. 2010.『국가의 품격』서울: 한길사

김윤태. 2012.『한국의 재벌과 발전국가』서울: 한울.

김인중. 2014.『민족주의와 역사. 겔너와 스미스』서울: 아카넷.

김훈. 2001.『칼의 노래』서울: 문학동네.

박상인. 2012.『벌거벗은 재벌님. 위기의 한국경제와 재벌개혁, 올바른 해법을 찾아서』서울: 창해.

박지훈. 2014. '한국교회 개혁할 21세기 루터 절실'『국민일보』10월 13일. (http://news.kmib.co.kr/article/view.asp?arcid=0922811875&code=23111114&cp=nv 검색일 2014년 11월 30일)

법정. 1999.『무소유』서울: 범우사.

세계일보 특별취재팀. 2014. '"안정적 편찬" "다양성 저해"… 국정사전의 딜레마'『세계일보』7월 2일. (http://www.segye.com/content/html/2014/07/02/20140702005147. html?OutUrl=naver 검색일 2014년 11월 30일)

송호근. 2013. 『시민의 탄생. 조선의 근대와 공론장의 지각 변동』 서울: 민음사.

오관철. 2014. '미국에서 유학하는 외국인 학생 중 31%가 중국 학생' 『경향신문』 11월 19일자.

외교부 워킹 홀리데이 인포센터. 2014. '워홀 참가자 현황' (http://www.whic.kr/workingholiday/entry/ 검색일 2014년 11월 30일)

이신영. 2014. '배임혐위 조용기 목사 항소심서 감형' 『연합뉴스』 8월 21일. (http://www.yonhapnews.co.kr/bulletin/2014/08/21/0200000000AKR20140821087700004.HTML?from=search 검색일 2014년 11월 30일)

장관석. 2014. 'OECD 최하위권 한국 부패인식 지수... 10위권 경제수준 걸맞게 끌어올리자' 『동아일보』 10월 27일. (http://news.donga.com/3/all/20141026/67453997/1 검색일 2014년 11월 30일)

조홍식. 2010. '들로르 오브리 부녀와 유명환' 『경향신문』 9월 6일자.

조홍식. 2014. '병든 민주주의' 『경향신문』 4월 28일자.

최장집. 2002. 『민주화 이후의 민주주의』 서울: 후마니타스.

하상복. 2014. 『죽은 자의 정치학』 서울: 모티브북.

Beck, Ulrich and Edgar Grande. 2007. Cosmopolitan Europe. London: Polity.

Braidotti, Rosi. 2006. Transpositions: On Nomadic Ethics. Cambridge: Polity.

Burns, J. M. 1978. Leadership. New York: Harper & Row.

Daft, Richard L. 2011. 5th ed. The Leadership Experience. Mason:

Cengage Learning.

de Waal, Frans. 2007. Chimpanzee Politics: Power and Sex among Apes. Baltimore: The Johns Hopkins University Press.

Descoings, Richard. 2007. Sciences Po. De la Courneuve Shanghai. Paris: Presses de Sciences Po.

French, Howard W. 1997. "Anatomy of an Autocracy: Mobutu's 32-Year Reign" The New York Times on the Web. May 17: (http://partners.nytimes.com/library/world/africa/051797zaire-mobutu.html 검색일 2014년 11월 30일)

Frieden, Jeffrey. 2007. Global Capitalism: Its Fall and Rise in the Twentieth Century. New York: W. W. Norton

Fukuyama, Francis. 1995. Trust: The Social Virtues and the Creation of Prosperity. New York: Free Press.

Gellner, Ernest. 1988. Plough, Sworld, and Book: The Structure of Human History. Chicago: The University of Chicago Press.

Giddens, Anthony. 2013. Turbulent and Mighty Continent: What Future for Europe? 이종인 옮김. 2014. 『유럽의 미래를 말하다. 기든스의 통합유럽 프로젝트』 서울: 책과함께.

Inglehart, Ronald. 1977. The Silent Revolution: Changing Values and Political Styles among Western Publics. Princeton: Princeton University Press.

Institute of International Education. 2014. 'International Students in China 2011' (http://www.iie.org/Services/Project-Atlas/China/International-Students-In-China 검색일 2014년 11월 30일)

Johnson, Chalmers. 1995. Japan: Who Governs? The Rise of the Developmental State. New York: W. W. Norton & Company.

Kane, John and Haig Patapan. 2012. The Democratic Leader. Oxford: Oxford University Press.

Kantorowicz, Ernest. 1998. The Kings Two Bodies: A Study in Medieval Political Theology. Princeton: Princeton University Press.

Lenine. 1917. The State and Revolution. 문성원 외 옮김. 2013. 『국가와 혁명』 서울: 아고라.

Manin, Bernard. 1997. The Principles of Representative Government. 곽준혁 옮김. 2004. 『선거는 민주적인가』 서울: 후마니타스

Michels, Roberto. Zur Soziologie des Parteiwesens in der modernen Demokratie. Untersuchungen ber die oligarchischen Tendenzen des Gruppenlebens. 김학이 옮김. 2002. 『정당 사회학: 근대 민주주의의 과두적 경향에 관한 연구』 서울: 한길사

Mitterrand, Fran ois. Le coup d'Etat permanent. Paris: Plon.

Northouse, Peter G. 2013. 6th ed. Leadership. Theory and Practice. London: Sage.

Nowak, Martin A. and Roger Highfield. Supercooperators: Altruism, Evolution, and Why We Need Each Other to Succeed. 2012. 『초협력자. 세상을 지배하는 다섯 가지 협력의 법칙』 서울: 사이언스 북스.

Rosanvallon, Pierre. 2011. La soci t des gaux. Paris: Seuil.

Rost, Joseph C. 1993. Leadership for the Twenty-First Century. Westport: Praeger.

Storey, John. ed. 2011. 2nd ed. Leadership in Organizations. Current issues and key trends. London: Routledge.

Tocqueville, Alexis de. 1961. De la d mocratie en Am rique. Paris: Editions Gallimard.

Todd, Emmanuel. 1983. La Troisi me Plan te. Structures familiales et syst mes id ologiques. Paris: Seuil.

Weatherford, Jack. 2004. Genghis Khan and the Making of the Modern World. New York: Three Rivers Press.

Weber, Max. 1947. The Theory of Social and Economic Organization. translated by A.M. Henderson and Talcott Parsons. New York: Free Press.

Weisburg, Jacob. 2009. 'W's Greatest Hits: The top 25 Bushisms of all time' Slate. (http://www.slate.com/articles/news_and_politics/bushisms/2009/01/ws_greatest_hits.html 검색일 2014년 11월 30일)

선진국가의
엘리트 생성 메커니즘

국가 엘리트 생성 메커니즘:
프랑스 독일 미국 행정 관료 엘리트

박길성

박길성

학력
고려대학교 사회학과 졸업
고려대학교 일반대학원 문학석사(사회학)
미국 위스콘신대학교 사회학박사

주요경력
고려대학교 사회학과 교수
미국 유타주립대 겸임교수
세계한류학회 회장
정보문화포럼 의장
고려대학교 문과대학 학장 역임
재단법인 한국청년정책연구원 원장 역임

주요저서 / 논문
『사회는 갈등을 만들고 갈등은 사회를 만든다』
『IMF 10년, 한국사회 다시 보다』
『한국사회의 재구조화: 강요된 조정, 갈등적 조율』
『세계화: 자본과 문화의 구조변동』
Global Civil Society 2011 (공편) 외 다수

I. 왜 지금 행정 관료 엘리트인가

1.

프랑스는 책임감 있고 능력 있는 국가 지도자가 부족하여 독일로부터 치욕을 당했다는 절감에서 국가의 새로운 혁신을 위해 1945년 임시정부 총리였던 샤를 드골 전 대통령이 주도하여 '국가 지도자 양성소'로 불리는 국립행정학교(ENA)를 설립한다. 국가 관리 능력을 배양하겠다는 취지다. 독일 역시 제2차 세계대전을 주도한 나치와 같은 정권을 용인한 역사를 되풀이하지 않기 위해 정당 재단이 중심이 되어 후속세대를 양성하는 핵심 역할을 담당한다. 기민당의 콘라드 아덴하워 재단, 사민당의 프리드리히 에버트 재단은 아카데미를 만들어 일반국민 대상의 시민 교육에서부터 엘리트 배출에 이르는 다양한 활동에 깊이 관여한다. 프랑스가 국가 주도의 엘리트 생성 방식을 택하였다면, 독일은 정당 기반의 방식을 택하였다. 그리고 이들 국가는 세계의 중심 국이 되었다.

국가 위기는 국가 리더십의 위기이며, 국가 리더십의 위기는 행정 관료 엘리트 양성의 위기다. 행정 관료 엘리트는 근대국가 형성 이후 오늘에 이르기까지 어느 시대 어느 사회를 막론하고 국가 발전의 핵심으로 중요하게 인지되어 왔다. 유능한 관료와 무능한 관료의 결절점이 국가의 흥망성쇠를 결정하는 가늠자로 여겨진 것이다. 유능한 정부는 유능한 행정 관료로 의해 만들어지고, 무능한 정부는 무능한 행정 관료로 인해 발생한다. 실제로 국가 전략의 대전환이 제기될 때면 어김없이 행정 관료 엘리트의 구성과 과정이 거론되는 까닭이 여기에 있다.

막스 베버는 당대를 일갈하는 역저 『소명으로서의 정치』에서 근대의 두 경향으로 새로운 직업 정치가의 출현과 근대 전문 관료층의 대두를 지목한 한 있다. 베버는 근대 전문 관료층이란 장기간의 예비교육을 통해 전문 훈련을 받은 고급 정신노동자로 발전했으며 청렴성의 확립을 위해 고도로 발전된 신분적 명예심을 중시한다는 점을 강조하였다(베버, 2013). 전문직 훈련과 자격시험을 구성적 조건으로 요청하고 있으며 명예를 과정적 조건으로 요청하고 있는 셈이다. 행정 관료의 덕목으로 요청되는 전문성, 책임성, 청렴성, 봉사성 등은 이러한 구성적 조건과 과정적 조건의 결합에서 도출된 것이다.

왜 지금 행정 관료 엘리트인가? 21세기의 시대 환경은 그들에게 과거와는 다른 새로운 요건과 소임을 요청한다. 복잡 · 복합 · 과속이 사회관계의 기본 골간을 이룬다. 과거의 기계적 국정운영과는 비교하기 어려울 정도로 규모와 범위와 속도에서 큰 변화가 동반되고 있다. 실제로 전 세계적으로 지난 10여 년을 보더라도 공공영역이 줄어들기는 커녕 점점 더 확대되는 양상을 보인다. 이를 방증하듯 정부가 담당하는 공공지출(public expenditure)의 비중은 꾸준히 증가하고 있다(World Bank, 2013). GDP 대비 공공지출의 비중을 보면, 프랑스는 2001년 44.9%에서 2012년 48.3%로, 같은 기간 미국은 19.4%에서 23.9%, 일본은 2005년 16.0%에서 2012년 19.4%, 한국은 2001년 16.0%에서 2012년 19.4%로 증가하였음을 관측할 수 있다. 독일만이 예외적으로 2002년 31.4%에서 2012년 29.1%로 감소하는 추세를 보인다(OECD, 2013). OECD 평균 역시 증가추세에 있다. 공공지출은 정부의 활동에 의해 제공되는 재화와 서비스를 나타내는 것으로서, 이의 증가는 행정 관료의 역할이 증대하고 있음을 의미한다.

근자의 세계화 과정에서 행정 관료 엘리트의 역할은 초기 세계화론자들의 주장과는 대조적으로 더 크게 부각되고 있다. 세계화가 국민국가의 영향력을 약화시키면서 행정 관료의 영향력이 약화될 것이라는 전망이 지배적이었다(Ohmae, 1993; 1995). 그러나 세계화가 되면서 국가 간 경쟁은 더 심화되고 있으며 의제 설정(agenda setting)의 주도권을 누가 행사하느냐는 말할 것도 없고, 동시에 지속가능한 균형 사회를 위한 정부의 역할과 기능 재조정은 선후진국을 막론하고 중요한 의제로 설정되어 있다. 세계화 시대는 정부와 행정 관료에게 사회적 책임과 사회적 리더십을 동시에 더 과중하게 부여하고 있는 것이다. 세계화가 행정에 미치는 영향은 통념과는 달리 더 확대되는 양상을 보이며, 행정 관료 엘리트에게 새로운 기회구조가 제공되고 있는 셈이다. 세계화의 진행에 따라 보편적으로 나타날 것으로 전망되었던 국민국가의 약화 혹은 소멸, 정치경제 체제의 수렴, 정부구조의 동형화, 국가간 정책의 유사성은 발생하지 않았다(김선혁, 2008).

뿐만 아니라 21세기는 지식으로 승부하는 지식사회(knowledge society)의 명제 하에 세계 각국이 지식정부(knowledge-based government)를 향한 행정 관료 엘리트를 양성하기 위해 부단한 프로젝트를 진행하고 있다. 지식정부만이 아니라 지식관료로서의 전환이 중요하게 제기된다(이종범 외, 2000). 여기서 지식관료란 불확실한 환경을 정확하게 인지하고 필요한 지식을 창조하여 국민을 만족시키는 관료라고 할 수 있다. 새로운 환경은 제한적 국가 운영에 필요했던 기계적 지식에서 유기적 지식을 넘어 이제는 창의 · 융합적 지식을 요청하며, 마찬가지로 새로운 시대 환경은 기계적 관료, 유기적 관료를 넘어 창의융합적 관료를 요청한다. 이는 정부의 역할과 그것을 수행하는 행정 관료의 자질과 역할에 커다란 변화가 있어야 함을 함축한다.

비단 지식국가의 관점이 아니라 창의융합적 대응은 현대의 복합위험 사회의 특징에서 더욱 중요하게 제기된다. 현대사회 자체가 과거와는 다른 위험의 요소를 안고 있기 때문이다. 네트워크, 바이오, 인공지능, 나노 같은 최첨단 테크놀로지도 언제 재앙이 될지 모르는 위험이 잠재적 일상이 되고 있다. 메가리스크(mega risk) 시대에 직면하고 있는 것이다. 현대사회에 내재하는, 또한 표출되는 위험은 중층위험으로서 위험의 구성이나 발생의 층위가 복합적이다. 언제 닥쳐올지 모르는 중층 복합위험을 오늘의 문제로 직시하고 그에 대비하는 위험관리의 능력이 요청된다. 이것은 새로운 행정 관료의 생성 메커니즘을 논의해야 할 시대적 배경이다.

2.

왜 지금 한국의 행정 관료 엘리트인가? 한국 현대사에서 2014년만큼 행정 관료가 곤혹스러웠던 때도 없었을 것이다. 2014년 7월 공무원을 대상으로 한 조사에서 10명 중 8명이 '전직을 고려해봤다'라고 한 응답이 그것을 말해준다(서울경제, 7. 28). '관피아'라는 속칭에서 곤혹스러움은 극에 달했다. 실제로 관피아(관료+마피아)라는 용어는 2014년 이전에는 존재하지 않았던 용어다. 그 어떤 검색에도 등장하지 않았다. 그동안 언론에서 언급된 관피아라는 용어에 붙어 다니는 수식어를 정리하면 관료 천국의 암적 결탁, 전관 예우형 낙하산, 재취업 고리의 유착커넥션, 폐쇄적인 집단 결속, 검은 카르텔의 특권과 문화, 생명경시의 야만과 같은 반사회적 용어들이다. 관피아라는 표현은 한국의 행정 관료 엘리트를 몰책임, 탐욕과 결탁의 상징으로 낙인찍었다. 그것도 행정의 수반인 대통령에 의해서 말이다. 그동안 무능과 보신, 부패, 철밥통, 순혈주의, 무사안일, 복지부동, 전문성부족 등의 이름으로 행정 관료들을 몰아친 적은 있었지만 범죄조직의 용어로 표현된 적은 없었다. 관피아라고 하는 순간 범죄 집단으로 낙인 되는 프레임에 갇힌다. 섬뜩

한 비유이며 동시에 경직된 프레임이라 하지 않을 수 없다.

돌이켜보면 1960~80년대 한강의 기적을 설명하는 중요한 독립변수로 지적되는 것 중 하나는 한국 관료 공무원의 탁월한 질이다(김선혁, 2008). 유례없는 산업화의 성공에는 잘 발달된 행정체제 속에서 유능한 관료가 적지 않은 몫을 담당했다. 그러나 민주화 이후 정부형태의 변화에도 불구하고 무능한 정부가 이어지고 그의 원인으로 무능한 관료가 지적되곤 한다(최장집, 2010). 베버로 거슬러 올라가는 영혼 없는 관료라는 칭호가 한편에서는 외부의 비판으로, 다른 한편에서는 내부의 자조로 뒤섞여지면서 언제부터인가는 분명하지 않으나 부쩍 자주 거론되고 있다.

한국의 행정 관료는 사면초가에 처해 있다. 때로는 정치권력에 포획되고, 때로는 민간의 전문성에 밀린다. 공공갈등이 폭발적으로 증가하고 있지만 이를 풀어낼 조정력은 상실한 채 상당부분을 사법의 판단에 맡기는 행정의 사법화 현상이 우려의 수준을 넘어섰다. 정부에 대한 신뢰는 거의 바닥이다. 정부에 대한 공적 신뢰의 부족은 시민이 정책결정에 빈번하게 반대하는 사례로 이어진다(Osborne, 1994). 여기에 행정 관료의 폐쇄적 네트워크가 사회통합을 저해한다는 지적도 지속적으로 제기되곤 한다(박길성, 2013).

이를 반영하듯이 한국 국민 가운데 정부를 신뢰한다고 응답한 비중이 OECD 평균인 40%에 훨씬 밑도는 23%에 불과하였다. 미국 35%, 프랑스 44%, 독일 42%와는 커다란 차이가 있다(OECD, 2013). 국제경영개발원 IMD가 매년 발표하는 국가 경쟁력 순위 하락의 가장 큰 원인은 정치와 관료라는 점이 지속적으로 지적되고 있다. 정치, 관료 부문의 경쟁력이 국가 경쟁력의 개선을 더디게 하는 주요인인 것이다. 여기에는 정부의 낮은 효율성이 한 몫을 하고 있으며, 정부 효율성이란 곧 행정 관료의 역량에 대한 척도라 할 수 있다.

국내외에서 화제가 될 만한 사건이 발생할 때마다 언제나 관리 당국의 악습과 무능에 대해 지적하는 여론이 뒤따랐다. 문제에 대한 사후 약방문식 대처이며, 사후대처라도 언제나 잡음이 발생하며 비슷한 사고가 연이어 발생하는 것을 막지 못하였다. 행정 관료 사회의 경직성이 오늘날 한국 사회의 변화를 조절 · 유도 · 관리하지 못하고 있다는 시각이 지배적이다. 우수 인력=고시라는 등식으로 일원화된 행정 관료 엘리트의 선발과 충원, 1~2년 단위로 돌아가는 순환보직으로는 전문가로서의 행정 관료를 양성하기 어렵다는 지적이 끊임없이 제기되었다. 단선형적인 선발과 충원 그리고 선발 이후의 전문화 과정의 결여는 바람직한 행정 관료 엘리트의 생성을 가로막는 원초적인 걸림돌로 자주 거론된다.

3.

이 글은 '21세기 미래 리더는 어떻게 만들어지나'라는 화두를 담아내기 위해 프랑스, 독일, 미국의 행정 관료 엘리트 생성 구조와 과정을 국제비교론적 시각에서 논의하면서 오늘의 한국사회가 풀어야 할 방안에 대한 중지를 모색하기 위해 준비되었다. 논의는 각국의 사회문화를 배경으로 행정 관료 엘리트 생성의 구조와 과정을 정리하고 유형화하는데 맞춰져 있다. 사회구성의 실체로 프랑스, 독일, 미국을 각각 국가 주도의, 정당 기반의, 시장 중심의 체제로 정리하면서 행정 관료 엘리트의 생성 메커니즘을 설명한다.

II. 프랑스: 국가 주도의 네트워크형 엘리트 양성

1. 행정 관료 엘리트 = ENA

프랑스는 고위공무원단으로 대표되는 행정 엘리트 선발 · 충원 · 양성을 위하여 분명하고도 단일한 메커니즘을 갖추고 있으며, 이는 "그랑제꼴"[1]을 중심으로 운영되고 있다. 프랑스에서는 다양한 경로를 통해 공무원의 직위를 획득할 수 있지만 프랑스 사회의 실질적인 지배주체인 고급공무원단에 진입하기 위해서는 그랑제꼴을 반드시 거쳐 가야만 한다. 고급공무원단은 다시 소위 3대 고급공무원단[2] 및 이에 준하는 고급공무원단(도지사 및 외교 분야)으로 이루어진 행정 고급공무원단과 광산 · 토목 · 농림분야의 기술 공무원단으로 나뉜다. 각각은 그랑제꼴을 포함하는 나름의 특수과정을 통해 선발된다. 〈그림 1〉은 행정 관료 엘리트와 기술 관료 엘리트 형성의 대표적인 경로이다.

---

1   그랑제꼴(grandes écoles): 고등학교졸업자격증을 가진 학생들이 아무런 시험 없이 진학할 수 있는 일반 대학과는 달리 엄격한 선발시험(concours)을 거친 제한된 학생들만 선발하는, 프랑스의 소위 '명문 대학'. 이원화된 프랑스 고등교육의 상징과 같은 '대학 네트워크'로서 고등사범학교(Ecole Normale Sup érieure), 파리경영대학(Ecole des hautes etudes commerciales de Paris: HEC), 공과대학(Polytechnique), 파리정치대학(Institut d'Etudes Politiques de Paris. "시앙스포"는 이 대학의 애칭이다.), 국립행정학교, 토목학교(Ecole des Ponts et Chaussée), 광산학교(Ecole des Mines) 등이 이에 속한다.

2   국정원(Conseil d'Etat: 최고행정법원인 동시에 정부의 법률자문기관), 회계감사원(심계원)(Cour des comptes: 공적 기금에 대한 감사기관), 재무감사원(Inspection des finances: 공식적 업무는 공적기금이 배분된 기관에 재정적 절차에 대한 점검과 통제를 하는 것)

그림 1 엘리트 형성의 경로

출처: (임도빈, 2002: 254)

　행정 관료와 기술 관료는 상이한 경로를 따라 사회 엘리트로 나아가지만, 양자 모두 그랑제꼴과 고위공무원단을 거친다는 점에 주목해야 한다. 물론 그랑제꼴에서 수학하지 않은 경우도 외부충원 등의 형식으로 고위공무원단 및 엘리트 집단에 진입하기도 하지만 이들은 엘리트 집단 내의 소수로 자리매김 하는 것이 일반적이다. 결국 엘리트 다수에 속하면서 프랑스 사회의 지배집단으로 거듭나기 위해서는 그랑제꼴-고위공무원단이라는 소위 엘리트 코스를 거쳐야 한다는 것이다. 이와 같이 고위공무원단에 들어가기 위한 경로는 대학 네트워크인 그랑제꼴로 한정되어 있고, 이 그랑제꼴의 중심에는 — 기술 관료 엘리트를 제외한 행정 관료 엘리트만을 놓고 보았을 때 — 단연 국립행정학교(École nationale d'administration: ENA)가 놓여있다.

프랑스 국립행정학교는 책임감 있고 능력 있는 국가지도자가 부족해 제2차 세계대전 중 독일에 점령당하는 치욕을 겪었다는 인식에서 국가지도자 양성을 위한 국립교육기관으로 1945년 설립되었다. 행정 관료의 경우, 출신이 어떻든 고급공무원의 선발 및 교육훈련의 일원화를 표방하며 설립된 국립행정학교를 거치지 않고서는 고위공무원단이 되기가 어렵다. 다시 말해 외부경쟁시험(concours externe)을 통해 국립행정학교에 입학하는 파리정치대학 출신 학생이든, 내부경쟁시험(concours interne)을 통해 고급관리직으로 나아가는 길을 개척코자 하는 공무원이든 국립행정학교는 고위공무원단(행정 엘리트) 및 정치 사회 엘리트가 되고자 하는 경우 '선택'이 아니라 '필수'라는 얘기다.

2. ENA의 우수한 교육과정

국립행정학교에 들어가고자 하는 자라면 누구나 각고의 준비기간과 치열한 입시 경쟁을 거쳐야 한다. 하지만 제 아무리 국립행정학교의 입학의 문이 좁다 할지라도 이것만으론 국립행정학교가 프랑스 사회에서 행정 관료 엘리트, 더 나아가 국가 엘리트 양성소로서 갖는 권위를 설명할 수도, 지지할 수도 없다. 국립행정학교만의 특수하고 우수한 교육과정이 있었기에 가능한 일이다.

프랑스의 행정학교에서는 다음의 교육목표를 가지고 교육과정에 임하고 있다. 첫째, 전문가(specialist)가 아닌 일반가(generalist)를 양성한다. 둘째, 수습과 교육을 밀접하게 연계시킨다. 셋째, 일방적 강의에 의한 지식함양보다는 학생들이 개인 또는 집단으로 문제해결책을 스스로 찾는 능력을 기른다(이종범 외, 2000: 85-86). 행정학교 입학생들은 이러한 지향을 구현하기 위해 편성된 2년의 교육과정을 거치는데, 1년차에는 실무수습을, 2년차에는 세미나식 수업 및 졸업 성적 평가를 받게 된다. 행정학교에 입학한 학생들은 입학과 동시에 수습생 자격을 취득함으로써 공무원 대우를 받는다(이종범 외, 2000: 87)

1년차의 실무실습 과정 중에는 출신학교와 준비반 과정을 통하여 이론을 알고 있다고 전제하고 이를 실무에 얼마나 잘 적용시키느냐 하는 실무능력을 배양하는 데 중점을 둔다. 특히 행정기관과 국·공영기업 등에서 실무수습을 거치면서 정식 간부와 똑같은 일을 수행한다는 점이 특징적이다. 1년차 과정에 대한 평가는 실무수습 주무기관 기관장의 주관적 관찰에 기반하여 이루어지는데, 이러한 제도의 도입 당시에는 공정성 문제로 인해 회의적인 의견이 지배적이었으나 이제는 성공적으로 이루어지고 있다는 평가를 받고 있다(이종범 외, 2000: 86). 2년차에는 특정 행정 업무에 관하여 한 두 개의 주제 및 주제의 총책임 강사를 학교가 선정한다. 총책임 강사는 각각 10여 명으로 구성되는 학생 집단에게 부과할 하부주제들을 정한다. 학생 집단은 집단 간 동질성과 집단 내 이질성을 구현하는 방향으로 편성된다. 따라서 다양한 시각에서 해당 주제를 분석하도록 함과 동시에, 각 그룹마다 전공과 연령 등의 비율을 유사하게 함으로써 개인과 집단의 능력 이외의 요소가 평가에 반영되는 것을 방지한다. 이 집단별 평가제는 졸업 시험으로까지 이어져 졸업시험에서도 그룹별 평가가 이루어진다.

ENA에는 전임교수진이 존재하지 않는다. 행정학교의 교육과정은 모두 교육목적이 되는 실무능력과 주제에 맞는 강사를 그때그때 배정하여 진행된다. 이와 같은 교육과정과 졸업시험을 거친 학생들은 졸업석차를 받게 되는데 이것이 곧 향후 엘리트의 대열에 진입하는 데 있어 결정적인 요소로 작용한다. 입학 성적은 미공개를 원칙으로 이후의 학교생활 및 성적에 전혀 영향을 주지 않으며, 합격자 발표 역시 알파벳순으로 이루어지기 때문에 입학시험의 1등이나 꼴지나 모두 입학 후에는 동일선상에서 우수한 졸업 성적을 두고 경쟁하게 된다(이종범 외, 2000: 86-87; 임도빈, 2002: 246-251). 요컨대 실무능력 배양을 중심으로 편성된 행정학교 교육과정을 통해 우수한 '행정 일반가'로 양성된 학생들은 언제든지 고위 공직에서 실제 업무를 수행할 수 있는 인재, 즉 '행정 엘리트'로 거듭나게 된다.

3. 엘리트 네트워크 체제

프랑스 고위공무원단은 하나의 특수한 신분집단을 형성하고, 그 구성원들 간에는 폐쇄형 경력발전이 이뤄진다. 그리고 비교적 자유롭게 소속기관(공무원단)을 떠나 정치, 경제, 사회 분야에서 국가에 봉사한 후 다시 처음의 공무원단으로 돌아오는 것과 같은 이동이 자유롭다. 이들이 소속 공무원단 이외의 곳에서 맡는 직은 기관장 등 최고 관리층이나 장관비서실 등 정치적인 자리인 경우가 많다. 따라서 정권이 바뀌면 공무원단에 들어오고 나가는 사람들로 구성원 이동이 있기 마련이다.

하지만 그들이 고위공무원단이라는 동질적 집단에 소속되어 있다는 점은 변하지 않으며, 동일한 교육기관에서 동일한 교육과정을 거친 이들이 엘리트 의식을 바탕으로 높은 일체감을 형성하고 있다는 사실은 어떻게 보면 당연한 일이다. 구성원의 숫자가 적다는 희소가치를 바탕으로 얻는 신분 안정, 높은 보수, 루틴화되지 않은 업무 등은 그들의 출신 배경과 결합하여 구성원들 간의 일체감을 고양시킨다. 따라서 업무 수행 시 필요할 때에도 비록 평소에 안면이 없었던 사람이더라도 같은 공무원단에 속한 사람끼리는 쉽게 접근하고 협조하는 것이 보통이다(임도빈, 2002: 252-253). 〈그림 2〉는 행정 엘리트가 구축하고 있는 네트워크를 단적으로 보여주고 있다.

그림 2 국립행정학교(ENA)를 통한 엘리트의 순환 네트워크

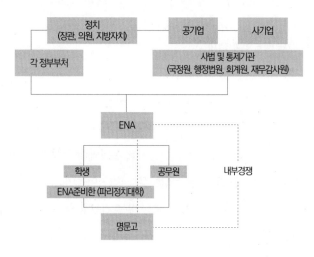

출처: (박천오 외, 2011)

이처럼 프랑스 고위공무원단과 국립행정학교를 중심으로 한 그랑제꼴의 직접적 결합 형태는 프랑스 행정 엘리트 사회를 규정하는 가장 특징적인 면이며, 고급공무원단은 그랑제꼴에서의 공통 교육 및 이후의 공통 경력, 조합주의적 공통이익 등에 의해서 결합된 하나의 엘리트 집단이다(박천오 외, 2011). 시간의 흐름에 따라, 정권의 변화에 따라 프랑스 고위 공직자의 인사이동이 일어난다 할지라도 이는 결국 그랑제꼴-고위공무원단에 대한 경로의존적 성격이 강한 엘리트 집단의 인적 네트워크를 벗어나지 못한다. 요컨대 프랑스 행정 엘리트의 선발 및 충원, 교육은 그랑제꼴이라 불리는 특수 대학(특히 파리정치대학과 국립행정학교)과 고위공무원단의 결합이 만들어 낸 관학 결합적 엘리트 네트워크라고 규정할 수 있을 것이다.

4. 자율성 높은 고위공무원단

프랑스는 예로부터 깊은 관료제의 전통을 두고 있다. 1893년에 이미 14만여 명이나 되는 국가공무원이 있었을 정도로 예로부터 공공부문의 기능이 발달한 국가다. 1946년 제정된 '국가공무원의 일반적 지위에 관한 법률'에 의하여 비로소 공무원에 대한 지위 규정이 일반화된 형태로 이루어지게 되었는데, 공무원단을 중심으로 한 계급제적 공무원 제도를 갖추고 있다는 점이 특징적이다. 여기서 공무원단은 종합적 인사관리의 기본단위로서 내부에는 나름의 인사관리 원칙을 두고 있으며 부처별로 하나 이상의 공무원단이 존재하고 있다.

공무원의 충원 역시도 공무원단이라는 단위를 기준으로 이루어진다. 다시 말해 표준화된 공무원 임용 절차가 있는 것이 아니라 각 공무원 단이 내부의 규약에 따라 공무원을 선발한다는 얘기다. 이처럼 각각의 공무원단별로 공무원의 선발 및 공무원단의 운용에 있어서 나름의 경 로·절·방식이 존재하기 때문에 특정 공무원단만의 독특한 하위문화 가 존재하기 마련이다. 특히 고급공무원단(grand corps de l'Etat)의 성원들 은 그들끼리 단결심이 강할 뿐만 아니라 대외적으로 배타성과 특권을 유지하는 사회학적 실체라고 할 수 있다(임도빈, 2002: 215).

한편 수많은 개별 공무원단은 공무원을 분류하고 봉급을 책정하는 계급제의 규율을 받는다. 하지만 외견상의 원칙과는 다르게 프랑스 행 정의 계급제는 나름의 융통성을 발휘하고 있다. 프랑스에서는 상관과 부하의 관계가 반드시 직급에 결부되는 것이 아니며 공무원의 부처별 이동이나 민간 부분으로부터의 유입이 자유로운 편이다.

5. 소결

2012년 5월 15일, 프랑스의 제24대 대통령 프랑수아 올랑드(Fran ois Gérard Georges Nicolas Hollande)가 취임했다. 1979년 사회당에 입당한 이래 2012년 대선을 앞두고 250여만 명이 참여한 국민경선을 통해 사 회당 대통령 후보로 선출된 그는, 2012년 5월 6일에 치러진 프랑스 대 통령 선출 결선투표에서 51.67%의 득표율을 기록하며 전임 니콜라 사 르코지(Nicolas Sarkozy)를 밀어내고 대통령에 당선된 것이다. 올랑드 대통령은 그의 파리정치대학 동문인 사르코지 전 대통령에게 대선 패배를 안겨주었다. 마찬가지로 대학 동문이었던 전임 자크 시라크(Jacques René Chirac) 대통령과 그 이전의 프랑수아 미테랑(Fran ois Maurice Adrien Marie Mitterrand) 대통령이 재선에 성공하여 중임의 임기까지 모두 이행하고 퇴임했던 것과는 대조적이다. 대·내외의 정치적 부침 및 사르코지 전 대통령의 연이은 추문 속에서 프랑스 국민들은 새로운 리더십을 원했던 것이다.

프랑스 국민들의 의중이 무엇이었든 간에 이번에도 프랑스 대통령은 파리정치대학 출신이었다. 1981년 이래 프랑스 대통령직을 거쳐 간 모든 이들이 파리정치대학에서 수학했고 올랑드도 예외는 아닌 것이다. 이와 같은 파리정치대학 출신들의 정치 독점 현상은 비단 대통령직에만 한정되는 것이 아니다. 31명의 국무총리, 21명의 외무부장관 및 유엔 사무총장을 배출했으며, 프랑스 국회의원과 외교관의 거의 대부분은 이 학교 동문 출신들이다. 정계의 유명한 동문들의 경우 대부분 학교 재학 중 교내 국가고시 준비반을 거쳐 프랑스 국립행정학교를 함께 수학했다.

프랑스의 관료 엘리트 생성 메커니즘이 지닌 특성은 분명하다. 국립행정학교가 행정 관료 엘리트 형성의 거의 유일한 충원의 장이라는 점에서 국가 주도적 특징이 두드러진다. 프랑스는 과대 팽창된 국가행정부문을 구성하는 국립행정학교(ENA) 출신의 고급관료들이 사회문제해결과정을 주도하다시피 하는 행정지배의 사회로 불리곤 한다(임도빈. 2002: 212). 하지만 행정 관료 엘리트의 양성이 전적으로 국립행정학교에만 일임되는 것은 아니다. 프랑스에서의 엘리트 양성은 국립행정학교가 핵심적인 축으로서 작동하고 있는 것은 맞지만, 이는 여타의 그랑제꼴과 행정학교 졸업 이후의 공무원단이 강하게 결집된 엘리트 네트워크에 기반을 두어 운영되고 있다. 행정 관료로서 공직에 진출하기까지 모든 교육과정을 그랑제꼴에서 수학한 사람은 마치 그 기저에 자연과학적 법칙성이 존재하는 것처럼 숙련된 실무능력을 바탕으로 고위공무원단에 소속될 수 있으며, 이들은 프랑스 사회를 이끌어가는 가장 영향력 있는 세력으로 오늘날까지 그 권위와 위세를 이어가고 있다.

III. 독일: 정당 기반의 지방분권형 엘리트 양성

1. 연방제 고유의 지방분권형 제도

익히 알려진 바와 같이 독일은 연방제 국가이다. 고도의 자치권을 가진 16개의 지방 정부가 독일연방공화국이라는 하나의 통일연방에 결집되어 있는 형태이다. 독일은 단순한 제도로서의 연방제 분권형을 넘어 실질적 분권형을 실행하는 대표적인 국가이다. 독일의 역대 총리는 예외 없이 지방 정부에서의 주요 행정 관료직책을 수행한 경력을 가지고 있다[3]. 독일의 지방분권제와 관련하여 시사하는 바가 적지 않다.

독일연방행정체제의 분권형 속성은 관료를 선출함에 있어서도 잘 드러난다. 독일에서는 '연방공무원법(Bundesbeamtengesetz)'을 비롯한 인사 관련 연방 법률들이 연방소속 공무원뿐만 아니라 16개 주 '공무원법'의 기초로 작용하며 동일하게 적용되고 있는데 그 제정은 연방에서 이루어진다. 연방국가임에도 공무원을 관할하는 주요 법률이 연방에서 제정되며 연방 주무기관 예하 부처 및 연방의 예하 주들에게까지 그 구속력이 작용하고 있다는 것이다. 하지만 연방의회에서 제정된 법률

---

3   각각의 총리들이 거쳤던 지방 정부에서의 경력은 다음과 같다. 초대 콘라드 아데나워: 쾰른 시장, 2대 루트비히 에르하르트: 바이에른 주 정부 경제장관, 3대 쿠르트 게오르크 키징거: 바덴뷔르템베르크 주지사, 4대 빌리 브란트: 독일연방공화국 서베를린 시장, 5대 헬무트 슈미트: 함부르크 자치정부의 경제부와 교통부에서 근무, 6대 헬무트 콜: 라인란트팔츠 주 총리, 7대 게르하르트 슈뢰더: 니더작센 주 총리

이 다시 주 대표들로 구성된 연방평의회를 통과하여야 비로소 효력이 발생하게 된다(김윤권 외, 2012: 39-40)는 독일 연방제의 특성은 분명한 지방분권형 속성이다.

연방 차원에서 공무원인사기관으로서 연방내무부(Bundesministrerium des Innern)가 설치·운영 중에 있는데 여기서 앞서 언급한 공무원 인사에 관한 법률안 제·개정 및 심사의 업무를 담당하고 있으나 이외의 정책 결정 및 집행에 관한 기능은 매우 미비하다. 연방내무부는 관련 법규 및 제도의 이행 감시에 관한 권한만을 행사할 뿐 기타 채용시험, 채용방법, 채용절차 등의 사항에 대해서는 전적으로 각 부처 또는 하부 행정기관에서 그 권한을 행사하고 있다. 이처럼 공무원 채용에 있어 각 부처 자율채용제를 실시하고 있는 배경에는 '부처원칙(Ressortprinzip)'이란 연방정부 운영원칙이 있기 때문이다. 연방 행정의 운영에 있어 기본 원칙 중 하나인 부처원칙이란 각 부처의 자율권과 독립권을 인정하는 것으로, 연방수상의 국정운영 기본노선과 내각 결정의 테두리 내에서 각 부처는 장관들이 독자적 책임 하에 운영된다는 원칙이다(김윤권 외, 2012: 115). 이 부처원칙은 연방정부의 하위부처 뿐만 아니라 지방정부에도 해당하는 것으로서 이는 독일 국가 행정 관료 엘리트 형성의 지방분권형 구조를 드러내준다.

2. 정당기반형 관료제 정당과의 강한 유착관계

독일 행정 관료 엘리트 형성의 또 다른 특징 중 하나는 관료의 양성과정 전반에 있어 정당이 매우 중요한 역할을 수행하고 있다는 점이다. 다시 말해 독일의 국가 관료는 관료가 되기 전후를 막론하고 교육 및 승진과정에서 정당의 영향을 강하게 받는다. 가장 직접적으로 정당과 관료의 유착관계를 포착할 수 있는 지점은 독일 공무원의 경우 당적 보유에 제한이 없다는 데 있다. 거꾸로 연방 의회 의원직을 얻어 정당 정치에 뛰어 든 사람 중 약 1/3이상[4]이 공무원 출신이라는 점 역시 정당과 관료의 유착관계를 방증한다.

또한 독일에서는 내각 중심의 정치(장관)와 관료 조직 중심의 행정(직업공무원)의 접점에서는 양자를 매개하는 고위공무원단의 역할이 중요한데 이들이 바로 정무직 공무원[5]이다(김성수. 2010). 연방정부 부처에서는 실장급의 고위 공무원이 이에 해당한다. 이들의 경우 일명 정치관료로서 실적보다는 정치적 기준에 의해 선택적으로 승진되며 또한 일시적으로 해고되기도 한다 (박천오 외. 2001). 독일에서의 1969년 및 1982년 정권교체의 경우 차관급에서는 각각 40.7%, 54.2%가 교체되고, 실장급에서는 30.7%, 33.7%가 교체되었다. 1998년의 정권교체 경우에는 그동안 집권했던 차관 중 2/3에 해당하는 66.7%가, 실장급에서는 1/2인 49.1%가 교체되었다. 이전 정권교체기 보다 교체 폭인 큰 것은 그동안 CDU 정부가 오래 집권하여 교체의 수요가 많았기 때문이다.

---

4   제14대 국회(1998년~2002년) 기준 전체 의원 중 36.16%에 해당하는 인원이 공무원 출신이었다. (김성수. 2010)

5   정무직 공무원(politischer Beamte): 연방 또는 주정부가 그들의 정치적 목적을 달성하기 위해 임용한 공무원. 행정차관(Staatsekretär), 연방정부의 국장급 관리관 등 주로 연방과 주행정기관의 최고위직 공무원이 이에 속함 (김윤권 외. 2012: 42).

2005년의 대연정으로 정권이 바뀐 경우에는 차관은 48%로 유사한 크기의 교체비율을 나타냈지만, 실장급은 8.7%로 현저히 작았다. 이전 SPD 정권이 부분적으로 연속되고 있기 때문이다(표 1 참조).

표 1 정권교체에 따른 정무직 공무원 교체 현황

정무직 공무원 교체		차 관	실 장	총 계
정권 교체 (1969.10-1970.6)	직급 전체인원 (명)	27	88	115
	직급 교체인원 (명)	11	27	38
	직급 교체비율 (%)	40.7	30.7	33.0
정권 교체 (1982.10-1983.6)	직급 전체인원 (명)	24	104	128
	직급 교체인원 (명)	13	35	48
	직급 교체비율 (%)	54.2	33.7	37.5
정권 교체 (1998.10-1999.2)	직급 전체인원 (명)	24	112	136
	직급 교체인원 (명)	16	55	71
	직급 교체비율 (%)	66.7	49.1	52.2
정권 교체 (1998.10-1999.2)	직급 전체인원 (명)	26	115	141
	직급 교체인원 (명)	25	65	90
	직급 교체비율 (%)	96.2	56.5	63.8
15대 국회기간	직급 전체인원 (명)	26	115	141
	직급 교체인원 (명)	9	12	21
	직급 교체비율 (%)	34.6	10.4	14.9
정권 교체 (2005.10-2006.2)	직급 전체인원 (명)	26	115	141
	직급 교체인원 (명)	12	10	22
	직급 교체비율 (%)	48.0	8.7	15.6

출처: 김성수, 2010

정당기반형 관료제로서의 독일 관료제를 얘기하면서 빼놓을 수 없는 것이 정당재단[6]이다. 독일에서 정당재단은 정치 후속세대의 양성을 목적으로 하여 설립되었다. 독일에서는 나치 독재를 용인한 역사를 되풀이하지 않기 위해 정당재단에 국민을 상대로 하는 민주주의 시민 교육의 의무를 맡겼다고 할 수 있는데, 실제로 정당재단에 의한 조기정치교육은 2002년 녹색당에서 10대 소녀 연방의원을 배출하는 등의 성과로 이어지기도 했다. 비록 정당재단이 밀접한 관계에 있는 모(母)정당으로부터 정치적 독립성을 보장받는다 하더라도 양자의 관계는 상호협력적 양상을 보이고 있다. 이러한 정당재단이 실시하는 정치교육의 혜택은 주 의회나 연방 의회의 의원(혹은 후보자)뿐만 아니라 주 정부나 연방 정부의 관료(혹은 후보자) 역시 누릴 수 있는 만큼 정당—정당재단—행정 관료(후보자)의 연결고리는 독일 엘리트 생성의 근간을 이룬다.

3. 엄격한 계급군 제도

독일 공무원 제도는 철저한 계급군(Laufbahn) 제도를 유지하고 있다는 점이 특징이다. 각 계급군에서 요구하는 상이한 채용 조건을 충족하는 사람만 해당 계급군 공무원직의 채용고시에 지원할 수 있다.[7] 응시

---

6 현재 독일에는 여섯 개의 정당재단이 있는데, 프리드리히 에버트 재단, 콘라드 아데나워 재단, 한스 자이델 재단, 하인리히 뵐 재단, 그리고 좌파당에 밀접한 로자 룩셈부르크 재단이 이에 해당된다. 독일의 정당재단은 국가지원금을 기초로 하여 활동하는데 밀접한 모(母)정당이 3회 연속 연방의회에서 5% 이상의 의석을 얻은 경우 공적 지원을 요청할 권리를 얻는다. 이들 6개 정당재단은 0000년 기준 3억 5천 만 유로(원화 기준 약 5400억 원)의 연방정부 지원금을 받았으며 이 가운데 콘라드 아데나워 재단, 프리드리히 에버트 재단의 예산은 연 1억 2천 만 ~ 1억 3천 만 유로로 싱크탱크 가운데 세계 최고 수준이다.

7 독일 공무원 계급은 최상급인 차관(Staatssekretär: B11)에서 최하급 이등사무조수

자에게 요구하는 다양한 요건 중 가장 기본적인 것은 지원자의 학력이며 계급군 별로 요구하는 학력이 명시되어 있다. 계급군 제도에 의거해 해당 계급군이 요구하는 학력 조건을 충족시키지 못하는 지원자는 선발하지 않는 것이 종래의 채용 원칙이었으나, 최근 성과제도가 강화되면서 탄력적인 인사제도를 추구한다는 취지하에 이들 학력 요건이 다소 완화되고 있는 추세이다.

이처럼 엄격한 계급주의를 강조하고 있는 독일 공무원제도에서 2005년까지 승진제도는 큰 의미가 없었다. 공무원의 채용 시점에서부터 학력을 기준으로 지원자가 공무원으로서 갖게 될 계급적 위치가 정해졌기 때문이다. 더군다나 당시까지만 해도 근무 성적과 자질에 따른 승진(성과제)보다 근무 연한에 따른 승진 제도(연공서열제)가 보편화되어 있었다. 그러나 2005년 공무원 인사개혁 이후 승진제도에 변화가 있었다. 계급군 내에서 승진에 근무 성적과 자질평가 제도가 도입되었으며, 계급군을 넘어선 승진도 가능하게 되었다 (김윤권 외, 2012: 160). 그렇다고 하여도 특별히 예외적인 경우가 아닌 이상 자신의 계급군에서 상위 계급군으로 승진하기는 아직까지도 상당히 어려운 편이며 특히

(Oberamtsgehilfe: A2)까지 총 26단계로 구분되어 있으며, 이는 다시 4단계의 계급군으로 나뉘어져 있다. 다음의 〈표 2〉는 독일 공무원 계급군 및 계급제도를 정리한 것이다.

〈표 2〉 독일 공무원 계급군 및 계급제도

계급군 (4단계)	계급군 내부의 계급 (총 26단계)
고위직 공무원	A13 ~ A16, B1 ~ B11 (14단계)
상급직 공무원	A9 ~ A13 (5단계)
중급직 공무원	A6 ~ A9 (4단계)
단순직 공무원	A2 ~ A6 (5단계)

여기서 각 계급군의 최상급 계급은 차상위 계급군의 최하위 계급이 된다. 예를 들어 위의 표에서 A6 계급은 단순직 공무원 계급군의 최상위 계급이며 동시에 중급직 공무원의 최하위 계급이다.

각 계급군의 학력 제한 같은 경우 여전히 승진의 장벽으로 작용하고 있다. 이처럼 독일 관료제 내에서 행정 관료 엘리트로 거듭나기 위해서는 우선 계급군 제도의 최상위 계급인 고위직 공무원이 요구하는 자격 요건을 취득해야만 한다.

4. 철저한 능력검증을 갖춘 직업공무원제

독일에서는 공무원 채용고시에 합격하여 공직 생활을 시작해야만 행정 관료 엘리트로의 길이 시작된다. 그러나 공무원 채용고시에 최종 합격했다고 하여 바로 종신직공무원[8]으로 임용되어 직무를 수행하는 것이 아니라, 일단 '교육생공무원'[9] 신분으로 교육을 받는다. 교육생공무원은 채용 후 교육을 받는 공무원으로, 이 기간 동안에는 교육 성적과 기타 사유로 인해 채용 자체가 취소될 수 있다. 교육생 공무원의 교육을 담당히는 기관은 각 계급군에 따라 다른데 고위직 공무원에 대해서는 슈파이어 행정대학원에서 교육을 실시하고 있으며, 상급직 공무원은 행정전문대학, 그리고 중·하급직 공무원에 대해서는 각 주의 행정학교에서 교육시키고 있다. 여기서도 마찬가지로 계급군 제도가 적용되어 각 계급군별 교육기간에도 차등을 두고 있다(표 3 참조).

---

8   종신직공무원(Beamte auf Lebenszeit): 일반적 개념의 직업공무원. 공무원 채용고시에 합격하여 일정 시간 동안의 교육과정(교육생공무원 기간)과 시보 기간(시보공무원 기간)을 마친 후 임용됨.

9   교육생공무원(Beamte auf Widerruf): 공무원 신규 채용 후 교육기관에서 교육을 받는 공무원. 저조한 교육성적 등 기타 사유로 인해 채용 자체가 복잡한 절차 없이 취소될 수 있다. (김윤권 외, 2012: 42)

표 3 각 계급군 교육 및 시보 생공무원 기간

계급군 (4단계)	교육공무원 기간	시보공무원 기간
고위직 공무원	2년 ~ 2년 6개월	3년
상급직 공무원	3년	2년 6개월
중급직 공무원	2년 ~ 2년 6개월	2년
단순직 공무원	6개월	1년

출처: 김윤권 외, 2012: 119-121

　교육과정을 성공적으로 이수한 후 임용시험에 합격한 지원자는 지원한 계급군의 공무원으로 임용이 되나 종신직공무원으로 임용되기까지 아직 하나의 관문이 더 남아 있다. 이것이 바로 시보(試補)공무원[10]제도인데 지원자는 교육생공무원 과정을 수료한 후 시보공무원으로 임용되어 마지막 검증의 과정을 거치게 된다. 시보 기간 중에도 여러 평가 단계를 거치게 되며, 시보 기간을 성공적으로 마쳐야만 비로소 종신직공무원으로 임용된다. 이는 곧 시보 기간에도 근무성적이 낮은 것으로 평가되면 공무원 임용이 취소될 수 있음을 의미한다. 시보 기간 역시 위의 〈표 3〉와 같이 공무원 계급군에 따라 조금씩 다르다. 이상 살펴 본 2단계에 걸친 능력검증을 통과해야만 지원자는 비로소 종신직공무원이 될 수 있다는 점은 독일 행정 엘리트의 생성이 철저한 능력 검증에 기인하고 있음을 말해준다.

10　시보공무원(Beamte auf Probe): 교육생공무원 이후 근무처에 배치되어 일정 기간의 시보기를 거치는 데 이 기간 동안의 신분.

5. 소결

국가브랜드 컨설팅 권위자인 사이먼 안홀트와 시장조사 기업 GfK는 '2014 안홀트-GfK 국가브랜드지수(NBI: Nation Brand Index 2014)'를 발표했다. 이번 조사는 세계 50개 주요국을 대상으로 ① 상품 신뢰도를 포함한 수출 ② 정부 신뢰도를 비롯한 거버넌스 ③ 문화력 ④ 국민 친근감과 역량 ⑤ 관광 선호도 ⑥ 투자·이주 매력도 등 6개 범주의 23개 분야에 대한 평가로 이뤄졌다. 20개국에서 18세 이상의 패널 2만 125명이 평가에 참여했다. 이 조사에서 독일은 2009년부터 선두를 지켜온 미국을 밀어내고 1위에 등극했다(한국경제, 2014. 11. 14). 베를린 장벽이 붕괴된 지 25년. 제2차 세계대전의 상흔을 이겨내고 라인강의 기적을 이뤄냈으며, 40년이 넘게 분단되어 있던 동·서독을 왕래함에 있어 유일한 통로였던 브란덴부르크 문은 이제 유럽연합의 선도국가 독일의 상징으로서 유럽대륙뿐만 아니라 세계를 향해 열려 있다.

물론 이와 같은 독일의 성과가 모두 국가 행정 관료로부터 비롯하였다곤 할 수 없지만 행정 관료가 독일에서 갖는 의미는 매우 중요하다. 독일 인사 행정의 핵심 제도로서 오랜 역사적 전통을 갖고 있는 독일의 공무원 제도는 이미 18세기 이전에 형성되었던 연방공무원법에 의한 신분 규정에 근간을 두고 있다. 바이마르공화국 시기를 거쳐 오면서 종신고용, 연금제도, 징계제도 등이 도입되어 근대적 직업공무원제도가 탄생하였으며 이후 발전을 거듭하며 오늘날 독일연방의 공무원 제도로 자리 잡게 되었다 (김윤권 외, 2012: 39).

독일에서 국가 운영에 실질적으로 기여하는 행정 관료 엘리트가 되고자 한다면, 유년시절부터 정당재단의 민주 시민과 정치교육을 통해 정당과 관계를 맺으며 성장한다. 그리고 대학 교육을 이수한 후 각급 정부별·부처별 고위직 공무원 채용시험 응시하여 합격한 다음에 교육과정과 시보과정이라는 2단계의 매우 체계적이고 엄격한 능력검증을 거쳐 종신직공무원으로 안착된다. 여기서도 정무직공무원으로, 혹은 연방의회 의원으로의 경력 발전을 모색하면서 자신의 정치적 지향에 맞는 정당과의 관계를 지속함은 물론이다. 독일의 행정 관료 엘리트는 정당에 기반을 둔 지방분권형을 특징으로 형성된다.

IV. 미국: 시장 중심의 다중경로 엘리트 양성

1. 전문가형 인재 양성

미국은 철저하게 직위분류제를 시행하는 대표적인 국가다. 직위분류제를 통하여 미국은 특정 업무나 직위에 전문적으로 일을 할 수 있는 인재들을 양성하고 있다. 직위분류제는 직급이 같더라도 업무의 종류, 난이도, 그리고 책임에 따라 서로 다른 보수를 받게 되기 때문에 실적주의를 강조하기 마련이다(임두택 외, 2001: 14-15). 조직 내 계급만 동일하면 어떤 일이든 맡을 수 있는 일반행정가 지향의 계급제와는 대조적으로 미국은 직위분류제를 바탕으로 각 부서별로 '전문가'를 만들어내고 있다. 직위분류제는 인사와 관련된 일련의 채용과 배치, 평가, 보상, 재교육 등이 철저히 직무 중심으로 이뤄지기 때문에 전문성도 탁월하다.

미국의 공직사회에서 전문가형 공무원을 양성할 수 있었던 이유는 미국의 선발과 채용방식에서의 특수성에서 찾아진다. 선발과정의 분권화와 공개경쟁채용방식에서 알 수 있다. 미국의 공무원 선발 과정의 권한과 책임은 분권화되어 있다. 그리고 대부분 공개경쟁채용방식으로 각 부처 또는 기관별로 실시된다. 이것은 부서별로 평가가 이루어지고 채용권한까지 부여함으로써 공개경쟁을 통한 각 부서별 전문가들을 등용하겠다는 것이다.

미국은 상대적으로 최근인 1993년에 정부혁신처(National Performance Review: NPR)가 설치되면서 인사관리의 분권화와 권한 위임이 전면적으로 시행되었다. 그리고 클린턴 정부 이후 1996년부터는 전 연방정부에 적용되던 인사지침서가 폐지되면서 인사관리의 분권화와 권한 위임이 본격적으로 시작되었다. 이에 따라 미국의 인사관리처(office of personnel management: OPM)는 인사관리의 분권화로 각 부처에 인사관리권을 위임해주었다. 그리고 위임받은 공무원선발시험관리 부서(delegated examining units: DEU)가 부처별로 생성되었다. 이렇게 부처별로 존재하는 DEU는 각 부처의 자체 실정에 맞게끔 저마다 상이하게 운영되고 있다.

미국은 필요한 업무를 잘할 수 있는 사람을 찾기 위해 직무별로 공무원을 수시로 공개 채용하며, 채용공모 안내내용만도 A4 용지로 6~7장 분량에 달할 정도로 매우 구체적이다. 직무수행 내용과 학력 및 경력 요구사항 등을 매우 구체적으로 제시하게끔 되어 있다. 이것은 해당 공모 대상에 적합한 인물을 선발하겠다는 미국의 방침을 분명하게 알 수 있게 해준다. 이러한 선발 방식을 통하여 부서 맞춤형 전문가가 배출된다.

요약하면 미국의 경우는 인사제도의 분권화로 각 기관별 인사업무가 기능별로 분리되어 있다. 그리고 각 기관의 자율적 인사관리를 통하여 공개경쟁방식으로 채용하고 있다. 이러한 부처별 심사가 핵심이 되는 인사 구조는 미국의 '부처별 전문가형 공무원'을 양성하게끔 해준다. 미국의 행정 관료 엘리트는 직위분류제와 분권형 인사제도 시스템을 기반으로 한 공개경쟁시스템에 의해 생성된다.

2. 대통령관리직 인턴프로그램과 고위공무원단의 공개채용

미국 행정 관료 엘리트 충원의 핵심적인 제도로는 미국의 '대통령관리직 인턴프로그램(presidential management internship: PMI)의 선발과정'과 '고위공무원단의 충원방식'을 들 수 있다. 개방형 인사시스템에 기반을 두어 폐쇄적으로 인재를 등용하지 않고 다양한 경로를 통하여 인재를 등용하게끔 해주는 방식을 말한다.

미국의 PMI 제도는 공공정책 분야에 우수한 석·박사 인력을 충원하기 위하여 1977년 카터 대통령의 행정명령에 의하여 도입된 제도로서 다양한 분야의 대학원 석·박사과정 학위수여 예정자 및 졸업자를 대상으로 매년 400여명의 공무원 지원자를 모집하여 2년 동안의 인턴십 과정을 통과하면 전문 관료로 진입하는 등용문인 셈이다. 이러한 PMI 프로그램은 연방정부 공무원이 될 수 있는 과정으로 직무경험을 쌓을 수 있는 곳이며 대학원 과정에서 배운 지식을 실제로 적용해볼 수 있는 기회로도 인식된다. PMI 과정 중에 순환 인턴십 기회를 통해 거의 모든 정부부처 근무를 경험할 수 있다(이종범 외, 2000: 57-62). 이 프로그램은 개방형 공개경쟁 시스템의 특성을 갖고 있다. 선발과정에서부터 교육과정에 이르기까지 공직사회 외부에서 개인의 역량을 갖춘 인재들을 경쟁선발을 통해 뽑겠다는 것을 알게 해준다.

미국의 행정 관료 엘리트 생성의 핵심은 고위공무원단(senior executive

service: SES) 제도라 하여도 크게 과한 표현이 아니다. 전문적 고위공무원 인력풀을 형성하는 고위공무원을 공개채용을 통해 충원한다. 1978년 미국의 공직개혁법(civil service reform act)에 의해 실시된 것으로서, 미국의 16~18등급의 상위직급들은 행정경험이 없는 정무관(political appointees)을 도와 정책수행에 결정적인 역할을 한다. 그러므로 미국 정책 형성과 실행에 있어 매우 핵심적인 인물들이다.

경력직 고위공무원은 공무원 내부만이 아니라 민간인의 지원도 허용하게끔 되어 있다. 민간분야에서도 고위공무원을 선발할 수 있게끔 되어 있는 것이다. 매우 엄격하고 다단계의 절차를 거친 자격 심사를 받게 된다. 업무전문성에 대한 평가를 거쳐 관리자로서 요구되는 5가지 능력, 변화주도능력, 조직원통솔능력, 결과지향능력, 경영통찰력, 그리고 연합구축 및 의사소통능력을 갖추고 있는지, 고위공무원으로 성공할 만한 자질을 갖추었는지 평가한다(남궁근 외, 2005: 13-15; 진종순·이화진, 2005 : 71-78).

3. 체계적인 전문 교육 과정

미국의 행정 관료 엘리트의 생성 기반은 선발과정 못지않게 교육과정에도 있다. 앞서 언급하였듯이 미국의 인사제도에서 선발과정은 공개경쟁채용방식과 부처별 임용을 통하여 부서 맞춤형 전문가형 인재를 뽑고 있다. 이것은 Specialist의 특성을 강조하는 것이다. 부처에 적합한 인재를 선발하여 전문가로서의 역량을 갖춘 동시에 자부심까지 갖추게 된다. 미국의 교육과정 중에는 폭 넓은 시야를 쌓게끔 해주는 Generalist로서의 자질 함양도 놓치지 않는다.

구체적으로 미국 행정 관료 엘리트를 구축하는 PMI와 고위공무원단 교육 과정을 주목할 필요가 있다. PMI는 선발된 대학원생 인재들이 인턴십 과정 중에 폭넓은 시야와 현장경험을 쌓을 수 있게끔 해준다. 이것은 인턴십 과정이 끝난 뒤 공무원이 되었을 때 각 부처의 전문가로서 활약하는데 중요한 자산이 된다. 인턴으로서의 교육기간은 2년이 원칙이다. 이러한 교육과정 중에서 특히 주목해야 할 것은 직무발전그룹(career developmnet groups: CDG)과 순환인턴십근무이다. CDG에는 각기 다른 부처 소속인 20~25명의 PMIs와 상위직위의 조언자로 구성된다. 여러 번의 모임을 가져 서로의 경험을 공유하고 교환하면서 각자의 자질을 발전시키는 프로그램이다. 이것은 동기들 및 연방관료들과의 친밀감을 높이는 데에 도움을 준다. 또한 관리층 공무원들이 갖고 있는 경험과 식견을 들을 수 있으며, 동료들 간의 자유로운 토론을 통해 상호 기술 발전을 도모하는 데에 좋은 기회의 장이 된다. 이것을 통하여 인턴생들이 현장경험을 기를 수 있는 장이 제도적으로 마련되어 있다는 것을 알 수 있다(이종범 외, 2000: 64-69). 순환인턴십근무는 관리경험, 다른 직업영역에서의 근무, 새로운 관점에서의 프로그램 기능을 학습할 수 있는 기회를 얻을 수 있게 해준다. 미국에서는 교육과정에서 순환시스템을 통하여 폭넓은 행정경험을 쌓을 수 있다. 한국과 같이 실무에 배치될 때 순환보직을 시행하지 않는다. 이미 교육 중에 폭넓은 시야를 갖춘 상태에서 전문가형 인재가 되기 위한 준비과정을 마치는 것이다.

고위공무원단의 교육과정은 리더십과 네트워크 형성을 강조하는 것으로 요약된다. 인사관리처에서는 고위공무원단후보 능력개발과정(Federal Candidate Development Program: Fed CDP)을 운영하여 고위공무원이 국민의 요구를 효과적으로 충족할 수 있도록 훈련을 시킨다. 교육목표는 기술적 자질만이 아니라 지도자로서의 면모, 리더십을 기를 수 있도록 하는 데에 강조점을 둔다. 또한 네트워크 형성을 중요시한다. 이것은 편협한 시각에서 벗어나 각 부처의 연수 참가자들과 교류를 함으로써 넓은 안목을 키우게끔 하는 것이다. 다양한 시각을 가진 사람들과 토론하고 생활함으로써 지도자로서의 자질을 기를 수 있다고 보는 것이다.

4. 싱크탱크와의 연계

미국은 엘리트의 양성도 정치 시장에서 해결한다. 미국에는 정부-싱크탱크가 유기적으로 잘 연계되어 인적 교류가 활발하게 이뤄지고 있다. 국가를 위해 좋은 아이디어와 정책을 민간 영역으로부터 얻어내는 문화적 형태를 갖추고 있는 것이다. 오늘날 행정조직의 정책결정에 있어서 전문적 지식과 기술을 지닌 공무원의 역할이 중요하지만 이와 더불어 전문가의 도움이 더욱 요구되는 시점이라고도 할 수 있다. 현재 미국의 싱크탱크는 자문기관으로 막강한 영향력을 행사하면서 행정부의 정책방향을 조언할 뿐만 아니라 집행된 정책의 평가까지 하고 있다. 민간의 유능한 전문가를 유치하여 공직의 전문성을 강화하고 있는 것이다. 미국 국무부와 국방부, 백악관 출신 고귀 당국자들이 퇴직후 싱크탱크로 자리를 옮기고 대형 싱크탱크들은 이들을 모셔오는 정부-싱크탱크 간에 활성화된 교류가 이루어진다. 이러한 시스템이 활성화되고 있다는 것은 미국 싱크탱크의 숫자에서도 확인할 수 있다. 맥갠(Mcgann, 2010)의 연구에 따르면 미국의 싱크탱크 숫자가 1,815개로 세계에서 압도적으로 제일 많다.

미국의 민간 싱크탱크는 정치엘리트 시장이라는 독특한 미국식 엘리트 충원 구조를 형성하고 있다. 헤리티지재단은 레이건과 부시 정부 시절에 리더십을 위한 정책 과제('Mandate for Leadership')를 제시하였다. 재단은 보수주의 이념 전파를 위해 차세대 보수지도자 양성에 가장 적극적이다. 정치지망생 연수를 위하여 기숙사까지 갖추고 있고 2008년 한 해 사업예산에서 26%(1,308만 달러)를 교육프로그램에 썼다(Heritage Foundation, 2013). 이 재단은 2004년부터 전국 대학생을 상대로 시작한 젊은 지도자 프로그램(Young Leaders Program)을 통해 젊은 보수주의자를 의회와 정부에 진출시키자는 목표를 갖고 있다. 진보 싱크탱크에선 대표적으로 미국진보연구소(Center for American Progress: CAP)를 들 수 있다. CAP는 버락 오바마(Barack Obama) 미국 대통령의 정권인수위원장을 맡았던 존 포데스타 소장이 이끄는 연구소다. 2005년부터 '캠퍼스 진보(Campus Progress)' 프로그램을 통해 전국 대학생 지지자, 캠퍼스 언론을 상대로 풀뿌리 이슈 캠페인을 벌인다.

이렇게 엘리트 충원을 싱크탱크가 맡고 있는 이유는 미국 특유의 느

슨한 정당 형태 때문이다. 미국의 경우에는 정당의 강령에 종속되지 않고 자유롭게 입법활동을 할 수 있는 자율성이 보장되어 있다. 그래서 싱크탱크로부터 각종 자문과 아이디어에 대한 수요가 높다. 이에 반해 유럽은 정당중심의 의사결정체제를 가지고 있어 외부의 정책 전문가가 참여하기 어렵다(정광호, 2006: 271). 다시 말해, 민주당은 브루킹스연구소와, 공화당은 헤리티지재단과 짝을 이루어 정당의 정책 개발, 인재 양성 기능에 서로 도움을 주고받고 있는 것이다. 전형적인 싱크탱크 소장들은 국무부나 국방부의 최고위직급 출신이다. 싱크탱크의 최고위급 전문가들은 정책 결정 경험이 있는 학자 또는 풍부한 학술적 역량이 있는 전직 정책결정자들이다. 정부가 바뀌면 이들 전문가들은 국무부나 백악관으로 자리를 옮긴다. 그들의 자리를 차지하는 것은 이전 정부의 고위 관리들이다.

미국의 행정 관료 엘리트 생성의 중요한 근간은 경쟁력 있는 미국의 전국 200여 개 대학의 공공정책대학원에서 양성하는 인재에서도 찾아진다. 정부가 고위공무원 핵심역량을 기르기 위하여 민간에 위탁하는 형태를 보여주고 있다. 대표적인 고급 인재 양성 기관으로 하버드의 케네디 스쿨을 들 수 있으며, 이외에도 미국에는 매우 풍부한 인재 양성 전문 교육기관이 있다.

5. 소결

현대를 놓고 보면 세상에서 나온 굵직한 혁신(innovation)의 대부분은 미국에서 나왔다고 하여도 크게 틀린 말이 아니다. 미국의 국가 관리 역량은 어디에서 나오는가의 질문이 등장하는 상징적 배경이다. 미국은 시장 기반의 사회(market-based society)다. 시장이란 본디 불확실성을 거부한다. 공개경쟁, 전문성, 구체성, 다양성의 진화, 직무분석이 분명한 교육과 훈련 등을 선호하기 마련이다. 미국의 행정 관료 엘리트의 생성도 철저하게 이러한 원칙에 기반을 두고 있다. 시장의 논리에 의거하여 전문가형 인재 양성을 강조하고 있으며, 다양한 경로를 바탕으로 우수한 인재를 충원하며, 체계적인 전문 교육과정을 통해 전문 행정 관료로서 동시에 일반 행정 관료로서의 자질을 축적시킨다. 미국 경쟁력의 또 다른 원천인 싱크탱크도 철저하게 민간이 중심이 되어 설립하고 운영하고 있지만 동시에 정부와 밀접한 연관 관계를 유지하고 있다. 행정 관료의 리더십을 민간과 정부가 공유하고 있는 셈이다. 미국식 국가 리더십의 생성구조인 것이다. 종합하면, 미국의 행정 관료 엘리트의 경쟁력은 다양한 형태의 열린 충원을 근간으로 잘 계획된 교육 과정을 바탕으로 모두가 전문가라는 자부심에서 찾아진다.

V. 마무리: 3가지 다른 경로와
   새로운 거버넌스의 모색

1.

프랑스, 독일, 미국은 때로는 시대의 요청에 의해 때로는 각 국가의 경로의존의 사회문화적 관성에 의해 특징적인 행정 관료 엘리트를 생성하여왔다.

프랑스는 국가주도의 네트워크형 메커니즘이라 할 수 있다. 프랑스의 행정 관료 엘리트는 국립행정학교로 수렴한다 하여도 과언이 아니다. 실무능력 배양을 목적으로 편성된 국립행정학교의 교육과정을 이수하고 나면 고위공무원으로서의 직책을 수행하게 된다. 고위공무원단이라는 자율성 높은 공무원 집단을 형성하며 내부규약에 의거한 자체적 인사권까지 보유하게 된다. 한번 고위공무원단에 소속되면 정부 주요부처의 여러 보직을 순환적으로 거친다 하더라도 별다른 제약 없이 애초의 고위공무원단으로 복귀가 가능하다. 이처럼 국가가 설립하고 운영하는 국립행정학교를 중심으로 한 '그랑제꼴', '고위공무원단'의 네트워크는 상호 유기적으로 결합되어 있으며, 프랑스 공화국의 탄생 이래 지금까지 프랑스 사회 전반에서 주도적인 역할을 수행하고 있는 행정 관료 엘리트의 양성을 전담하고 있다.

한편 독일은 정당기반의 지방분권형 메커니즘으로서의 특징이 뚜렷하다. 독일 정당재단은 정치사회 내 각 정당들과 긴밀한 관계를 유지하고 있으며, 독일 국민 전체를 대상으로 조기 정치교육을 실시한다. 어렸을 때부터 배양된 정치의식과 공무원의 정당가입을 허용하는 독일의 공무원법으로 인해 독일 내 공무원들의 정당 가입률은 높은 편이며, 이들은 공직 경력을 바탕으로 정당 정치인으로 거듭나기도 한다. 더불어 독일 정무직 공무원들의 경우 정권 교체와 궤를 같이하여 교체된다. 이러한 과정은 연방정부 뿐만 아니라 지방정부에서도 일반적이며, 지방정부에서의 경력이 연방정부 및 중앙정치 진출의 절대적인 토대로 작용한다. 게다가 연방에서 제정한 법률 또한 주 대표들로 구성된 연방평의회의 동의를 받아야 실효를 발휘할 수 있다는 점과 공무원 선발권 역시 각급부처 및 지방정부에 분할되어 있다는 점은 독일 행정 관료 엘리트 양성 메커니즘의 지방분권적 속성을 분명하게 드러내주는 부분이다.

미국의 행정 관료 엘리트의 생성은 시장주도의 다중경로형 메커니즘으로 정리된다. 미국에서는 특정 국가기관이나 국공립 교육기관이 행정 관료 엘리트 양성에 있어 핵심적인 위치를 점유하고 있지 않다. 비록 공무원 인사 업무의 주무기관인 인사관리처가 존재한다고는 하나 인사관리의 분권화 기조에 입각해 각 부처에 인사관리권을 위임하고 있는 만큼 인사관리처의 역할에 비중을 두긴 어렵다. 부처별 채용에 표준화된 전형 양식이 존재하는 것도 아니다. 다만 공개경쟁채용의 원칙 아래 민간 싱크탱크나 고등교육기관을 비롯한 다양한 채널을 통해 양성된 인재 중 부처의 특성에 맞는 전문가적 자질을 갖춘 지원자를 선발한다. 국가가 고위공무원 채용 및 교육을 위해 어떤 획일화된 경로도 채택하고 있지 않기 때문에 누구나 합당한 경력과 자질만 갖추고 있다면 대통령관리직 인턴프로그램 등의 다양한 방법으로 행정 관료 엘리트로의 진로가 가능하다.

2.

막스 베버는 소명으로서의 정치를 논하면서 정치가가 갖추어야할 자질로 열정, 책임감, 그리고 균형감각을 주문하였다. 행정 관료는 이보다 더 엄격한 자질을 하나 더 갖춰야한다. 전문성이다. 행정 관료 엘리트는 적어도 가치 논쟁, 사실 논쟁, 정책 논쟁은 구분할 줄 알아야한다. 시대의 흐름을 읽지 못하고 자기 틀에 갇혀있을 때 소명으로서의 관료는 생명력을 잃게 된다. 변화를 놓치는 것이 가장 위험한 일이기 때문이다.

대한민국의 현대사는 일상(everyday life)의 관점에서 1997년 외환위기 이전과 이후로 나뉜다고 생각해 왔지만, 이제는 또 하나의 구획이 있어야 할 것 같다. 2015년은 성장에서 성숙으로, 위험에서 안전으로, 불신에서 신뢰로, 돌진적인 거친 사회에서 문화로 다듬어진 사회로 이행하는 전환점이 되어야 할 것이다. 미래를 선도하는 행정 관료 엘리트의 생성을 위한 거버넌스의 개편이 더 다급하게 요청되는 까닭이다.

오늘의 한국은 발전국가에서 복지국가로, 산업사회에서 지식기반사회로, 유능한 추격국가(fast follower)에서 혁신적인 선도국가(first mover)로의 이행 기로에 서있다. 전환의 과정에서 행정 관료의 역할은 여전히 중요하다. 고도성장과 압축성장을 근간으로 하는 발전모델의 유효기간이 지났다고 하지만 여전히 발전국가(developmental state)의 경로의존이 강하다. 발전국가의 핵심은 행정 관료에 있다. 세계화와 신자유주의 속에서 시장우위의 추세가 강해지고 있지만 여전히 정부와 행정 관료의 역할은 막중하다. 이런 점에서 오늘날 한국 행정 관료의 시대적 과제는 개방성과 전문성이다.

행정 관료 엘리트들에게 공적 책무성(public accountability)에 대한 자부심은 필수적인 요소이다. 책임감이란 자부심에서 비롯한다. 청렴성도 마찬가지다. 많은 비판이 자부심과 책임감이 결여되어 있음에서 기인한다. 이들의 자긍심은 궁극적으로 공적 책무성을 충실히 달성하고 있다는 자부심에서 찾아야 한다. 아울러 직급과 직위에 맞는 전문능력 배양이 중요하다. 행정 관료 엘리트를 생성함에 있어 교육은 여전히 핵심적이다. 프랑스와 같이 국가의 모든 인재를 결집시킬 수 있는 교육기관에서 일정 수준 이상의 전문성을 발휘할 수 있도록 교육하는 것도 하나의 대안이다. 다른 한편으론 독일이나 미국과 같이 정당 기반의 인재 양성이나 민간 싱크탱크와의 연계를 통해 공무원의 신규 충원은 물론 교육과정에서의 내실을 갖추어 행정 전문가로 육성하는 방법도 고려해볼 수 있을 것이다. 어느 쪽이 되었든 지금과 같이 단선형적으로 충원된 행정 관료들이 이수하는 교육과정만으로는 '왜 지금 행정 관료 엘리트인가'의 질문이 제기되는 시대 상황에 많이 뒤쳐져 있는 것만은 분명하다.

동서고금 어느 시대를 막론하고 행정 관료 엘리트란 선도(steering)와 조정(coordinating)의 자질을 구비해야 한다. 우리의 행정 관료 엘리트 생성 시스템은 여전히 구래의 방식에 의존하고 있다. 단선형적인 선발과 충원 그리고 선발 이후의 전문화 과정의 취약은 바람직한 행정 관료 엘리트의 생성을 가로막는 원초적인 걸림돌로 자주 거론된다. 국제비교론적 시각에서 검토한 각국의 비교 연구는 이 시대 우리에게 요청되는 행정 관료 엘리트의 생성 시스템 구축에 중요한 시사점을 제시한다.

3.

'3가지 없는 것'이 있다고 한다. '선례가 없어서' '규정이 없어서' '예산이 없어서'. 누구의 이야기인지 부연 설명이 필요 없을 듯하다. 무엇을 의미하는지 어렵지 않게 알아차릴 수 있다. 행정 관료의 입장에서 이렇게 3가지 없음으로 반응하는 것에 대해 이해가 안 되는 것은 아니다. 까닭은 새로운 시도에 대한 보상은 약하지만, 대신 원래 규정과 다르게 일했을 때 부과되는 제재가 많기 때문이다. 선례를 따지고 규정을 언급하고 예산을 빌미로 둘 수밖에 없는 한국의 구조적 딜레마 상황인 것이다. 이로부터 과감히 벗어나는 제도적 장치를 마련하어야 한다. 권한과 책임이 선순환하는 거버넌스를 만들어야 한다. 유능하고 소신 있는 관료시스템을 가져야한다.

각 사회가 지닌 역사적·문화적 상황 조건이 있는 만큼 어느 방식이 절대적으로 적합하다는 논의를 펴는 것은 적절하지 못하다. 국가 주도의 엘리트 교육기관에 의한 행정 관료 양성, 정당에 의한 행정 관료 양성, 다양한 채널의 시장 기반의 행정 관료 양성 방식은 한국사회가 고려해 볼 수 있는 선택의 스펙트럼이라 할 수 있다.

　한국적 경로 의존 속에서 개방성과 전문성이 한국 행정 관료와 관료 시스템이 구비해야할 최대 과제라고 한다면 미국식의 시스템을 '실현 가능성의 기준'에서 우선적으로 벤치마킹해볼 필요가 있다. 정당이 엘리트 양성을 주도적으로 담당하는 독일의 엘리트 양성 방식은 분명 좋은 지향점이 될 수 있겠지만, 오늘의 한국사회에서 구조적으로나 상황적으로 가장 취약한 부분이 정당정치이고 보면 현실적으로 구현되기는 쉽지 않아 보인다. 엘리트 교육기관에서 일정 수준 이상 전문성을 갖춘 관료를 양성하는 프랑스 방식은 전문 영역에 따라 부분적으로 도입 가능성을 타진해볼 수 있을 것이다. 앞서 '미국의 시장 중심의 다중경로 엘리트 양성'에서 자세하게 설명한 바와 같이 미국의 행정 관료 선발과 양성은 전문성을 최우선으로 고려하고, 일괄 채용이 아니라 부처별로 해당 직책에 맞는 전문가를 자체적으로 선발하며, 채용 방식 역시 체계적이고 철저하게 공개적이며, 채용 조건의 명시도 매우 구체적으로 제시됨에 따라 공정성 시비가 불거지지 않는 장점을 유지하고 있다. 동시에 고급 행정 관료 전문가를 매우 왕성한 싱크탱크를 비롯한 다양한 전문 인재양성기관과 전문지식기관과의 연관 속에서 일정 충원하는 방안도 향후 적극적으로 검토해봄직하다.

참고문헌

강성철 외. 2011. 『새 인사행정론』. 대영문화사.

경제·인문사회연구회. 2010. 『주요 5개국의 싱크탱크』. 서울: 경제·인문사회연구회.

김판석. 2007. "싱크탱크의 발전과 정책연구: 미국의 주요싱크탱크 사례연구." 『한국 공공관리학보』. 21(1): 31-61.

김선혁. 2008. "세계화와 행정: 이론적 성찰과 정책적 함의." 『한국행정학보』 제42권 제1호. pp. 7~25.

김성수. 2010. "독일 정당 및 의회의 정책전문성 확보 메카니즘 - 입법부 중심 행정 의 관점에서". 『한독사회과학논총』. 제20권 제3호.

김윤권 외 2012. "한중일독 공무원 채용 및 승진제도 비교 연구". 한국행정연구원.

김태유, 신문주. 2009. 『정부의 유전자를 변화시켜라 : 성공하는 정부의 新공직인사 론』. 삼성경제연구소

남궁근 외. 2005. 『고위공무원단 도입에 따른 문제점 분석과 개선방안 연구: 주요국 가 사례연구』. 서울: 한국행정연구원.

박길성. 2013. 『사회는 갈등을 만들고 갈등은 사회를 만든다』. 서울: 고려대출판부.

박천오 외, 2011. 『비교행정』. 제4판. 法文社.

이종범 외. 2000. 『지식정부를 위한 고시제도 개혁』. 서울: 나남출판.

임도빈. 2002. 『프랑스의 정치행정체제』. 法文社.

임종헌. 2013. "독일 정치재단의 정치교육". Journal of Political Criticism 12. pp.77-102.

정광호. 2006. "정책과정에서의 미국 싱크탱크 (Think Tank) 의 활동과 역할에 관한 예비적 분석." 『행정논총』. 44⑴: 265-304.

진종순·이화진. 2005. 『고위공무원단 후보자 양성 교육훈련에 관한 연구』. 서울: 한국행정연구원.

OECD 대한민국 정책센터. 2012. 『OECD 국가의 공무원 인사제도』. 서울: OECD 대한민국 정책센터.

중앙일보. 2010. 10. 05. "선진국 문턱, 이젠 넘자 ① 국가 리더십 키울 정치 아카데미 만들자"

한국경제. 2014. 11. 14. "브랜드委까지 만든 한국의 국가브랜드 27위".

Heritage Foundation. 2013. 2013 Audited Financial Statement.

McGann, James G. 2010. The Leading Public Policy Research Organizations in the World. Think Tanks and Civil Societies Program, International Relations Program. University of Pennsylvania.

OECD. 2013. Government at a Glance 2013.

Ohmae, Kenichi. 1993. "The Rise of the Regional State." Foreign Affairs. 72⑵: 78-87.

_____. 1995. "Putting Global Logic First." Harvard Business Review. 73⑶: 119-125.

Osborne, David. 1994. 『정부 혁신의 길: 기업가 정신이 정부를 변화시킨다』. 삼성경제연구소.

베버, 막스. 최장집 편. 박상훈 역. 2013. 『소명으로서의 정치』. 후마니타스.

World Bank. 2013. Expense (% of GDP): http://data.worldbank.org. International Monetary Fund, Government Finance Statistics Yearbook and data files, and World Bank and OECD GDP estimates. Catalog Sources: World Development Indicators

정치 엘리트 생성 메커니즘의 국제비교:
영국, 프랑스, 독일을 중심으로

장 덕 진

장덕진

학력
연세대학교 사회학 학사
연세대학교 사회학 석사
University of Chicago 사회학 박사

주요경력
이화여자대학교 전임강사
서울대학교 부교수
Harvard University 방문교수
서울대학교 교수
서울대학교 사회발전연구소장

주요저서 / 논문
장덕진, 김란우, 박기웅. 2012. "17대 국회 법안표결의 정치경제학: 146개 쟁점법안에 대한 NOMINATE 분석을 중심으로" 《한국사회학》 46권 1호
Dukjin Chang and Young Bae. 2012. "The Birth of Social Election in South Korea, 2010–2012" fesmedia asia series, Friedrich Ebert Stiftung
강원택, 장덕진 (엮음). 2011. 『노무현 정부의 실험: 미완의 개혁』 도서출판 한울
장덕진. 2011. "17대 국회의 정책 네트워크 연구: 공동발의와 친분 네트워크 분석을 중심으로" 《한국정당학회보》 10권 2호
장덕진. 2011. "트위터 공간의 한국정치: 정치인 네트워크와 유권자 네트워크" 《언론정보연구》 48권 2호

I. 머리말

이 글은 영국, 프랑스, 독일 등 세 나라의 정치 엘리트 생성 메커니즘을 비교하고 한국에 대한 함의를 도출하는 것을 목적으로 한다. 주권은 국민으로부터 나온다는 것이 헌법이 정하는 바이고 유권자의 뜻을 제대로 대표하는 것이 대의제 민주주의의 정신이지만, 제도나 규칙은 그것을 실제로 운용하는 사람들에 의해 서로 다른 종류의 현실이 된다. 그렇기 때문에 누가 어떤 과정을 거쳐서 정치 엘리트가 되고 제도와 규칙을 어떤 방식으로 운용하는지는 매우 중요한 문제이다. 특히한국은 대부분의 주요한 사회적 문제들에 있어서 궁극적으로는 정치의 후진성이 항시 지적되고, 정치인에 대한 국민들의 신뢰가 OECD 국가 중 최저선일 뿐 아니라 87년 민주화 이후 시계열적으로도 최저선이며, 소위 양김(兩金) 퇴장 이후 오히려 야당의 존재감이 점점 희박해져 최근에는 일본과 같은 1.5당론이 운위되고, 정치의 대표성을 측정하는 갤라거 인덱스(Gellagher Index)나 정당간 유효경쟁의 정도 등에서 모두 OECD 국가 중 하위권에 머무는 등 정치가 문제를 해결하기보다는 문제의 제공자 역할을 하고 있다. 여기에 선거제도와 단임정부의 문제까지 더해지다 보니 정당은 장기적 정책입안 기능을 거의 하지 못한 채 정책의 수립과 집행은 선출되지 않은 권력인 관료에게 떠맡겨지고 정당의 역할은 정권을 쟁취하는 데에만 점점 더 집중되어가는 양상이다. 제도적인 측면에서는 궁극적으로 개헌이나 선거법 개정 등 여러 대안을 검토해야 할 필요성이 있겠으나, 제도를 만드는 '사람들'의 측면에서는 정치 엘리트의 충원 메커니즘에 대한 고민이 필요하다.

비교 대상인 영국, 프랑스, 독일은 각기 다른 특징들을 가지고 있으며 한국의 현실과 관련해 서로 다른 시사점들을 보여준다. 영국과 프랑스는 정치 엘리트가 되기 위해 거쳐야 할 명문교들이 분명하게 존재한다는 점에서 특정 대학 출신들(50대 중반 이후에는 특정 고등학교까지)이 정치 엘리트 충원을 과점하고 있는 한국과 공통점을 가지고 있다. 그러나 독일에는 명문교는 존재하지만 '엘리트 코스'는 존재하지 않는다. 민주화 이후 한국 대통령 중에 전업관료 출신은 (군인을 관료에 포함한다면) 노태우 전 대통령 밖에 없다. 노무현 전 대통령은 장관을 지냈지만 전업관료라기 보다는 정치인으로서 장관직을 수행한 것이고, 이명박 전 대통령은 서울시장을 지냈지만 선거를 통해 선출된 것이었다. 그밖에 김영삼, 김대중 전 대통령과 현 박근혜 대통령은 관료직을 가진 적이 없다. 반면 프랑스는 관료 출신 대통령이 다수를 차지한다. 프랑스에서는 성공적인 관료 경력이 정계에 입문하는 경로이기 때문이다. 독일의 정치 엘리트는 정당이 배출할 뿐 아니라 나아가 정당은 종종 관료의 후견자 역할을 하기도 한다. 독일 정당의 역할은 정치에만 국한되지 않으며 사회 전반의 조정과 타협, 그리고 시민교육에까지 관여한다. 이것은 독일식 조합주의의 전형적 특징인데, 90년대 이후 독일 모델에도 변화가 일어나고 있다. 영국의 정치 엘리트는 전통적으로 기존에 이미 엘리트 계급에 속한 계층의 이너 써클(inner circle)로 간주되어왔지만, 이러한 폐쇄성은 긴 시간에 걸쳐 완만하게 변화하고 있다. 특히 70년대 후반부터 이어진 보수당 정부의 장기집권 이후 정치의 전문직업화가 가속화되어가는 양상이고, 비대해진 정부와 특권을 누리는 관료를 덜어내고 슬림화 하겠다는 보수정부의 아젠다는 이명박 정부 및 박근혜 정부의 아젠다와 일맥상통하는 바가 있다. 영국에서 정치의 전문직업화의 한 가지 결과는 젊은 정치인들의 부상이었는데, 70년대 '40대 기수론' 이후 정체되어 있는 한국 정치에서 최근 세대교체론이 등장한다는 측면에서도 주목할만한 가치가 있다.

'엘리트 코스'가 존재하지 않고, 협의제 민주주의가 정착되어 있으며, 선거제도의 비례성이 높은 독일은 어찌 보면 비교대상 국가들 중 한국의 현실과 가장 거리가 먼 것으로 보인다. 그러나 2012년 대선에서 가장 중요한 의제 중 하나였던 '경제민주화'가 독일의 '사회적 시장

경제'에 그 뿌리를 두고 있으며, 한국에서 선거제도 개선방안으로 가장 자주 언급되는 것이 독일식 정당명부제도이며, 박근혜 정부의 고용률 70% 목표가 독일의 고용률 70%를 벤치마킹한 것이고, 최근 박근혜 대통령이 노동시장 유연화의 구체적 준거로 독일의 하르츠 개혁과 아젠다2010을 직접 언급한 것 등은 의미심장하다. 독일의 현실은 한국의 현실과 가장 멀리 있지만, 독일은 한국이 나아가야 할 이상으로 가장 자주 언급되고 있는 것이다. 독일의 정치 엘리트 생성 메커니즘은 한국이 앞으로 나아갈 길에서 어떤 엘리트 충원방식을 가져야 할지와 관련해 시사점을 제공할 수도 있을 것이다.

II, III, IV절에서는 각각 영국, 프랑스, 독일의 정치 엘리트 충원 메커니즘을 설명하고, V절에서 결론을 다룬다.

II. 영국의 정치 엘리트 생성 메커니즘

다른 어느 나라보다도 영국의 엘리트에 대한 논의는 '신분' 혹은 '귀속지위'와 밀접하게 관련된다. 전통사회에서는 귀속지위가 중요했던 반면 현대사회에서는 성취지위가 중요하다는 이분법을 의심 없이 받아들였던 사람이라면 영국의 엘리트에 대한 담론을 보며 혼란을 느낄 수밖에 없다. 예를 들어 윌리엄스와 필리파코의 다음 설명을 보라.

> 재능과 열정을 가진 사람이라면 누구에게나 엘리트가 될 수 있는 길이 열려 있다는 생각은 미국에서는 강력한 신화로 남아있다. 영국에서는 그렇지 않다. 영국에서 엘리트라는 관념은 세습적인 사회 엘리트를 말하며, 이것은 주로 작위를 받은 귀족을 말하는 것이지만 때로는 귀족의 라이프 스타일을 따라할 수 있는 사람, 특히 귀족들이 다니는 학교와 대학을 다닌 사람을 포괄하기도 한다(Williams and Filippako 2010: 3).

이들은 지위의 상승 이동에 대한 터너의 다음과 같은 두 가지 구분을 인용하며 영국에서 엘리트가 된다는 것은 기존 엘리트의 후견을 받지 못하면 거의 불가능한 '후원상승'이라고 암시한다.

> (미국에서의) 경쟁상승(contest mobility)이란 공개경쟁으로 인식된다. ... 엘

리트 지위는 공개경쟁에서의 상품이며 참여자 스스로의 노력에 의해
쟁취할 수 있다. … 반면 후원상승(sponsored mobility)이란 엘리트 충원
이 기존 엘리트나 그들의 후원자에 의해 선택되는 교육시스템을 말
한다. … (후원상승 체제에서는) 엘리트 지위는 아무리 많은 노력이나 훌륭
한 전략을 쓰더라도 '쟁취'할 수 없다. 마치 프라이빗 클럽에 가입하는
것과도 같이, 기존 회원의 후원이 있어야 가능한 것이다(Turner 1960).

상황이 이렇다 보니 영국의 엘리트 담론은 종종 '기득권층(The
Establishment)'에 대한 논의로부터 시작된다. 여기에서의 기득권층이란
일반 명사가 아니라 영국에서 통용되는 구체적인 의미의 기득권층을 말
하는 것이다.[1] 영국에서 이 단어는 언론인인 헨리 페얼리(Henry Fairlie)가
최초로 만들었다고 (잘못)[2] 알려져 있는데, 페얼리의 정의는 다음과 같다.

기득권층이라 함은 공식적 권력의 핵심부만을 지칭하는 것이 아니다.
물론 그들도 당연히 포함되지만, 그보다 더 넓은 의미에서 권력이 행
사되는 공식적이고 사회적인 관계망 전체를 말하는 것이다. 권력이 사
회적으로 행사된다는 점을 인식하지 못하면 영국에서 권력이 행사되
는 방식을 이해할 수 없다(Fairlee 1955).

---

1 따라서 이 글에서 영국의 Establishment를 지칭할 때는 '기득권층'이라고 따옴표로 묶어 표시
  하기로 한다.
2 위키피디아는 페얼리보다 한 세기 전에 랄프 에머슨이 이미 이 단어를 거의 같은 뜻으로 썼다고
  설명하고 있다. http://en.wikipedia.org/wiki/The_Establishment#United_Kingdom

'기득권층'에 대한 논의는 이처럼 저널리스틱한 것으로부터 진지한 학문적 논의까지 다양하게 존재한다. 존 스캇은 '기득권층'에 대한 길고 구체적인 정의를 하고 있다.

> '기득권층'의 특히 중요한 한 가지 특징은 그들이 퍼블릭 스쿨[3]과 옥스브리지(Oxbridge) 배경을 가지고 있다는 것이다. 18세기에는 상층의 사회적 지위에 도달하기 위해서는 개인적 후견자가 필요했다. 이러한 후견 시스템이 점차 퍼블릭 스쿨과 옥스브리지로 대체되고 있는 것이다. 이 두 종류의 교육기관들은 모두 자기충원적(self-recruiting)이고 자기영속적(self-perpetuating)이며, '기득권층'의 자제들로 구성된다.

 특권계급의 핵심 멤버들로 구성된 지배적 지위집단인 '기득권층'은 국방, 종교, 사법부로의 충원은 물론 전국 및 지역단위의 정치적 자리까지 독점하고 있다.

> 혼맥으로 연결된 가족들의 결속체인 '기득권층'은 정치지도자를 배출하고 모든 주요한 사회적 위치를 독점한다. (Scott 1982: 107-110)

---

3   영어의 public school을 직역하면 '공립학교'가 되기 때문에 평균적인 수준의 학교로 오해할 수 있으나 영국의 '퍼블릭 스쿨'은 상류층 자녀를 위한 사립학교를 말한다. 엄격한 전통 교육을 실시하며 졸업생의 상당수가 옥스브리지에 진학하는 것으로 알려져 있다.

그렇다면 영국의 엘리트 생성 메커니즘에서 명문교가 차지하는 역할은 얼마나 큰 것일까. 윌리엄스와 필리파코는 〈Who's Who〉 영국판에 실린 20세기에 태어난 엘리트 12만 명의 학력을 분석한 바 있는데, 퍼블릭 스쿨의 지속적인 강세는 물론 고등교육의 대중화에도 불구하고 옥스브리지의 지배적 지위는 변하지 않았다. 다만 과거에 전체 엘리트의 3분의 1 정도를 차지하던 옥스브리지의 비중이 4분의 1 정도로 작아졌고, 미국의 아이비 리그(Ivy League)에 비견되는 러셀 그룹(Russell Group) 대학 졸업자들이 큰 폭으로 증가했다.[4] 대학에 러셀 그룹이 있다면 중등교육에는 HMC[5]가 있다. 명문 고등학교들의 연합으로 간주되는 HMC 중에서 10개 학교는 옥스포드나 캠브리지보다 더 오랜 역사를 가지고 있으며, 많은 사람들은 이들 학교들이야말로 최상층 지배계급이 자신들의 특권과 상징자본(Bourdieu 1984)을 자녀들에게 물려주는데 있어서 옥스브리지보다 더 중요한 역할을 한다고 믿고 있다.

4 러셀 그룹은 옥스브리지를 포함하여 현재 24개 대학으로 구성되어 있으며, 소속 대학들은 다음과 같다: University of Birmingham, University of Bristol, University of Cambridge, Cardiff University, Durham University, University of Edinburgh, University of Exeter, University of Glasgow, Imperial College of London, King's College London, University of Leeds, University of Liverpool, London School of Economics and Political Science, University of Manchester, Newcastle University, University of Nottingham, University of Oxford, Queen Mary University of London, Queen's University Belfast, University of Sheffield, University of Southampton, University College London, University of Warwick, University of York.

5 HMC란 Headmasters' and Headmistresses' Conference의 약자로서 영국의 명문 중등교육기관들의 연합이다. 1869년 14개 명문 고등학교의 교장(headmaster)들이 모여서 결성한 것이 시초라고 알려져 있으며, 현재는 영국과 영연방을 중심으로 243개의 고등학교들이 가입해 있다. HMC는 퍼블릭 스쿨과 비슷한 뜻으로 사용되지만 모든 퍼블릭 스쿨이 다 HMC에 속하는 것은 아니며, 과거에는 여학교를 받아들이지 않았기 때문에 지금도 명문 여학교가 HMC에 소속되지 않은 경우들도 있다.

윌리엄스와 필리파코의 연구에 따르면 1901~1920년에 출생한 영국 엘리트 중에서 HMC-옥스브리지 졸업자는 21.9%였는데 1960~1980년 출생자 중에는 12.0%로 줄었다. 반면 HMC가 아닌 일반 고등학교를 나오고 옥스브리지를 졸업한 엘리트는 같은 기간 12.0%에서 16.5%로 소폭 늘어났다. HMC-러셀그룹 졸업자는 같은 기간 2.4%에서 4.2%로 변화했고, 일반고교-러셀그룹을 졸업한 엘리트는 7.2%에서 13.7%로 대폭 상승했다.

1995~2008년 기간 중에 옥스브리지 졸업자는 전체 대학 졸업자의 5% 이하임에도 불구하고 엘리트 그룹의 20% 이상을 배출했으며, HMC 졸업자는 전체 고등학교 졸업생의 5% 남짓임에도 불구하고 〈Who's Who〉신규 기재자의 4분의 1을 차지했다. 과거보다 줄어들었음에도 불구하고 옥스브리지 졸업생은 아직도 다른 대학 졸업자에 비해 〈Who's Who〉에 등재될 가능성이 3배 이상 높다. 귀족계급이나 HMC 졸업생 중에 옥스브리지에 진학하는 비율은 현저하게 떨어졌지만 교육, 학문, 과학 분야에서 옥스브리지가 차지하는 비중은 별로 줄지 않았다. 옥스브리지가 엘리트 계급의 재생산 기관으로부터 학문적 수월성이 강조되는 기관으로 변화해왔다는 증거이다. 이러한 변화가 존재하는 것은 사실이지만, 그럼에도 불구하고 HMC와 옥스브리지로 상징되는 엘리트 교육기관은 여전히 엘리트 지위로 가는 중심적인 통로로 남아있다(Williams and Filippakou 2010: 18). 즉 변화는 일어나고 있지만 그 속도는 매우 느린 것이다.

표 1 최근 영국 총리 4인의 개인배경 및 주요 경력

	David Cameron	J. Gordon Brown	Tony Blair	John Major
재임기간	2010-현재	2007-2010(단임)	1997-2007(3연임)	1990-1997(연임)
소속정당	보수당	노동당	노동당	보수당
출생연도	1966	1951	1953	1943
부직업	주식중개인	목사	법학교수	음향감독 및 정원 조경 관련 자영업. 메이저 출생시 부친 64세.
모직업	치안판사, William Mount 남작의 딸	-	-	-
출신학교	초등학교 헤더다운. 앤드류 왕자와 동문. 이튼 칼리지, 옥스포드	Kirkcaldy High 에딘버러 대학 학사, 석사, 박사(역사학)	Fettes College (스코틀랜드의 이튼) 옥스포드	16세에 학교 중퇴
정당가입시점 및 계기 [가입시 연령]	1988년 보수당 정책연구소 특별보좌관 [22세]	1983년 하원의원 [32세]	1972년 노동당 입당 [18세]	1964년 람베스 브로우 의원 출마 [21세]
주요경력 (취임연도)	-재무부장관 특보('92) -칼튼 커뮤니케이션 이사('94) -위트니 옥스퍼드셔 주의원('01) -보수당 부의장('03) -보수당 정책국장('04) -보수당 대표('05)	-하원의원('83) -재무부 공공지출 국무상(예비내각 '87) -통상산업부 장관('89) -재무부장관(예비내각 '92, 실제내각 '97)	-세지필드 하원의원('83) -내무, 법무, 고용, 에너지 장관(예비내각 '92) -노동당 대변인('84) -노동당 대표('94)	-하원의원('79) -사회안전국 차관('85) -사회안전국 장관('86) -재무부 장관('87) -외무부 장관('89) -보수당 대표('90)

〈표 1〉은 최근 영국 총리 4명의 개인 배경과 주요 경력을 보여준다. 입지전적 인물인 존 메이저를 제외한 나머지 3명은 모두 중상층 가정에서 태어났고 명문 고등학교와 옥스브리지 혹은 러셀 그룹 대학을 졸업했다. 가장 화려한 배경을 가진 데이비드 캐머런 총리는 이튼 칼리지와 옥스퍼드 대학을 졸업했으며, 토니 블레어 또한 HMC 고등학교이자 스코틀랜드의 이튼이라 불리는 페티스 칼리지와 옥스퍼드 대학을 졸업했다. 고든 브라운이 졸업한 커칼디 고등학교는 HMC는 아니지만 잘 알려진 스코틀랜드의 명문 고등학교이고, 에딘버러 대학은 러셀 그룹 대학 중에 하나이다. HMC와 옥스퍼드를 졸업한 캐머런이나 블레어에 비해 그의 학력이 덜 두드러져 보일 수도 있지만, 그 중요한 이유 중에 하나는 그가 초등학교 때부터 '실험적인' 영재 교육을 받았기 때문이다. 그 결과 그는 2년을 월반하여 16세에 에딘버러 대학에 입학하였다. 영국 총리 중에서 존 메이저는 가장 흔치 않은 개인 배경을 가진 경우인데, 그의 부친은 음악홀의 음향기술자를 거쳐 조그만 자영업을 했고 이 자영업이 기울어서 가계에 많은 곤란을 겪었다. 메이저가 태어났을 때 이미 64세였던 그의 부친은 메이저가 20대 초반이었을 때 세상을 떠났다. 메이저의 학업 성적은 신통치 않았으며 16세에 학업을 중단했다. 네 명의 영국 총리는 모두 30대에 하원의원이 되었고, 이후 정계를 떠나지 않았으며, 50대 중반에 총리가 된 고든 브라운을 제외한 나머지 세 명은 40대에 총리가 되었다.

  소수의 명문교 출신이 정치 엘리트의 다수를 차지하는 현상은 이미 앞서 기술한 바와 같이 잘 알려진 사실이지만, 이른 나이에 하원의원이 되고 이후 정계를 떠나지 않는 현상은 70년대 후반 대처 총리 이후 영국 정치에 일어난 일련의 변화들과 밀접한 관련이 있다. 영국 내에서 정치인과 공무원에 대한 비판론은 이미 1960년대부터 시작되었다. 한때 제국을 이루었고 세계 3대 열강 중의 하나였던 영국이 20세기 후반 들어 상대적으로 쇠퇴하기 시작한 것은 세계의 변화에 제대로 대응하지 못한 정치인과 관료들의 책임이 크다는 것이었다(Sampson 1962). 캐버나그와 리차즈에 의하면 이러한 비판론은 70년대 들어 브레튼 우즈 체제의 붕괴(1972), 오일 파동(1973), IMF 위기(1976)를 겪으면서 더욱 증폭되어 소위 '정부 과부하론(government overload thesis)'을 만들어냈다 (Kavanagh and Richards 2003: 180). 1975년 마가렛 대처가 보수당 당수가 된 이후 뉴라이트, 공공선택이론가, 중도우파 싱크탱크 등을 중심으로 한 대처 지지자들은 영국 정부가 합의를 도출한다는 미명 하에 사회민주주의의 덫에 사로잡혀 지나치게 많은 이해관계에 붙들려 있으며, 그 결과 시장의 선택을 받지도 못하고 효과적이지도 못한 둔중한 정부가 되어버렸다고 비판했다.

이러한 비판은 1979~1997년 보수당이 집권한 18년 동안 현실적인 변화의 프로그램들로 나타나기 시작했다. 대처는 1968~74년 행정장관이었던 윌리엄 암스트롱(William Armstrong)이 영국 관료의 역할은 '영국의 쇠퇴를 질서정연하게 관리하는 것'이라고 말했다고 비판을 퍼부으면서 관료들의 패배주의를 질타했다. 정부가 너무 비대해져서 비효율적이고 현상에 안주하려 한다고 문제를 설정했으며 그 해결책은 관료의 기득권을 박탈하고 시장이 작동하는 민간섹터와 같은 방식으로 운영하는 것이었다. 실제로 1979년 보수당 강령은 '공적지출과 국가의 역할을 줄일 것'을 약속했다(Kavanagh and Richards 2003: 181).

그러나 영국 각료의 인적 구성에 대한 일련의 시계열적 연구들 (Theakston and Fry 1989; Kavanagh and Richards 2003)이 보여주듯이 보수 정부 등장 이후에도 엘리트 충원 방식과 내용은 크게 변하지 않았다. 관료사회에서 나타난 주요한 변화는 과거에 비해 정치적으로 소극적인 자세를 취하게 되었다는 점이었다. 소위 신공공경영(New Public Management) 패러다임의 등장 이후 관료들은 자신들이 추구하는 정책이 가져올 장기적 변화의 내용보다는 자신이 담당한 정부기구의 효율적 작동에 집중하는 경향이 더욱 강해졌다. 정치에 있어서 나타난 변화는 정치의 전문직업화(professionalization)인데, 이제 정치인으로서 성공하기 위해서는 이른 나이, 가능하면 35세 이전에 하원에 입성해야 한다는 조언이 설득력을 얻게 되었다. 정치에 뜻을 둔 젊은이들은 대학 졸업과 함께 다른 커리어를 경험해볼 기회가 없이 곧바로 정치에 입문하거나 혹은 정당, 정치인 보좌관, 정치 관련 싱크탱크 등 준정치적 조직으로 가는 경우가 많아졌다. 실제 경험적 자료는 하원의원들이 과거에 비해 더 젊은 나이에 의회에 입성하고 더 늦은 나이에 은퇴하고 있다는 점을 보여준다. 정치의 직업화가 일어나고 있는 것이고, 이에 따라 보수당 정치인과 노동당 정치인의 개인 배경도 점차 비슷해져가는 현상이 나타난다(Kavanagh and Richards 2003).

비대한 국가를 축소한다는 보수당 정권의 아젠다는 영국의 전통적인 입법부-행정부 모델인 할데인 모델(Haldane model)에도 변화를 가져왔다. 정당과 관료 사이에 빈번한 교류가 일어나는 독일이나 프랑스와 달리 영국 헌법은 고위 관료의 하원 출마, 정당 간부직 겸임, 선거유세, 논쟁적 이슈에 대한 공개적 발언 등을 금지하고 있다. 정당정치와 행정부 사이에 완벽한 담장을 쌓아놓고 있는 것이다. 이러한 분리에도 불구하고 정치 엘리트와 관료 엘리트는 밀접한 파트너십을 유지하는데, 이것을 가능케 하는 것이 할데인 모델이었다. 정부의 핵심에는 자문역으로서의 고위 관료가 있으며, 이들은 고위 정치인과 뗄 수 없는 관계를 가진다는 관념이다. 정치인들이 주로 임명되는 내각의 장관들이 통치자를 자문한다면, 내각 장관을 자문하는 것은 관료라는 것이 할데인 모델의 핵심이고, 이것은 행정부의 역할을 정책 집행에 국한하는 미국식 윌슨 모델(Wilson model)과 큰 대조를 보인다. 할데인 모델에서 장관과 관료는 공생관계에 있으며 그럼으로써 영국 정부의 핵심부에서 정치 엘리트와 행정 엘리트를 묶어주는 제도적 틀의 역할을 해왔다(Kavanagh and Richards 2003: 178).

정부 과부하론과 보수정부의 아젠다 속에서 새로운 장관들은 할데인 모델을 달리 보기 시작했다. 할데인 모델에서 장관과 관료는 자문관계에 있는 파트너로 인식되지만, 새로운 장관들은 관료가 자신들이 설정한 문제 여러 사회적 이해관계에 사로잡혀 합의정치만을 추구하다가 비효율적이고 무능한 정부를 만들어낸 문제의 해결을 도와줄 파트너라기 보다는 그러한 문제의 원인제공자라고 인식하는 경향이 강해졌다. 이제 장관들에게 관료는 자문을 제공하는 파트너가 아니라 정부의 정책을 돕는 조력자에 불과하게 되었다. 영국 총리들의 경력에서 보듯이 일찍 정치를 시작하고 여러 장관직을 번갈아 수행하면서 정계를 떠나지 않는 현상은 이러한 영국 정치의 변화 맥락 속에서 이해할 수 있다.

III. 프랑스의 정치 엘리트 생성 메커니즘

프랑스의 엘리트 충원방식은 매우 복잡하고도 양면적이다. 한편으로는 미래의 엘리트를 키우는 온실 역할을 하는 소수의 학교들과 그 졸업생들이 거쳐가야 할 뚜렷하게 정해진 경로가 있다는 점에서 대단히 중앙집중적이고 폐쇄적이라고 볼 수 있으며, 다른 한편으로는 그러한 경로를 거칠 수 있는 기회가 아직도 신분이 일정한 역할을 하는 영국 등과는 달리 주로 학생의 성과에 많이 의존한다는 점에서 분권적이고 개방적이라고 볼 수 있다.

잘 알려진 바와 같이 18세기 후반 나폴레옹에 의해 설립된 국가 엘리트 양성기관인 그랑제꼴(grandes ecoles)은 오늘날까지도 변함없는 위상을 자랑하고 있다. 고등학생 중 최상위 학력을 가진 학생들이 선발되어 1년반 정도의 그랑제꼴 준비반을 거치게 되는데, 대개 6,000~7,000명의 학생들이 준비반을 거치고 그 중 10분의 1 정도가 선발된다. 대표적인 그랑제꼴로는 에꼴 폴리테크닉(Ecole Polytechnique), 고등사범학교(ENS: Ecole Normale Superieure), 국립행정학교(ENA: Ecole Nationale d'Administration), 파리경영대학(HEC: Ecole des Hauets Etudes Commerciales) 등이 있다. 그랑제꼴 학생들의 커리어는 평생에 걸쳐 보호되고 심지어 특권을 누린다고 할 수 있으며, 이에 대해 "첫 졸업장의 횡포(tyranny of the initial diploma)"라는 비판도 당연히 존재한다

학생들은 그랑제꼴에 입학하는 것만으로도 엘리트로 가기 위한 관문에 들어선 것으로 간주되며, 공식적이고 비공식적인 다양한 혜택을 누리게 된다. 에꼴 폴리테크닉 출신이 누리는 비공식적 연결망은 다음 인용문이 잘 보여준다.

폴리테크니시앙(polytechnicien)이라면 누구나 책상 위에 성경책처럼 모셔둔 책 한 권이 있다. 이 명부는 폴리테크니시앙이 어느 조직을 접촉하려고 할 때 즉각적으로 고위급 카운터파트를 연결할 수 있게 해준다. 동기생이든 아니든 문제되지 않는다. 공식적인 용어인 '귀하(vous)'라고 부르지 않고 좀 더 친근하게 '당신(tu)'이라고 부르는 것이 보편적이고, 그러한 만남은 어렵지 않게 이루어진다. 해마다 그는 에꼴 폴리테크닉의 은어로 '보호막(cocoon)'이라고 부르는 동기생들과 연례 만찬을 가진다. 동료들과의 업무상 만남도 빠뜨리지 않는다. 이러한 친구와 지인의 네트워크는 평생 동안 그를 따라다닌다. 어느 순간 '골동품'(폴리테크닉 선배를 부르는 은어)과 만나보라는 제안을 받는 순간 이 네트워크는 시작되며, 언젠가 스스로가 후배에게 멘토 역할을 해줄 때까지 이어진다.

폴리테크닉 마피아의 위세는 비판자들에 의해 강화된다. 그들이 폴리테크닉 마피아를 공격하는 순간, 그 마피아의 존재와 위상은 확인되

기 때문이다. 폴리테크니시앙의 힘은 그들 내부의 끈끈한 유대관계로부터 올 뿐만 아니라 그들의 경쟁자들에게 이 네트워크가 효율적으로 작동한다는 점을 인식시키는데 성공했다는 사실로부터도 오고 있다. ... 다른 모든 비밀결사와 마찬가지로 이 마피아는 외부자들이 만들어 낸 것이다. (Kosciusko-Morizet 1973. Dogan 2003c에서 재인용).

국립행정학교(ENA)는 일명 '통치자의 학교(school for rulers)'라고 알려져 있기도 하고, 학교 이름의 약자인 'ena'와 그리스어 접미사인 'arque'를 합쳐서 에나르끄(enarque)라는 단어가 이 학교 졸업생을 지칭하는 말로 널리 통용되기도 한다. 도간에 따르면 1960~2000년 기간 동안 대체로 다섯 부류의 에나르끄가 존재한다고 한다(Dogan 2003c: 51).

(1) 중앙정부 부처의 수장에까지 오르고 행정부를 이끌어나가는 역할을 하는 경우. 약 500명.

(2) 고위급 정치인이 된 경우(당대표, 장관, 유명 정치인, 민감하거나 전략적 중요성이 높은 분야의 간부 등). 약 350명.

(3) 중앙은행 및 보험사 등을 포함한 대규모 공기업의 경영진, 혹은 국가기반시설(철도, 공항, 고속도로, 항만, 항공 및 해상운송, 에너지, 텔레콤, 국가건축물 등)의 경영진이 된 경우. 최소 400명.

(4) 주요 민간기업의 경영진이 된 경우. 약 50명.

(5) 남들이 부러워할 만한 고위관료이지만 행정부처의 수장이나 정계

의 정상이나 재계의 정상에는 이르지 못한 경우. 4,000명 이상.

이 다섯 가지 부류 중에서 (1)은 관료세계의 정상, (2)는 정계의 정상, (3)과 (4)는 재계의 정상에 해당한다. 흔히 말하는 자본주의 사회의 삼각 엘리트인 정-관-재계의 정상을 아우르는 것이다. 위의 수치에 기초해서 짐작해보면, 40년 동안 약 5,300명의 국립행정학교 졸업생 중 이세 개의 정상 중 어느 하나에 오른 사람이 약 1,300명, 고위관료이기는 하지만 정상에까지 오르지 못한 사람이 약 4,000명이라는 뜻이다. 케슬러는 전자를 '통치자(ruler)', 후자를 '관리자(trimmer)'라고 부른다 (Kesler 1996; Dogan 2003c에서 재인용). 도간은 이 수치에 근거해서 국립행정학교가 '통치자의 학교'라는 신화는 과장된 것이라고 말하지만, 제3자의 판단은 다를 수 있을 것이다.

국립행정학교를 졸업한 것만으로도 앞서 살펴본 바와 같은 인상적인 성과를 보이지만, 그 다음 단계는 그랑코(grand corps de l'etat)에 들어가는 것이다. 그랑코는 크게 행정 그랑코와 기술 그랑코로 나뉘는데, 행정 그랑코는 국가위원회(Conseil d'Etat), 재무위원회(Inspection Generale des Finances), 감사위원회(Cour de Comptes) 등이 대표적이고 대부분 국립행정학교 출신들로 채워진다. 기술 그랑코는 광업위원회(Corps des mines), 교량위원회(Corps des ponts), 군비위원회(Corps de l'armement), 국가경제통계위원회(Corps de l'INSEE) 등이며 대부분 에꼴 폴리테크닉 출신으로 채워진다. 그랑제꼴 출신 중에서 또 한 번의 선발과정을 거친 이들은 그랑코에서 높은 성과를 보일수록 그랑코를 떠날 가능성이 많아진다. 중앙행정부나 공기업, 정계 등의 더 힘센 자리로 이동할 가능성이 많아지는 것이다. 일부 학자들은 그랑코를 과거 소비에트의 노멘클라투라에 비유하기도 한다. "고위직에 오르려는 사람에게 그랑코는 소비에트 시절 노멘클라투라가 되려는 자에게 공산당적과도 같은 것이다. 고위직에 오르려면 일단 그랑코에 소속되어야 한다"(Bodiguel and Quermonne 1983, Dogan 2003c: 53에서 재인용).

그랑코에 속한 엘리트 중 일부는 엘리트의 정상에 오르기 위해 또 하나의 관문을 거치게 되는데, 각료지원단(ministerial antechamber)이 그것이다. 각료지원단의 구성원은 대개 그랑코 혹은 그보다 상위직에 있지만 아직 정상에는 오르지 못한 40대 관료이다. 그들은 각료지원단에 머무는 기간 동안 최고위층과 특별한 관계를 맺게 되며 정치적 후견자를 만나기도 한다. 이들은 자신이 보좌하는 각료와 긴밀한 관계를 맺고 일하면서 단순히 행정적인 업무를 떠나 보스의 정치적 라이벌이나 언론과의 관계 등을 고려하는 정무적 판단을 함께 하게 된다. 설사 자신이 보좌하는 각료와 의견충돌이 있더라도, 각료 입장에서는 이들을 해고하거나 불이익을 주기보다 승진시켜서 다른 곳으로 떠나보내는 것이 가장 부드러운 방법이다. 이처럼 각료지원단은 승진을 위한 발판 역할을 하는 경향이 강한데, 그렇다고 각료 개인의 호불호에 따라 모든 것이 결정되는 것은 아니다. 각료는 자신이 선택한 관료를 승진시키자는 공식제안서를 제출하고 이를 각료회의(Council of Ministers)에서 의논해

결정하게 된다. 프랑스 제5공화국 헌법에 따르면 각료회의는 국가기구, 공기업, 준공공부문을 포함해 250개의 주요 자리에 대한 임명권을 갖는다. 각료지원단은 이 자리들로 가기 위한 대기실 역할을 하는 것이다. 도간에 따르면 금융부문 최고위직의 2/3, 주지사의 절반, 중앙행정부 수장의 대다수, 공기업 경영자의 대다수가 각료지원단을 거쳤다 (Dogan 2003c: 56).

각료지원단은 정치엘리트가 되기 위한 훌륭한 발판이기도 하다. 정계로 진출하고자 하는 엘리트들은 우선 적합한 선거구를 찾아야 하는데, 각료지원단에서 맺어진 네트워크는 종종 이들에게 '낙하산'을 제공한다. 총리나 대통령과 같이 강력한 보스를 보좌했던 경우에는 선출직 단계를 건너뛰고 곧바로 장관으로 임명되기도 한다.

표 2 최근 프랑스 대통령 4인의 개인배경 및 주요 경력

	Francois Hollande	Nicolas Sarkozy	Jacques Chirac	Francois Mitterrand
재임 기간	2012-현재	2007-2012(단임)	1995-2007(연임)	1981-1995(연임)
소속 정당	사회당	대중운동연합	대중운동연합	사회당
출생 연도	1954	1955	1932	1916
부직업	의사, 선거출마 경험	시 공무원	항공사 이사	철도회사 기술자
모직업	조사원, 선거출마 경험	변호사	-	-

출신 학교	파리정치대학, 국립행정학교	파리정치대학 입학. 과락으로 졸업은 못함	파리정치대학, 국립행정학교	파리정치대학
정당가입 시점 및 계기 [가입시 연령]	1979년 사회당 입당[24세]	1974년 공화국민주 동맹 입당 [18세]	1950년 프랑스공 산당 입당 [17세]	1946년 사회당 입당[29세] 그 이전에는 레지 스탕스 활동
주요 경력 (취임 연도)	-감사위원회('80 추정) -미테랑 대통령 특보('81) -국민의회의원 ('88, '97) -사회당 서기('97) -튈시 시장('01) -코레즈주 정책위 의장('08)	-초기경력 대부분은 J. Chirac의 총애를 받음(protege) -노이쉬르센 시장 ('83) -노이쉬르센 하원의 원('93) -행정부예산장관('93) -통신장관('94) -공화국연합 총서기 ('97) -내무, 치안, 지방자치 부 장관('02-'04)	-국무장관('60) -교통부장관('62) -퐁피두 총리 비서 실장('62-'65) -퐁피두의 총애를 받음(protege) -사회부장관('64) -코레제시로 국민 의회 입성(퐁피두 추천)('67) -농업부장관('72) -내무부장관('74) -국무총리('74) -공화국연합대표 ('76) -파리시장('77) -국무총리('79) -국무장관('84) -국무총리('86)	-하원의원('46) -보훈처장('47) -주장관('52) -유럽의회장관 ('53) -내무부장관('54) -상원의원('59) -민주사회좌익연 맹 총재('65) -사회당 제1서기 ('71)

〈표 2〉는 최근 프랑스 대통령 4명의 개인배경과 주요 경력을 보여
준다. 네 명이 모두 그랑제꼴 중 하나인 파리정치대학(Sciences Po) 출신
이라는 점이 단연 눈길을 끈다. 올랑드와 시라크는 여기에 더해 국립
행정학교를 졸업했다. 가장 전형적인 프랑스 정치 엘리트의 길을 밟
은 이는 현 대통령 프랑소아 올랑드인데, 그는 그랑제꼴 졸업 후 그랑

코(grand corps de l'etat) 중 하나인 감사위원회(Cour de Comptes)에 들어갔고, 각료지원단인 미테랑 대통령 특보를 거쳐 정계로 진출했다. 사르코지와 시라크는 정치적 후견인과의 각별한 관계가 두드러진다. 시라크는 30세에 퐁피두 당시 총리의 비서실장이 되었고, 프랑스에서 '후배(protege)'라고 불리는 특별한 관계를 맺게 된다. 그 후 퐁피두 내각에서 30대에 총리를 거쳐 퐁피두의 추천으로 정계로 진출한다.

사르코지는 다른 프랑스 대통령들과는 상당히 이질적인 면을 보여주는 경우이다. 그는 고등학교 시절부터 중간 이하의 학업성적을 보였고, 바칼로레아도 간신히 취득했다고 하며, 그랑제꼴인 파리정치대학에 입학은 했으나 영어 과락으로 졸업하지 못했다. 28세에 프랑스의 인구 5만 명 이상 지자체 중 최연소로 노이쉬르센 시장이 되었는데, 원래 그는 샤를 파스쿠아(Charles Pasqua) 후보의 선거운동본부장을 맡았으나 파스쿠아가 잠시 와병한 틈에 본인 스스로가 시장 자리를 거머쥐었다고 한다. 그의 초기 경력 대부분은 자끄 시라크와의 '후배(protege)' 관계 때문에 가능했다는 것이 일반적인 평가이다. 사르코지를 총애했던 시라크는 그를 여러 차례의 장관직을 비롯해 요직에 중용했고, 1995년 대선에서 시라크를 등지고 에두아르드 발라드(Eduard Balladur)를 지지했음에도 불구하고 2002년 그를 다시 내무장관에 기용했다. 2004년 사르코지가 대중운동연합(UMO) 총재가 되면서 결국 당은 사르코지 지지자와 시라크 지지자로 나뉘어 갈라지게 되었으나 시라크는 2005년 사르코지에게 기사작위를 수여했다. 미테랑도 그랑제꼴을 졸업했다는 점에서는 전형적인 프랑스 정치 엘리트의 길을 시작했으나 동세대 유럽 정치인들과 마찬가지로 제2차 세계대전으로 인해 전형적인 커리어에서 벗어나게 된다. 제2차 세계대전 기간 동안 그의 레지스탕스 활동과 관련해 여러 논란이 있으나, 종전 직후 정계에 복귀한 이후에는 다시 전형적인 정치 엘리트의 길을 가게 된다.

실제 프랑스 대통령들의 교육배경과 경력을 보면 앞서 기술한 것처럼 그랑제꼴을 졸업하는 것이 필수이고, '통치자의 학교'로 불리는 국립행정학교를 졸업한 경우도 많다. 그 후 그랑코를 거치거나 각료지원단에서 거물 정치인과 각별한 후견관계를 맺고, 그의 추천에 따라 정계에 입문하는 경로를 거치는 것이 전형적으로 관찰된다. 모든 프랑스 대통령이 이 경로를 다 거치는 것은 아니지만, 정해진 경로 중 일부를 빠뜨리는 경우 거물 정치인의 후견으로 이를 극복하고 다시 전형적 경로에 복귀하는 등, 적어도 경로로부터 이탈하지 않는 것이다.

이렇게 본다면 프랑스의 정치 엘리트 충원방식은 대단히 폐쇄적인 것으로 보인다. 국립행정학교와 같이 다른 나라에는 존재하지 않는 형태의 엘리트 사관학교가 존재하고, 정해진 길을 따라가야만 정계의 정상에 도달하는 것으로 보이기 때문이다. 그러나 프랑스의 정치 엘리트 충원방식이 폐쇄적이기만 하다고 단정하기는 어렵다. 프랑스 제3공화국과 제4공화국(1871-1958) 기간 동안 6,000명 하원의원들의 개인 배경을 조사한 도간의 연구에 의하면, 이들 중 약 1,000명(15%)이 하원의원,

상원의원, 정당지도부, 대도시 시장, 정치 분야 언론인의 아들, 손자, 사위, 혹은 조카에 해당했다고 한다(Dogan 2003c: 30). 가족관계의 범위가 단순히 아들이나 손자로 제한되지 않고 사위, 조카까지 폭넓게 포괄했음을 감안하면 이 비율은 대단히 높다고 보기는 어렵다. 또한 부모의 재산을 상속함으로써 자녀의 능력과 무관하게 자녀를 부자로 만들어줄 수 있는 재계와는 달리 정치 엘리트의 자리는 직접 상속할 수 있는 것이 아니며, 선출직의 경우 피상속자가 직접 선거에서 이길 수 있는 능력을 가지고 있어야 가능한 것이기도 하다.

이 1,000명은 대략 세 부류로 나뉜다. 첫 번째 부류는 보나파르트(Bonaparte)나 콜베르(Colbert) 가문처럼 과거 왕정시절부터 만들어진 유명한 정치명문의 자녀들이다. 이 후광은 때때로 몇 세대에 걸쳐 이어지기도 했으나, 세월의 흐름과 함께 점차 약해질 수 밖에 없는 효과이다. 두 번째 부류는 '샤틀렝(chatelain)'이라 불리는 성주(城主)이다. 이들은 실질적으로 가족의 봉건영지를 가진 토호이며, 이 선거구에서 출마하면 당선이 보장되는 경우이다. 영국의 봉건영주들과는 달리 이들 대부분은 산업혁명 이후 농업에서 공업으로의 전환에 실패했으며, 결과적으로 경제적으로나 정치적으로 구시대를 대표하는 세력이 되었다. 이들 중 전국단위의 유명 정치인이 된 경우는 없다. 세 번째 부류는 중간층이나 중하층 부르조아지의 자녀들로서, 앞의 두 부류가 정치적으로 보수적인 색채를 띠는 것과는 달리 중도나 중도좌파 성향을 띠는 경우가 많다. 이들은 부모로부터 유명한 가문이나 영지를 물려받지 못하는 대신 이른 나이부터 정치에 대한 관심과 정치인이 되기 위한 준비과정을 물려받음으로써 정치인으로서 입신한다. 제3공화국 하원의원 중 약 600명, 제4공화국 하원의원 중 약 150명이 이 경우에 해당한다(Dogan 2003c: 31).

이러한 자료들에 근거해 도간은 프랑스 정치 엘리트 충원이 적어도 '지배계급(ruling class)'을 운위할 정도까지는 되지 않는다고 주장하고 있으나, 그는 어쩌면 입증하기에 너무 쉬운 목표를 설정하고 있는 것으로 보인다. 지배계급이라는 단어가 엘리트라는 단어보다도 훨씬 더 제한적이고 구조화된 소수집단을 말하는 것이기 때문에, 엘리트 충원과정이 어지간히 폐쇄적이어도 지배계급에까지 도달하는 경우는 거의 없을 것이기 때문이다. 실제로 같은 글에서 그가 인용하는 선행 연구(Euria and Thelot 1995)에 따르면, 1951년에서 1993년 기간 동안 에꼴 폴리테크닉, 국립행정학교, 고등사범학교, 파리경영대학 등 4대 그랑제꼴 입학생 중에서 '평범한 집안(modest social origin)' 출신은 현저하게 줄어들었다. 에꼴 폴리테크닉은 21%에서 8%로, 국립행정학교는 18%에서 6%로, 고등사범학교는 24%에서 6%로, 파리경영대학은 38%에서 12%로 줄어든 것이다. 도간은 같은 기간 동안 '평범한 집안'이라는 기준 자체가 변해서 프랑스 전체의 같은 연령대 청년들 중 '평범한 집안' 출신이 91%에서 68%로 줄어든 추세를 감안해야 한다고 주장하지만, 이 추세를 감안하더라도 4대 그랑제꼴에서 평범한 집안 출신이 차지하는 비중은 두 배 이상 빠르게 줄어들었다. 즉 프랑스에 지배계급은 존재하지 않는다 하더라도 엘리트 충원 구조는 매우 폐쇄적이고 정형적이며, 사회계층별로는 점점 더 충원의 풀(pool) 자체가 좁아지고 있다고 볼 수 있다.

Ⅳ. 독일의 정치 엘리트 생성 메커니즘

비교대상 국가들 중에서 독일은 정당의 역할이 가장 중요한 나라이다. 원래부터 취약하던 민주당의 존재감이 갈수록 더 줄어듦에 따라 실질적인 1당 지배체제 혹은 1.5 정당체제로 불리는 일본이나, 정당이 부차적인 역할만을 하는 프랑스, 혹은 전통적이고 폐쇄적인 지배엘리트층이 존재하는 영국과 달리 독일의 정당은 '엘리트 충원기구이자, 승진의 채널이자, 의사결정의 네트워크이자, 고위관료의 후견자' 역할을 해왔다. 다른 세 나라처럼 엘리트를 배출하는 극소수의 학교나 훈련기관이 존재하지도 않기 때문에 독일에서 '고위직으로 가는 길은 대체로 정당을 통과'한다(Dogan 2003: 9).

표 3 최근 독일 총리 4인의 개인배경 및 주요 경력

	Angela Merkel	Gerhard Schroder	Helmut Kohl	Helmut Schmidt
재임기간	2005-현재(3연임)	1998-2005(연임)	1982-1998 (3연임)	1974-1982 (3연임)
소속정당	기민당	사민당	기민당	사민당
출생연도	1954	1944	1930	1918
부직업	목사(동독출신)	군인(2차대전중 전사)	공무원	교사

모직업	교사	농부	-	교사
출신학교	라이프치히대 물리학	괴팅겐대 법학	하이델베르그대 정치학	함부르크대정치경제학
정당가입 시점 및 계기 [가입시 연령]	70년대 자유독일청년회(FDJ) 활동 [10대후반~20대 초반]	1963년 사민당 가입[20세]	1946년 기민당 가입[15세]	1946년 2차대전 전역직후 사민당 가입/ 1947-8년 독일사회주의학생연맹(SPD) 조직 및 회장 역임[27세]
주요경력 (취임연도)	-연방하원의원('90) -여성청소년부장관('91) -환경부장관('94) -기민당대표('98)	-연방하원의원('80) -니더작센 주 총리('90)	-라인팔트 주 총리('69) -연방하원의원('76)	-연방하원의원('53) -국방장관('69) -재무장관('72)

실제로 최근 독일 총리 4인의 개인 배경 및 주요 경력을 정리한 〈표 3〉을 보면 정당이 중요하고 다른 배경이 그다지 중요하지 않음을 알 수 있다. 현 총리인 메르켈의 부친은 동독 출신 목사로서, 메르켈은 서독 지역인 함부르크에서 태어났지만 출생 직후 부친의 목회활동 때문에 동독으로 이주해서 자랐다. 모친도 교사로서 정치나 권력과는 거리가 먼 집안 배경을 가지고 있다. 직전 총리인 슈뢰더의 아버지는 제2차 세계대전 참전 중 전사해서 농업을 하는 홀어머니의 손에 자랐으며, 그 이전 총리들인 콜이나 슈미드도 공무원 혹은 교사 부모를 가진 정치인들이었다. 네 명 총리의 출신 학교는 라이프치히대, 괴팅겐대, 하이델베르그대, 함부르크대로, 각각은 명성을 가진 학교들이지만 어느 한 학

교로의 쏠림현상은 전혀 없다.

　이처럼 개인배경이 별다른 역할을 하지 못하는 반면, 이들은 매우 이른 나이에 정당에 가입하거나 정치활동을 시작했음을 알 수 있다. 헬무트 콜 전 총리는 15세에 기민당에 가입하여 4명 중 가장 빨리 정당 활동을 시작했고, 가장 늦은 헬무트 슈미드 전 총리도 27세에 가입했는데 그 직전까지는 제2차 세계대전 참전 중이었으므로 정당활동을 할 수 없는 상황이었다. 또한 그는 10대 후반에 히틀러 청년조직 활동을 했다는 사실이 뒤늦게 밝혀지기도 했는데, 이것을 포함하면 슈미드의 정당 활동도 10대 후반에 시작됐다고 볼 수 있다. 이 점은 국가 차원에서 연방정치교육원을 설립해서 운용할 뿐 아니라 대부분의 주요 정당들이 비당파적 정치교육을 하는 비영리재단을 운용하는 등 어려서부터 정치교육을 시민교육의 일환으로 강조하는 독일의 특징과도 관련이 있을 것이다(이규영 2005). 이처럼 이른 나이에 정당 활동을 시작한 이후 이들은 공통적으로 연방 하원의원을 지낸 경력을 가지고 있으며, 이후 의회와 행정부를 오가며 경력을 키우다가 하원의원 선출 5~20년 사이에 총리직에 오른다. 이것은 의회와 행정부의 벽이 뚜렷한 영국이나, 행정부가 우위를 점하는 프랑스, 일본과는 구별되는 뚜렷한 독일만의 특징이다.

　독일에서 정당이 이처럼 중요한 역할을 해온 배경에는 다른 몇몇 나라와 더불어 독일 정치의 특징인 협의민주주의(consociational democracy)

체제가 자리잡고 있다는 것이 일반적인 견해이지만, 독일의 협의민주주의가 항상 작동했던 것도 아니고 앞으로도 그럴 것이라는 보장은 없다. 예를 들어 덜리엔의 연구(Derlien 1990)에 의하면 제2차 세계대전 종전부터 통독 이전까지의 시기인 1949-1984년 기간 동안의 서독 엘리트 구성은 〈표 3〉이 시사하는 것과는 차이를 보인다. 이 기간 동안 독일의 정치 엘리트 및 고위관료 네 명 중 세 명의 부친은 단 3개의 직업군에 속하는데, 그것은 관료(43.5%), 숙련자영업(19.9%), 자유직(12.4%)이다. 이중에서도 특히 관료가 눈에 띄는데, 고위관료 두 명 중 한 명(49%) 및 정치 엘리트 세 명 중 한 명(34.3%)이 관료 아버지의 자녀였다. 반면 노동자의 자녀는 정치 엘리트 중 16.1%, 고위관료 중 2.6%에 불과하고, 기업가의 자녀도 정치 엘리트 중 1.5%, 고위관료 중 2.1%에 지나지 않는다. 즉 이 시기 동안 독일의 정치/관료 엘리트는 실질적으로 관료 아버지를 둔 자녀들에 의해 대물림되는 자기충원(self-recruitment) 경향이 강했던 것이다.[6] 그러나 이 시기에조차도 독일 엘리트 사회가 관료에 의해 독점적으로 지배되고 있었다는 것은 섣부른 관찰로 보인다. 왜냐하면 하층 출신 젊은 관료들의 사민당 가입률이 56.5%에 달하고 전전(戰前)세대 고위관료들의 기민당 가입률이 무려 73.3%에 달하기 때문이다. 관료에 의한 대물림이 강하지만, 그들에게

---

6   관료의 자녀가 다시 정치 엘리트나 고위관료가 되는 경향은 강했지만, 정치인의 자녀에게서는 이런 경향이 발견되지 않는다. 같은 기간 정치엘리트 중 아버지가 직업정치인이었던 경우는 2.9%, 고위관료 중 1.7%에 불과하다. 그러나 아버지 세대에서 직업정치인의 수보다 관료의 수가 아마도 더 많았을 것이기 때문에 직접적인 비교는 의미가 없다. 이 수치가 보여주는 것은 적어도 정치인의 경우 관료에게서 보이는 압도적인 대물림 현상은 존재하지 않았다는 정도이다.

조차 정당은 절대 무시할 수 없는 조직이었고 관료로서 입신하기 위해 시기별로 어느 정당에 가입해야 할지까지 세심하게 계산하고 있었다는 증거이다.

협의민주주의가 잘 작동한다는 것은 의회의 의사결정에 다양한 이해 관계자의 목소리가 체계적으로 반영된다는 뜻이기도 하다. 예를 들어 노동시장 정책의 경우, 법안제출 이전에 경총과 노총의 대표자들이 정당과 함께 충분한 협의의 과정을 거치고 양자의 합의가 도출된 상태에서 법안이 제출되는 식이다. 그러나 90년대 들어 유럽 복지국가들조차 엄습하기 시작한 신자유주의 물결과 더불어 독일에서도 70~80년대식의 협의민주주의는 조금씩 후퇴하고 있다(Streeck 2005). 이러한 시스템의 변화는 그 시스템을 움직여나가는 엘리트 구성원들의 변화를 동반하고 있기도 하다. 정치엘리트의 구성이 대표성(representativeness) 중심에서 전문성(professionalization) 중심으로 변하고 있는 것이다.

1972년에서 2002년 기간 동안 독일 연방하원 노동사회위원회(이하 노사위)를 거쳐간 의원들의 경력을 분석한 트람푸쉬의 연구를 보자(Trampusch 2005). 우선 두드러지는 것은 외부와의 연계에 있어서 정당간 차이이다. 전체 기간 평균을 보면 노조가입률(사민당 87.5% 기민당 23.1%), 사회정책 관련 단체 가입률(사민당 48.4% 기민당 19.2%), 노사공동결정(codetermination) 위원회 활동 경험(사민당 42.2% 기민당 26.9%), 원내 진입 전 사회단체 활동을 전업으로 했던 비율(사민당 40.6% 기민당 19.2%) 등에서 사민당 의원들이 기민당 의원들을 압도한다. 반면 친자본성향 이익단체 가입률(기민당 25.6% 사민당 4.7%)에서는 기민당이 사민당보다 훨씬 높다. 연방하원 노사위 의원들이 의회 바깥의 유관 단체들과 긴밀한 관계를 맺는 것이 입법 만능주의에서 벗어나 사회적 의제를 조정하고 협의하여 의회 내부로 가져오려는 노력이라고 가정할 수 있다면, 전체적으로 보아 사민당 의원들이 그러한 노력을 더 많이 하고 있고 기민당 의원들은 정당 내부의 커리어를 쌓는데 더 집중하고 있는 모습이다.

그러나 이것은 31년에 걸친 연구기간의 평균이고, 연도별로 구분해 보면 몇 가지 뚜렷한 추세가 관찰된다. 가장 두드러진 것은 노사위 의원들의 위원회 재임기간이 현저하게 짧아졌다는 점이다. 트람푸쉬에 따르면 "의원들이 노사위에서 더 많은 시간을 보낼수록 그들은 사회정책 전문가가 될 가능성이 더 많고, 따라서 여러 개의 정치적 이슈들 사이를 왔다갔다 할 가능성은 더 줄어든다"(Trampusch 2005: 18). 70년대 중반에는 기민당이나 사민당 할 것 없이 이들은 노사위에서 평균 150개월 이상 머물렀지만, 기민당의 경우 70년대 후반 120개월 수준으로 떨어졌다가 이후 꾸준히 하락하여 2002년에는 90개월 남짓하다. 사민당의 경우 잠깐의 하락기를 거쳐 80년대 후반에는 160개월까지도 올라갔으나, 이후 완만히 하락하다가 90년대 후반부터 급격히 하락해서 2002년에는 기민당보다도 더 낮은 80개월 남짓에 불과하다. 이처럼 위원회 재임기간이 짧아지는 것은 정치인이 해당 의제의 이해관계자들과 조정할 수 있는 기반이나 역량이 그만큼 줄어든다는 뜻일 수 있음에 주목할 필요가 있다.

노사공동결정위원회 활동의 경우 기민당은 70년대 중반부터 2002
년까지 25~30% 사이를 오가며 완만한 상승세를 보이는 반면, 사민당
은 80년대 중반 55%까지 상승했다가 90년대 후반 급격하게 하락해서
40%선에 머물고 있다. 협의민주주의가 잘 작동하던 70년대와 80년대
에 걸쳐 노사위 의원들은 노조나 경영자협회, 사회단체 등 사회정책 관
련 외부 단체들과 긴밀한 관계를 맺고 있었으나 90년대 들어 이러한
관계는 눈에 띄게 줄기 시작한다.

이러한 변화들은 독일식 정치 엘리트 생성 메커니즘을 낳았던 독일
식 협의민주주의가 앞으로도 잘 작동할 것이라고 가정하는 것은 그다
지 안전하지 못하다는 점을 보여준다. 이것은 여러 측면에서 독일을 벤
치마킹 대상으로 삼고 있는 현재의 한국에 대해 다양한 시사점을 준다.
예를 들어 독일의 노동시장 개혁을 가능하게 했던 하르츠 개혁(Hartz
Reform)과 아젠다2010(Agenda2010)을 보자. 이 일련의 개혁들을 통해 독
일은 고용률 70%를 달성했고 '유럽의 병자(the sick man of Europe)'에서
'운명의 결정자(the decider)'로 변신했다. 그러나 그 이면에는 협의민주
주의의 후퇴와 실질임금 하락이 자리잡고 있다. 하르츠 개혁이 시작
된 이후 노동시장 정책에 대한 연방하원의 협의는 연방노총을 배제하
고 이루어지는 경우가 점점 늘고 있다. 표면적으로는 노동을 대표하는
카운터파트가 존재하는 것으로 보이지만, 과거와는 달리 이들은 노총

의 대표가 아니라 노동문제를 연구하는 교수 등 노동문제 전문가로 대체되고 있는 것이다. 이에 대해 독일 연방노총은 개혁과정에서 "우리는 초대받지 못했다"고 비판하고 있다. 독일의 실질임금 하락률은 유럽 주요 국가들 중 가장 빠르다. 이것은 독일의 잠재적 갈등요인으로서 이미 독일 내부에서는 상당한 논의가 진행되고 있다. 그나마 독일은 후퇴했다 하더라도 아직은 작동하고 있는 협의민주주의의 기반 위에서 노동시장 개혁을 단행했지만, 한국은 노사정위원회가 실질적으로 혼수상태에 있는 등 노사정을 포괄할 수 있는 기반이 전무한 상태에서 하르츠 개혁만을 수입한다면 갈등의 진폭은 훨씬 커질 것이다. 나아가 독일은 '미니잡'이라고 불리는 파트타임 노동자에 대해서도 사회보험을 제공하는 등 노동시장 유연화를 위한 제도적 기반을 가지고 있지만, 한국은 사회보험 사각지대에 있는 근로자가 1,400만 명을 웃돌고 있는 상황이다. 끝으로 독일과 한국의 또 한 가지 차이는 정책의 연속성에 있다. 독일은 1949년 이후 지금까지 연정을 하지 않은 적이 한 번도 없다. 하르츠 개혁도 사민당 정부의 슈뢰더 총리가 시작한 것을 기민당 정부의 메르켈 총리가 이어받아서 결실을 본 것이다. 그러나 정권교체 시에는 물론이고 같은 정당 내부의 정권승계 시에조차 이전 정부의 정책을 뒤엎는 일이 다반사인 한국의 현실에서 독일의 변화를 직수입하는 데에는 상당한 어려움이 예상된다.

V. 결론: 한국 정치에 주는 함의

이 글에서는 영국, 프랑스, 독일의 정치 엘리트 충원 메커니즘을 비교하고 한국에 대한 시사점을 도출하려고 시도하였다. 정치 엘리트가 사회의 각 부문을 골고루 잘 대표할 수 있는가라는 사회적 대표성 (socially representative)이라는 관점에서 보면 영국과 프랑스는 사회적 대표성이 비교적 낮은 편이고 독일은 비교적 높은 편이라고 할 수 있다. 영국과 프랑스에서는 상층계급의 자녀가 다시 정치 엘리트가 되는 경우가 많고, 몇몇 명문교들의 과점이 두드러지며, 영국의 경우 전업 정치인의 우위가, 그리고 프랑스의 경우 관료의 우위가 눈에 띈다. 반면 독일은 정치 엘리트의 자기충원 현상이 비교적 덜한 편이고, '엘리트 코스'로 인식되는 명문교가 없으며, 정치 엘리트는 비교적 다양한 경력과 사회적 연계를 가지고 있다.

그러나 사회적 대표성이 낮다고 해서 영국이나 프랑스의 방식이 무조건 나쁜 것도 아니고, 사회적 대표성이 높다고 해서 독일의 방식이 무조건 좋은 것도 아니다. 여기에서는 결론에 갈음하여 한국 정치가 현재 가지고 있는 엘리트 충원구조의 특징을 살펴보고, 이것이 현재 한국 사회의 당면 문제들에 얼마나 잘 대응하고 있는지, 그리고 이 문제를 개선하기 위해 앞서 살펴본 세 나라의 사례들로부터 어떤 함의를 찾을 수 있는지를 살펴보고자 한다.

현재 한국 정치가 당면하고 있는 엘리트 충원구조 상의 가장 큰 문제점은 예측불가능성이라고 생각된다. 당장 지난 2012년 대선만 하더라도 야당의 대선후보가 누구인지는 선거일 3개월 전에야 비로소 알게되었다. 이것은 선거법이나 전당대회 일자 등 제도상의 문제로만 돌릴수 없는 것이다. 왜냐하면 당시 민주당의 대선후보였던 문재인 후보는불과 얼마 전까지만 하더라도 정치 할 생각이 전혀 없다고 하던 은퇴한 관료였기 때문이다. 그는 2012년 총선에 출마하는 것으로 정치인으로서의 공식 커리어를 처음 시작했고 같은 해이자 대선 3개월 전에 대선후보가 되었다. 새누리당의 경우라고 해서 본질적으로 다른 것은 아니었다. 박정희 전 대통령의 딸로서 탄탄한 고정 지지층을 가지고 오랫동안 각종 여론조사에서 부동의 1위를 차지해왔던 박근혜 후보가 오히려 예외적인 경우였다고 볼 여지가 있는 것이다. 또한 예측 가능성이매우 높았던 박근혜 후보조차도 넓은 의미에서 보면 일종의 '영입' 사례라고 볼 수도 있다.

김영삼, 김대중 두 전직 대통령을 마지막으로 개인의 커다란 세력을거느린 정치인의 시대는 끝났다고 본다면, 그 이후 양당에 공통된 특징은 선거에 이기기 위한 '영입'에 점점 더 많이 의존하고 있다는 점이다.이명박 대통령은 국회의장과 서울시장을 거쳤지만 그를 정치인 출신으로 생각하는 사람은 거의 없을 것이다. 그는 어디까지나 전설적인 샐러

리맨이자 성공한 기업인의 이미지로 대선을 치렀고 그래서 승리했다. 박근혜 대통령은 국회의원 시절 당대표를 지냈고 선거의 여왕으로 불릴 정도로 화려한 경력을 가지고 있기 때문에 그를 영입사례라고 말하기는 당연히 어렵다. 하지만 46세라는 비교적 늦은 나이에 정치에 입문하여 61세에 대통령에 당선되기까지 불과 15년 밖에 걸리지 않았고, 특히 그는 1998년 보궐선거에서 처음 당선된 지 불과 6년만인 2004년 탄핵 역풍 속에서 당대표에 취임하였다. 여기에는 본인의 능력과 더불어 박정희 전 대통령의 딸이라는 엄청난 상징성이 작용했다고 보지 않을 수 없다. 그런 의미에서 그는 스스로도 짧은 시간에 성공한 정치인이었지만 동시에 그만이 가질 수 있는 상징성은 당시 한나라당에 영입된 것이었다. 영입에 점점 더 많이 의존하고 있다는 점에서는 새정치연합이 더욱 심각하다. 2010년 서울시장 보궐선거에서 초미의 관심사는 안철수와 박원순의 단일화였으며, 민주당은 아예 후보를 내지 못했고 유권자들은 선거일 한달 전에야 비로소 야권 후보가 누구인지를 알 수 있었고, 박원순은 나중에 민주당에 영입되었다. 같은 맥락에서 본인 스스로 정치를 하지 않겠다고 여러 차례 공언한 바 있었던 문재인 후보는 결국 노무현의 친구 문재인으로서 정치무대로 소환되었다. 새누리당에서 박정희의 딸을 영입했다면 민주당은 노무현의 친구를 영입한 셈이다. 이와 같이 영입에 의존하는 것은 반기문 유엔사무총장을 두고 세간에 떠도는 풍문에서 절정에 이른다. 만약 다음 대선에 출마할 경우 상당한 파괴력을 가질 것으로 예상되는 그가 새누리당 후보가 될지 새정치연합 후보가 될지 알 수 없다는 것이다. 언론보도에 따르면 양당이 다 어떤 식으로든 그를 접촉했던 것은 사실인 것 같다. 선거에 이길 수 있는 상품이라면 정당의 차이도 무관해지고 있으며, 이것은 사실상 정당이 정책기능을 포기하고 정권획득 기능으로만 축소되고 있음을 의미한다.

국회의원 공천에서도 예측불가능성이 높기는 마찬가지이다. 공천권을 가진 이에 대한 줄서기로 인해 지역구 유권자들은 자기 지역의 대표자를 재평가할 기회를 박탈당하기 일쑤이고, 이러한 '후보 꽂기'는 지역감정 등으로 인해 당선이 보장되는 지역일수록 더 심각하다. 집권당 내부에서도 집권 후반기에 총선이 있을 경우 정권 초와는 달리 청와대와의 거리두기가 진행되고 대통령의 탈당도 흔한 일이다. 여당 후보로서 정권을 잡았건만 집권 후반기가 되면 대통령 탈당과 거리두기를 통해 여당이 아닌 척 하는 정치적 직무유기가 보편화되어 있는 것이다. 공천을 받지 못한 사람들은 탈당해서 무소속으로 출마하거나 혹은 과거 친박연대와 같은 사례에서 보듯이 정당을 급조해서 당선된 후복당하는 일도 흔하다.

관료와 정치인의 경계에 서있는 청문회 대상 공직자의 경우도 마찬가지이다. 국무총리를 비롯해 각 부서 장관이나 국정원장 등 국가를 이끌어나갈 핵심요직에 어떤 사람이 추천될지 대통령 말고는 아무도 모른다. 다행히 합리적인 인사가 추천되면 좋지만 그런 일은 흔치 않고, 어느 날 아무도 생각 못했던 깜짝 인사가 추천되었다가 청문회에서 낙마하는 일이 갈수록 늘어나고 있다. 이러한 예측불가능성은 청와대와 여당은 물론 야당에도 큰 부담으로 작용하고 있는데, 그러다 보니 박근혜 정부의 경우 2015년 2월 말 현재 장관급 인사의 절반을 친박계 의원으로 채우고 있다. 대선후보 영입, 국회의원 및 장관급 공직자 충원의 예측불가능성 등은 모두 같은 방향을 가리키는 징후들이다. 유권자의 입장에서 보기에 어느 정당 혹은 어느 정치인 하면 떠올릴 수 있는 정책이나 강령들은 갈수록 중요하지 않게 되고, 누가 코앞의 선거를 이길 수 있느냐라는 선거승패만이 중요해진다는 뜻이다. 여기에 더해서, 혹은 이러한 변화의 결과로, 한국에는 정치세력이라고 할 만한 집단이 매우 단순하다. 사소한 차이들을 무시하고 큰 틀에서 본다면 새누리당의 경우 길게는 박정희 대통령 시절까지 거슬러 올라갈 수 있는 성장 안보론자들이 핵심이고, 새정치연합의 경우 김대중 전 대통령 계보와 486이라고 불리는 운동권 세력의 결합체인데 시간이 지남에 따라 전자는 점차 퇴진하는 모양새이다. 결국은 '성장 안보' 대 '민주화'만이 남게 되고, 이것은 정책논의를 더욱 단순화시키거나 혹은 진영논리가 득세하게 만드는 요인이 되고 있다.

'예측불가능성'과 '진영논리', 이 두 가지는 과연 현재 한국이 당면하고 있는 문제들을 풀어나가는 데에 적절한 특성들일까. 한국이 당면하고 있는 가장 시급한 정책영역들 중 몇 가지만 살펴보자. 국민들의 의식 속에 녹아있는 성장지향성이 OECD 최고수준인 한국에서 경제성장은 모든 선거에서 가장 중요한 이슈이다. 심지어 경제민주화가 핵심 화두처럼 보였던 2012년 대선에서조차도 실제 여론조사 결과를 분석해

보면 경제민주화보다는 경제성장을 우선적인 정책 영역으로 꼽은 유권자가 훨씬 더 많았다.[7] 성장률은 계속 하락하고 있고, 이명박 정부 때 경험했던 것처럼 기대와는 달리 대기업 위주의 성장을 통한 '낙수효과(trickle-down effect)'는 거의 존재하지 않는 것 같다. 과거보다 고용을 훨씬 적게 필요로 하는 기술변동과, 그 적은 수의 고용조차 임금이 싸거나 노동통제가 쉬운 외국에서 이루어지는 글로벌리제이션을 감안하면 당연한 일이다. 정부도 여러 차례 인정했다시피 가장 문제가 되는 것은 고용인데, 기업 입장에서는 설사 여력이 있다 하더라도 경직적 노동시장 환경에서 국내 고용을 늘리기가 쉽지 않다. 그렇다면 노동시장 유연화와 일자리 나누기, 이것을 가능하게 하는 사회적 안전망과 노사정 합의 등을 포함하여 '배제적 성장(exclusive growth)'이 아닌 '포괄적 성장(inclusive growth)'이 필요하다는 뜻이 된다. 예측불가능성과 진영논리는 성장정책의 전환에 큰 걸림돌이 된다.

고령화의 경우는 어떤가. 현재 한국의 고령화 수준은 그리 높은 것은 아니지만 고령화의 속도는 세계 최고로 빠르기 때문에 문제가 되고 있다. 현재 약 45 정도에 머무는 부양률[8]이 2050년 경이면 95 수준으로 높아질 것이고, 이 95 중에서 약 75 정도가 노인부양률이 될 전

7   2012년 대선직후 서울대 한국정치연구소에서 실시한 『정치와 민주주의에 관한 의식조사』 자료를 분석해보면 박근혜 투표자들의 경우 경제성장이 중요하다는 응답이 60.9%, 경제민주화가 중요하다는 응답이 8.4%였다. 문재인 투표자들의 경우 이 차이는 줄어들지만 여전히 각각 47.4%와 13.0%였다. 어느 선거에서도 경제성장은 압도적으로 중요한 최우선적 정책영역이다(장덕진 2014).

8   경제활동인구 100명이 비경제활동인구 몇 명을 부양해야 하는지를 보여주는 수치이다.

망이다. 일본의 경우 이미 초고령화사회에 접어들어서 만성적인 재정
적자에 시달릴 뿐 아니라 온갖 사회정책 수단의 구사에도 많은 제약
을 받고 있다. 고령화와 더불어 세금을 낼 사람은 점점 줄어드는데 연
금과 의료 등 세금을 지출해야 할 곳은 계속 늘어나기 때문이다. 사람
의 일생에서 경제활동을 시작하기 이전의 어린 시절과 은퇴 이후를 생
산보다 소비가 많은 '생애적자(lifetime deficit)' 시기로 보고 경제활동 기
간을 생산이 소비보다 많은 '생애흑자(lifetime savings)' 시기로 본다면,
생애적자의 총량과 생애흑자의 총량이 같아야 균형된 생애라고 할 수
있다. 그런데 고령화는 은퇴 이후의 생애적자 시기를 계속해서 늘려나
가기 때문에 개인으로서는 노인빈곤으로 고통받게 되고 국가로서는 재
정적자에 시달리게 되는 것이다. 2050년경 우리가 가지게 될 노인부
양률은 이미 온갖 문제를 낳고 있다고 하는 현재 일본의 노인부양률의
약 2배가 될 것이다. 초고령화사회에 접어들기 이전에 세대간 정의를
감안한 연금 및 복지제도를 만들어야 하고, 출산률을 획기적으로 올릴
정책을 만들어 지속적으로 시행해야 하며, 미래의 납세자인 젊은 세대
에게 일자리를 안정적으로 공급해야 한다. 이 모든 것들은 한 정권 5년
이내에 할 수 있는 일들이 아니고 신중한 정책수단의 선택과 장기적인
정책의 안정성을 요구한다. 예측불가능성과 진영논리는 고령화 대응에
도 심각한 걸림돌이 된다.

통일의 경우는 어떠한가. 박근혜 대통령은 '통일은 대박'이며, 한국
뿐 아니라 국제사회에도 대박이 되도록 준비해야 한다고 역설하지만

전문가들의 견해는 이와는 많이 다른 것 같다. 《이코노미스트》는 통일 비용이 500조원보다도 훨씬 더 클 것이며, 이 비용의 대부분은 수십년 간 남한 납세자의 부담이 될 것이라고 예측한 바 있다. 얼마 전 다트머스 대학의 제니퍼 린드 교수는 "남북통일: 대박 이전에 생각해야 할 것들"이라는 글에서 북한 정권이 붕괴할 경우 안정화에만 46만 이상의 병력이 필요할 것이라고 예측했다.[9] 서울대 통일의학센터는 북한의 요오드 결핍이 심각하며, 요오드 결핍의 전형적인 증상은 성인이 되도 키가 140센티미터를 넘지 못하고 지능지수가 100 정도에 머무는 것이라고 밝힌 바 있다.[10] 통일이 대박이라는 기대의 배후에는 보통 두 가지 전제가 깔려있다. 하나는 남한에 의한 흡수통일을 암암리에 가정하는 것이고, 다른 하나는 북한 인구가 값싼 노동력 역할을 해줄 것이라는 가정이다. 앞서 인용한 비관적 예측들은 이 두 가지 전제가 어느 하나도 실현되지 않을 가능성을 말해준다. 통일이 대박이 되기 위해서는 통일의 형태와 비용부담, 나아가 미래를 대비한 북한 인구의 보건의료적 관리에 이르기까지 정권에 무관하게 지켜져야 할 장기적인 정책이 필요하다. 그러나 우리의 경험은 6.15선언에서 NLL 논란, 비핵개방3000과 5.24조치, 북한의 동의 없는 한반도신뢰 프로세스에 이르기까지 정권마다 극과 극을 달리는 예측불가능성의 전형이다.

---

9   Jeniffer Lind. "Korean Unification: Before the Bonanza" 38 North, Feb 12, 2015.

10 "남북한 질병 차이도 심각... 보건의료 교류 시급" 《연합뉴스》 2015.2.19. 언론에 보도되지는 않았지만, 같은 단체는 서울대 내부 토론회에서 북한의 요오드 결핍 환자 수를 약 1천만 명으로 추산했다.

현재 한국 정치의 충원 메커니즘이 한국의 당면과제를 해결하는 데에 적절치 않다고 한다면 앞서 기술한 세 나라의 사례들로부터 우리가 얻을 수 있는 함의는 어떤 것들일까. 우선 핵심적인 과제를 장기적 정책의 지속을 위한 '예측가능성 확보'와 진영논리에서 벗어나기 위한 '정치적 다양성의 확보'라고 하자. 영국의 경우, 두드러지는 것은 정치의 전문직업화 현상이다. 이것은 한국적 맥락에서는 장단점을 가질 수 있는데, 먼저 장점이라면 예측불가능한 '후보 꽃기'와 그로 인한 '줄서기'를 없애는데 도움을 줄 수 있다는 점이다. 지금은 당선이 보장된 지역구와 비례대표에서 당내 권력자와의 친소관계에 따라 일회성으로 나타났다가 사라지는 정치인이 너무 많다. 매번 총선이 치러질 때마다 초선 의원이 약 3분의 2를 차지할 정도이다. 정치신인의 진입장벽을 낮추는 것은 비례대표 확대와 선거구제 조정 등 비례성을 높일 수 있는 몇 가지 조치들을 통해 동시에 추구하는 것이 가능하다. 반면 영국의 경우, 정치의 전문직업화가 대처 이후 '작은 정부'를 추구하는 과정에서 가속화되었다는 점을 염두에 두어야 한다. 이로 인한 한 가지 부작용은 관료들이 정책의 장기적 결과보다 소관부처 운용의 효율성에 집착하게 되었다는 점이었다. 한국의 경우, 작은 정부를 강조하는 온갖 담론들에도 불구하고 객관적인 지표상으로는 이미 OECD 국가들 중에 가장 작은 정부를 가지고 있는 축에 속한다. 더 이상의 정부 영역 축소는 자칫하면 공공성 포기로 연결될 수 있고, 고령화로 인해 불가피한 복지확대 기조와도 상충되기 때문에 신중한 접근이 필요하다.

독일의 사례에서 배워야 할 가장 중요한 교훈은 사회적 대표성의 확보와 정당의 역할이다. 사회적 대표성이 높은 독일 제도의 특성상 녹색당과 같은 소수 정당도 우리보다는 훨씬 많은 의석을 차지하고 종종 연정의 파트너가 되기도 하며, 다양한 사회계층의 사람들이 의회에 진출한다. 정치에 대한 엘리트주의가 강한 한국의 기준으로 보기에는 '자격미달'로 보이는 후보들이 의회에 진출하는 경우가 허다하다. 그러나 이러한 사회적 대표성의 장기적 결과는 기대 이상인 경우가 많다. 한 예로 최근의 원전 폐쇄와 에너지 전환 사례를 생각해보자. 독일은 현재 세계에서 유일하게 원전을 완전 폐쇄하기로 결정했고, 신재생에너지 산업에서 세계 1위이자 많은 고용을 창출해내고 있기도 하다. 이 결정은 메르켈 정부에서 이루어진 것이지만, 그 배후에는 50년 가까운 탈핵 논의과정이 있었다. 처음에 시민운동으로 시작되었던 것이 소수정당인 녹색당에 의해 연방하원에서 논의되는 정치적 의제가 되었고, 오랜 세월에 걸쳐 사민당과 기민당이 이 의제를 받아들임으로써 오늘날의 에너지 전환 결정이 가능했던 것이다. 원전 폐쇄가 반드시 바람직한 것은 별도의 논쟁거리이겠지만, 현재까지의 성과를 보면 적어도 독일에게는 좋은 결정이었던 것으로 보인다. 한국에서 에너지 전환은 논의거리조차 되지 않는데 비해, 정치 엘리트 충원의 사회적 대표성이 높은 독일에서는 소수의 의견도 정치적 의제가 될 수 있고 그것이 합리적이라면 국가적 결정으로 받아들여질 수 있는 기반을 가지고 있는 것이다. 다수가 항상 옳은 것은 아니다. 처음에는 소수의 의견이라 할지라도 일단 공론장에서 논의할 수 있어야 하고, 논의해본 결과 합리적이라면 다수도 의견을 바꿀 수 있다. 이것이 가능해지려면 독일 정치의 사회적 대표성을 받아들이는 방안을 고민해야 한다.

독일 사례의 또 한 가지 교훈은 정당의 역할이다. 독일의 정당은 한국의 정당과 비교할 수 없을 정도로 폭넓은 사회적 기능을 수행한다. 한국의 정당이 정권획득 기능으로만 축소되어가는 반면, 독일의 정당은 어린 학생들로부터 시민들에 이르기까지 정치참여의 중요성을 가르치는 비당파적 정치교육으로부터 시작해서 광범위한 정책연구 기능, 나아가 전세계에 걸친 국제협력 기능까지 수행하고 있다. 이것을 한국의 경험과 비교하면 아주 대조적이다. 한국에서 정치참여는 일종의 기피대상이다. 정당에 가입한 사람은 이상한 사람 취급을 받기 일쑤이고, 공무원 등 일부 직업을 가진 사람들은 아예 정당 가입이 금지되어 있다. 학생, 특히 중고등학생이 정치적 견해를 표명하는 것은 사회적 금기처럼 되어 있고, 여론조사에서 드러나는 정치무관심층의 규모는 세계 최고 수준이다. 그렇다면 정치에 무관심한 것은 과연 좋은 것일까? 필자는 OECD 국가들에 대한 여론조사 자료를 가지고 정치에 대한 관심여부와 직전 선거에서의 투표 여부를 교차분석해 본 적이 있다.[11] 결과는 놀라운 것이었다. 그냥 정치무관심층의 규모만 봤을 때는 한국이 가장 높았지만, 정치무관심층의 투표율 또한 한국이 가장 높았다. "정치에 무관심하지만 그래도 투표는 한다"는 응답에서 비교대

---

11 세계가치관조사(World Values Survey) 자료이며, 비교대상 국가는 한국, 미국, 일본, 호주, 스웨덴, 핀란드, 멕시코 등이다.

상 국가 중 한국이 가장 높았다는 말이다. 투표란 우리 모두의 운명을 1/N씩의 권한을 가지고 다 함께 결정하는 것이다. 투표를 통해 나는 다른 사람의 운명을 부분적으로 결정해주고, 다른 사람은 나의 운명을 부분적으로 결정해준다. 그런데 정치무관심층의 투표율이 높다는 것은 나의 운명을 결정하는 사람들이 별 생각 없이 투표한다는 뜻이다. 나의 운명을 타인의 무관심에 맡기는 것에 다름 아니다. 국가의 운명을 합리적으로 결정하기 위해서는 우리도 정치 결벽증에서 벗어나서 더 많은 사람들이 정치에 관심을 가지고 참여하도록 해야하며, 이 과정에서 정당의 비당파적 역할이 적극 확대되어야 한다.

프랑스의 사례에서 참고해야 할 것은 관료의 인센티브 구조라고 생각된다. 대부분의 프랑스 대통령들이 관료 출신 정치인들이라는 점에서 드러나듯이, 프랑스의 경우 엘리트 관료에 대한 경력관리가 일찍부터 시작되고 그들이 성공적인 관료생활을 마치고나면 정치인으로 변신하여 대통령직에까지 오르는 경우가 많다. 이 경우 엘리트 관료는 관료 경력 이후에 정치인이라는 또 한 번의 공직을 염두에 두어야 하기 때문에 장기적인 관점에서 관료직을 수행할 인센티브를 가지게 된다. 이러한 시스템을 한국에 도입할 경우 물론 많은 반발을 예상할 수 있다. 예를 들어 기존의 관피아 문제만 해도 심각한데 관료들에게 더 많은 특혜를 주는 것 아니냐는 비판이 그것이다. 일리가 있지만 최근 정부의 변화를 보면 한국 관료의 인센티브 구조가 갈수록 왜곡되고 있다는 인상을 지울 수 없다. 관료 경력의 목표는 결국 승진이 될 수 밖에 없는

데, 점증하는 예측불가능성으로 인해 장차관직을 비롯한 고위관료직의 상당수가 정치인으로 채워지는 현상이 나타나고 있는 것이다. 정치의 영역이 정권획득으로 축소됨에 따라 어느 정부를 막론하고 정부는 점점 '한 건 하고 떠나는' 유랑도적단(roving bandit)'[12]의 성격이 강해지고, 그 과정에서 정책의 성패와 무관하게 고위관료직은 논공행상 거리로 나눠지기도 한다. 거꾸로 관료가 정치인이 되는 경우도 있지만, 이들은 정책적 소신과 무관하게 자신이 고위직을 지냈던 정권 쪽의 정당에 영입되는 경우가 많고 그 결과 주요 정치인으로 성장하는 경우는 상대적으로 드물다. 이런 변화에도 불구하고 여전히 학력수준이 가장 높은 대학생들의 장래 희망 1순위는 관료이다. 평균적으로 가장 엘리트 층에 속하는 젊은이들이 관료가 된다고 가정할 때, 이들의 경력상 출구가 막혀있다면 당장 가지게 되는 인센티브는 현직에 있을 때 가장 많은 지대를 추구하는 것이다. 관료에게 특혜를 주는 것도 걱정이겠지만, 그들이 사익을 위해 정책을 이용할 인센티브를 주는 것은 더 큰 문제인 것이다.

모든 제도는 그 제도가 작동하는 사회환경과 상호작용하게 마련이어서, 다른 나라에서 잘 작동하는 제도를 한국에 이식해도 여전히 잘 작동한다는 보장은 전혀 없다. 특정 국가의 모델이 전면적인 벤치마크가

---

12 올슨(Olson 2000)은 비민주적 정부를 유랑도적단(roving bandit)과 정주도적단(stationary bandit)으로 구분한다. 정주도적단은 지금뿐 아니라 앞으로도 수탈을 지속해야 하기 때문에 어느 정도 성장을 추구하지만, 유랑도적단은 한번 수탈하고 떠날 것이기 때문에 미래의 성장에 관심이 없다.

될 수 없는 이유이다. 앞서 살펴본 세 나라의 정치 엘리트 충원 메커니즘과 한국의 당면과제를 대비시켜 보면, 영국의 제도로부터 정치의 전문성을, 독일의 제도로부터 정치의 사회적 대표성과 정당 기능의 활성화를, 프랑스의 제도로부터 관료 인센티브의 왜곡 방지를 각각 주요한 함의로 받아들여야 할 것 같다. 급격한 전환기에 서있는 한국의 당면과제들이 대부분 그 전환의 폭이 매우 크고 장기적인 정책시야를 필요로 한다는 점에서 볼 때, 이것들은 어느 정당이 정권을 잡느냐라는 익숙한 한국식 관심사보다 훨씬 중요한 문제들이라고 생각된다. 제도는 그것을 구성하는 사람에 의해 현실이 된다. 정치 엘리트 충원 메커니즘의 변화를 통해 예측불가능성과 진영논리라는 걸림돌을 제거할 때 비로소 우리의 당면 과제들을 해결할 수 있는 가능성이 보이기 시작할 것이다.

참고문헌

이규영. 2005. "독일의 정치교육과 민주시민교육" 『국제지역연구』 9권 3호. 157-185 쪽.

장덕진. 2014. "박근혜 정부 지지율의 비밀: 정치적 양극화" 『황해문화』 2014 봄호. 70-85쪽.

Armingeon, Klaus and Giuliano Bonoli (eds.). 2006. The Politics of Post-Industrial

Welfare States: Adapting Post-War Social Policies to New Social Risks.

Routledge.

Bennett, Tony. 2005. "Elite" in New Keywords: A Revised Vocabulary of Culture and

Society, edited by Tony Bennett, Lawrence Grossberg and Meaghan Morris.

Malden, Mass: Blackwell.

Bodiguel, Jean-Luc and Jean-Louis Quermonne. 1983. La haute fonction publique

sous la Ve Republique. Paris: PUF.

Bond, Matthew. 2012. "The Bases of Elite Social Behaviour: Patterns of Club

Affiliation among Members of the House of Lords." Sociology 46(4):

613-632.

Bourdieu, Pierre. 1984. Distinction: A Social Critique of the Judgment of Taste.

London: Routledge & Kegan Paul.

Derlien, Hans-Ulrich. 1990. "Continuity and Change in the West German Federal

Executive Elite 1949-1984." European Journal of Political Research 18:

349-372.

Dogan, Mattei. 2003a. "Introduction: Diversity of Elite Configurations and Clusters of

Power." Comparative Sociology 2(1): 1015.

Dogan, Mattei (ed.). 2003b. Elite Configurations at the Apex of Power. Leiden, The

Netherlands: Koninklijke Brill.

Dogan, Mattei. 2003c. "Is There a Ruling Class in France?" Pp.17-89 in Elite

Configurations at the Apex of Power, edited by Mattei Dogan. Leiden, The

Netherlands: Koninklijke Brill.

Euria, M. and C. Thelot. 1995. "Le recrutement social de l'elite scolaire depuis

quarante ans." Education et formations 41, Juin: 3-20.

Fairlee, Henry. 1955. "Political Commentary." The Spectator 23 September.

Higley, John and Gwen Moore. 2001. "Political Elite Studies at the Year 2000."

International Review of Sociology 11(2): 175-180.

Kavanagh, Dennis and David Richards. 2003. "Prime Ministers, Ministers and Civil

Servants in Britain." Pp. 175-195 in Elite Configurations at the Apex of

Power. edited by Mattei Dogan. Leiden, The Netherlands: Koninklijke Brill.

Kesler, Jean-Francois. 1996. "L'enarchie n'existe pas." Pouvoirs: 23-42.

Kitschelt, Herbert and Philipp Rehm. 2006. "New Social Risks Constituencies and

Political Parties." in The Politics of Post-Industrial Welfare States: Adapting

Post-War Social Policies to New Social Risks edited by Klaus Armingeon and

Giuliano Bonoli. Routledge.

Kosciusko-Morizet, Jacques. 1973. La "Mafia" Polytechnicienne. Paris: Seuil.

Olson, Mancur. 2000. Power and Prosperity: Outgrowing Communist and Capitalist

Dictatorships. Basic Books.

Rubinstein, W. D. 1986. "Education and Social Origins of British Elites 1880-1970."

Past and Present 112: 163-207.

Sampson, Anthony. 1962. Anatomy of Britain. London: Hodder and Stoughton.

Scott, John. 1982. The Upper Classes: Property and Privilege in Britain. London:

Palgrave Macmillan

Streeck, Wolfgang. 2005. "Industrial Relations: From State Weakness as Strength to

State Weakness as Weakness. Welfare Corporatism and the Private Use of

the Public Interest," Pp. 138-164 in Governance in Contemporary Germany:

The Semisovereign State Revisited, edited by Simon Green and William E.

Paterson. Cambridge University Press.

Streeck, Wolfgang and Anke Hassel. 2003. "The Crumbling Pillars of Social

Partnership." West European Politics 26(4_: 101-124.

Theakston, Kevin and Geoffrey K. Fry. 1989. "Britain's Administrative Elite:

Permanent Secretaries 1900-1986." Public Administration 67: 129-147.

Trampusch, Christine. 2005. "From Interest Groups to Parties: The Change in the

Career Patterns of the Legislative Elite in German Social Policy." German

Politics 14(1): 14-32.

Turner, Ralph H. 1960. "Sponsored and Contest Mobility and the School System."

American Sociological Review 25(6): 855-862.

Williams, Gareth and Ourania Filippakou. 2010. "Higher Education and UK Elite

Formation in the Twentieth Century." Higher Education 59: 1-20.

The Economist. "Miscalculating the Cost of Unification." December 4, 2014.

국가 엘리트 생성 메커니즘:
국가발전을 주도한 기업 엘리트 연구

최동주

최동주

학력
중앙대학교 정치외교학 학사
미국 아메리칸대학교 대학원 국제정치경제학 석사
영국 런던대학교 대학원 정치경제학 박사

주요 경력
현 숙명여자대학교 대외협력처장 겸 글로벌서비스학부(국제개발 전공) 교수
    Fulbright재단 이사, 엘고어환경재단 이사
UN 유네스코 석좌교수, UN 수석컨설턴트
에이펙(APEC), 유네스코(UNESCO) 총회 한국 대표

주요 저서 / 논문
『지식경영』(1998), 『국제기구의 이해』(2007), 『인도비즈니스문화의 이해』(2008)
『국제안보론』(2010)
「한국의 베트남전 참전배경에 대한 재고찰」(1996), 「EU-아프리카 경제협력관계의 새로운 정책
환경에 대한 연구」(1998), 「경제개방화시대의 국가정보공유방안 연구」(2001), 「베트남파병이
한국경제의 성장과정에 미친 영향」(2001), 「중동분쟁과 나세리즘」(2002), 「보츠와나의 경제성
장과정 연구」(2004), 「저개발국 내전형 분쟁의 사회경제적 배경」(2005), 「서아시아경제통합과
국가위험도 축소 모색」(2006), 「아랍-이스라엘 분쟁:외적요인의 내재화」(2006), 「21세기 중
국-아프리카 관계에 대한 비판적 분석」(2008), 「박정희정권의 베트남파병과 한일국교정상화」
(2010)

I. 서론

산업혁명 이후 현대국가의 등장과 이들의 융성과 발전의 이면에는 3
대 권력인 정치, 자본(산업), 시민 권력의 견제와 조화가 있었다. 정치권
력과 시민권력의 조화와 견제는 민주주의를 잉태했고 발전시켰다. 반
면, 정치권력과 자본권력의 결탁과 협력은 때론 정치적으로 비민주적
사회구조를 생산하기도 했으나, 둘의 관계가 양해와 조화를 이루며 국
가의 이익을 위한 협력관계를 유지한 경우, 국가사회의 번영과 융성을
가능하게 했다는 것이 경험적인 학술연구의 일반적 결론이다. 한편 확
대되는 시민권력에 자본권력이 조응하며 사회구조의 합리적 가치를 양
산하는 노력을 경주한 경우, 성공적인 복지국가를 위한 사회적 기반이
제공되기도 하였다. 특히 국가의 번영과 융성을 위한 주력산업을 주도

하며, 국가발전의 과정에 결정적 역할을 한 산업 및 자본 계열의 기업 엘리트들의 역할은 그 학술적 연구의 가치가 높음에도 불구하고, 관련 학계에서 큰 주목을 받아오지 못한 것이 사실이다. 국가사회를 향한 그들의 가치형성의 과정은 무엇이며, 어떤 공통요인이 있는지, 그리고 궁극적으로 이 리더들의 특성이 국가의 발전을 위한 공익적 목표에 왜 부합하게 되었는지에 대한 연구는 후발 산업국가들의 발전모델 설정과 이를 주도할 기업 리더들이 지녀야 하는 제반 덕목에 주는 시사점이 크다.

따라서 본 연구는 국가의 융성과 발전에 이바지 하며, 공익을 추구해 온 주요 국가의 세계적인 기업엘리트들을 대상으로 관련 이론을 토대로 귀납적으로 설명함으로써 오늘날 우리사회에 주는 학술적 및 실무적 시사점을 제시하고자 한다. 연구대상 기업은 우리보다 산업화가 먼저 진행된 미국·유럽·아시아를 중심으로 선정하되 미국 경제전문지 포춘(fortune)지에서 매년 발표해 오고 있는 '세계에서 가장 존경받는 기업(the most-admired companies)' 중에서 선정하였다. 유럽지역에서는 스웨덴 Asea & Brawn Bevery(ABB)의 지주회사인 발렌베리(Wallenberg), 아시아 지역에서는 일본의 도요타 자동차(Toyota)와 인도 타타스틸(Tata steel)의 지주회사인 타타그룹(Tata group, 인도)을 선정하였다.[1] 미국지역의 기업선정은 세계에서 가장 존경받는 기업 선정(2014)에 포함되지 않았으나, 본 연구를 위한 미래전략연구소의 지원 취지에 부합함과 동시에 미

---

1   포춘 홈페이지, 〈http://fortune.com/worlds-most-admired-companies/〉, 2014-10-09 검색.

국산업 융성기를 주도하며, 미국 산업발전의 근간을 제시한 유에스 스틸의 모태인 카네기스틸을 선정하였다. 또한, 세계에서 가장 존경받는 기업선정에 종합 24위를 차지한 Microsoft사의 빌 게이츠는 카네기의 책 『부의 복음』을 숙독하고 1994년 빌 게이츠 재단을 설립했을 만큼[2] 카네기의 영향력은 현재까지 상당하기에 그 대상으로 선정하였다.

앞에서 선정된 연구 대상 기업들의 경영실적을 소개하자면, 카네기는 1875년에 미국 최초의 강철 공장인 에드거 톰슨 강철 회사를 설립했다. 카네기는 그 후 안정적 원료 공급과 생산 및 유통을 위해 관련 업체를 합병·매입 하였고, 1892년 기존 철강 관련 회사들을 하나로 규합하여 카네기 스틸을 설립했다. 그 결과 카네기스틸은 자본금 14억 달러에 미국 철강 생산의 4분의 1을 차지하게 되면서 세계 최대 철강 회사 유에스스틸이 세워지는데 중추적 역할을 하게 된다.

발렌베리는 지주회사 인베스터를 통해 SEB, 일렉트로룩스, 에릭손, 사브, ABB 등 스웨덴의 주요 기업 19곳을 거느리고 있으며, 100여 개 기업 경영에 직간접적으로 참여하고 있다. 발렌베리 그룹의 연매출은 1,100억 달러(2010년)로 스웨덴 국내총생산(GDP·2010년 4589억달러·세계은행 기준)의 30%를 차지하고 있다. 고용한 종업원 수는 39만1355명(2009년 기준)으로 스웨덴 인구의 4.5%에 달한다.[3]

도요타 자동차는 2012년과 2013년에 세계 판매 1위를 차지했다. 니혼게이자이 신문(닛케이)이 선정한 일본종합기업순위 나이세스(NICES)에

2 　중앙일보 홈페이지 〈http://article.joins.com〉, 2014-10-17 검색.
3 　머니투데이 기사, 〈http://news.mt.co.kr〉, 2014-10-19 검색.

서 1위를 차지하였고, 2015년 3월기(2014년 4월~2015년 3월) 연결 순이익이 상장기업 최초로 2조엔에 달할 전망이다.[4] 2012년 미국에서는 미국 자동차 시장 점유율 16.4%로 1위를 차지하였다.[5] 해외에서의 활약 뿐 아니라, 도요타의 경영은 바로 일본 국가 경제의 직접적인 영향을 미친다. 도요타 리콜 사태가 일어났을 때 일본 경제에 미치는 손실이 최대 6,000억엔(약 7조 5,000억원)에 달해 일본 국내총생산(GDP)이 0.12% 감소할 수 있다는 분석이 나왔다는 것은 이를 반증한다.[6]

타타그룹은 2011년 말 기준, 철강·자동차·정보통신기(ICT)·에너지 등 7개 분야, 100여개 자회사를 소유하고 있으며 45만 6,000명을 직원을 거느리고 있다. 매출 1,000억달러, 순이익 62억 3,000만 달러를 기록하며 전 세계 85개 국가에서 사업을 전개하고 있으며, 해외 매출 비중은 59%에 달한다. 타타그룹의 소유구조는 66%가 공공재단, 18%는 타기업 주주, 13%는 타타 자회사 그리고 오직 3% 만이 개인이 소유하고 있는 구조이다.[7]

카네기스틸, 발렌베리, 도요타 자동차, 타타그룹 총 4개의 기업을 대상으로 한 본 연구는 리더십 이론의 특성이론(trait theory) 중 Hambrick & Mason(1984)의 조직과정 모형을 통해 리더들을 분석한다. 이 모형은 개인의 태생적 요인 분석에 중심을 두어 분석하면서 생기는 연구대상의 절대적 가치 형성 과정의 제한성에 대한 비판을 받고 있기는 하

---

4   매일경제 기사, 〈http://news.mk.co.kr〉, 2014-11-27일 검색.
5   아시아경제 기사, 〈http://www.asiae.co.kr〉, 2014-10-19 검색.
6   비즈조선 기사, 〈http://biz.chosun.com〉, 2014-10-19 검색.
7   비즈조선 기사 〈http://biz.chosun.com〉, 2014-10-20 검색.

지만, 이 분석 틀을 활용한 4개 기업의 창업자이자 최고경영자의 사회적 배경, 교육, 다른 경력경험 등의 특성 등에 대한 연구결과는 개인 특성의 관찰을 위해 유용하게 활용될 수 있다는 장점도 지니고 있기 때문에 본 연구에 기본 틀로 사용하였다. 이러한 분석 후에는 살펴본 리더십 특성 분석의 적절성을 비판적으로 분석하며, Jim Collins(2001)의 'Good to Great' matrix를 사용하여 리더와 기업을 분석할 것이다. 그리고 더 나아가 'Good to Great' 매트릭스 분석을 하면서 제시된 성과를 토대로 리더의 공익적 가치 및 관점과 경영성과의 상관관계에 대해 분석하고 각 연구대상 기업을 유형화 할 것이다.

II. 인구통계학적 특성에 따른 리더십 사례 연구: 조직과정 모형의 활용

급변하는 오늘날의 경영환경 하에서 기업이 경쟁적 우위(competitive advantage)를 확보하고 성장하기 위해서는 전략(strategy for sustainable growth)을 담당하고 있는 리더의 전략적 선택(strategic choice)이 중요하게 대두되고 있다.[8] Day&Lord(1988)는 최고 경영자의 리더십이 기업성과의 45%를 결정하고 있다고 주장하였다.[9] 그렇다면 리더의 선택은 어떠한 요인들과 관련이 있는 것일까? 리더십의 특성연구는 리더들의 어떠한 특성(trait)들이 위대한 리더가 되게 하는가(what made certain people great leader?)를 알아보기 위해 시작된 연구이다. 이 연구는 위대한 사회적·정치적·군사적 리더가 소유하고 있는 타고난 자질이나 특성 등이 무엇인가를 확인하는 것에 초점을 맞추고 있기 때문에 위인이론(Great Man theory)라고도 한다.[10] Hambrick & Manson(1984)은 이를 더 구체화하여 최고경영자의 특성과 성과관계의 관계를 실증분석을 통해 입증

---

8   송경수, 정동섭, "최고경영자의 인구통계적특성, 조직특성과 전략유형의 관련성", 『경영정보연구』, 제2호, 대한경영정보학회, 1998.

9   D.V. Day, and R. G. Lord, "Executive leadership and organizational performance: Suggestions for a new theory and methodology", Journal of Management, Vol.14, 1988, .

10   Peter G. Northouse, 『리더십 이론과 실제(Leadership; Theory and practice)』, 김남현 옮김, 경문사, 2011.

하였다. 최고경영자는 대내외적인 객관적 상황을 자신의 특성에 기초하여 인지하게 된다. 이때 경영자가 상황을 재인식하는 특성은 심리적 요소와 관찰 가능한 요소(인구통계학적 특성) 등 두 가지이다. 심리학적 요소는 인지적 기준과 가치관으로 구성된다. 나이, 기능적 배경, 다른 경력경험, 교육, 사회경제적 배경, 재정상태, 집단성격이 관찰 가능한 요소에 속한다. 이렇게 심리학적 요소와 인구통계학적 특성을 통해 개인은 전략적 선택을 결정하게 되고 이것이 최종적으로 조직의 성과에 영향을 미치게 됨을 알 수 있다.[11]

그림 1 최고경영자 관점에서의 조직과정

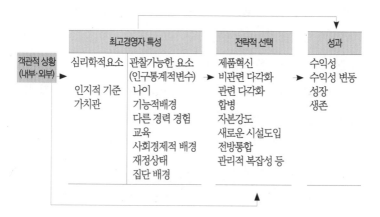

출처: Hambrick & Mason, "Upper Echelons : The Organization as a Reflection of It's Top Managers", Academy of Management Review, 1984, p.198.

11   Hambrick & Mason, "Upper Echelons : The Organization as a Reflection of It's Top Managers", Academy of Management Review, 1984.

따라서 Hambrick & Manson(1984)의 조직과정 모형을 바탕으로 연구대상자들의 개인특성을 분석함으로써, 기업 성과에 미치는 영향을 파악하고, 이와 더불어 개인특성의 일반화가 가능한지 파악하고자 한다. 즉, 국가엘리트의 유형화가 가능한지, 가능하다면 어떤 특성이 중요한가를 살펴보기로 한다. 연구대상자는 각 기업의 창업주로 한정(1~2세대)하고, 인구통계학적 변수 중 사회·경제적 배경, 교육, 다른 경력경험을 중점적으로 분석하고자 한다.

1. 카네기스틸- 앤드류 카네기

앤드류 카네기는 스코틀랜드의 던퍼믈린이라는 도시에서 태어났다. 카네기가 태어날 당시만 해도, 카네기의 아버지는 직물장인으로 직물기계를 가지고 직공을 고용할 정도로 여유가 있었으나, 기계식 공장 시스템의 발달로 수작업을 이용한 직물산업은 점차 쇠락의 길로 접어들었으며 이는 카네기 가정의 경제 사정을 더욱 어렵게 만들었다. 카네기의 생활고는 카네기의 자서전에서 '가난이라는 괴물을 반드시 우리집 안에서 몰아내겠다'라고 사실적으로 표현되고 있다.[12] 결국 카네기 가족은 일자리를 찾아 스코틀랜드에서 미국 필라델피아로 이민을 가게된다. 하지만 이민생활 역시 녹녹치 않았다. 면화공장에서 주급 1달러 25센트를 받고 실패 감는 일, 자전거를 타고 이곳저곳 소식을 전해주

---

12 앤드류 카네기, 『부의 복음』, 박별 옮김, 예림북, 2014.

러 다녔던 전신국의 메신저보이 일 등을 꾸준히 했다.[13] 후일에 카네기가 자신이 실업가가 된 것은 본인이 원해서가 아니라 부모님처럼 가능한 빨리 가족들의 생활을 위해 돈을 벌어야하는 것이 의무였기 때문이라고 말하면서, "내가 무엇을 하고 싶은가"가 아니라 "내가 할 수 있는 일은 무엇인가?"를 고민했다고 한다.[14] 가난을 벗어나고자 하는 강력한 의지와 스스로 헤쳐 나가려는 정신력을 보여주고 있다고 판단할 수 있겠다.

카네기의 정규 교육 과정 수혜는 10세에 끝났지만, 그의 배움에 대한 열정은 여러 곳에서 확인할 수 있다. 제일 처음 취직한 면사공장에서 카네기는 주중에는 혹독한 노동을 하고 일요일에는 회계공부를 하였다. 그 후 사무원으로 발탁되어 회계실력을 발휘하기 시작한 카네기는 실공장에서 실제 기업 회계업무를 보면서 당시에는 최고의 산업이라 여겼던 실공장이 이미 낙후된 산업이 되어 가고 있다는 사실을 깨달았다.[15] 또한 피츠버그 전신국의 전보 배달부로 일할 당시 코로넬 앤더슨이라는 은퇴상인이 일하는 소년들을 위해 400여 권의 책으로 도서관을 열고 토요일마다 책을 빌려주었다. 하지만 이 도서관은 오직 기술공과 견습공에게만 책을 빌려주었고 전보 배달부였던 카네기는 빌릴 자격이 없었다. 그러나 카네기는 여기서 멈추지 않았다. 《피츠버그디스패치》라는 지방신문의 편집인에게 모든 근로 소년들은 동등하게 도

13   메리제인 라이언, 『줌, 행복한 사람들의 또 다른 삶의 방식』, 정선희 옮김, 다우 출판사, 2003.
14   앤드류 카네기(2014), p.8.
15   앤드류 카네기(2014), p.20.

서관을 누릴 권리가 있고, 전보 배달부들도 근로소년으로서 배제 되서는 안 된다는 편지를 썼다. 이에 코로넬 앤더슨은 바로 도서관 이용에 관한 기준을 넓혀주었다. 카네기는 일하는 틈틈이, 밤늦게까지 책을 읽었다고 전해진다. 카네기는 여기서 전보 배달부로 만족하지 않고 독학으로 전신을 보내고 받는 기술을 틈틈이 배워 전신기사로 승격하였다. 성실했던 카네기는 모스 부호를 귀로 듣고 바로 이해하는 경지에 이르게 되었다. 카네기는 이런 기술을 지닌 자가 미국에서 몇 안 될 것이라고 자서전에서 기술하고 있다.[16] 정규 교육과정의 혜택은 받지 못하였지만, 배움에 대한 열망과 독학이라는 노력을 통해 카네기는 성장할 수 있었다.

카네기는 12살 때부터 실공장을 거쳐, 방직공장, 전신회사, 18살 때 펜실베이니아 철도에 입사하기까지 꾸준히 일을 하였다. 노동자 뿐만 아니라 자본가의 경력을 쌓았다. 카네기를 스카우트했고, 후엔 펜실베이니아 철도의 부사장이 된 스콧의 제안으로 애덤스 운송회사의 주식을 사게 된다. 집을 담보로 500달러를 빌려 주식 10주를 샀으며, 매달 1퍼센트의 배당금을 받게 되었다. 이러한 경험은 노동이 아닌 자본을 통해 벌어들인 최초의 사례로 카네기가 "유레카"라고 외칠 만큼 새로운 경험이었던 듯하다. 이후 카네기는 투자에 관심을 갖게 되어, 은행가 로이드에게 융자를 받아 침대차 회사 설립비용과 운용 자금 217달러를 투자한다.[17] 침대차 사업은 큰 성공을 거두어 그 수입으로 대출을

---

16 앤드류 카네기(2014), p.19-20.
17 앤드류 카네기, 『강철왕 카네기 자서전 성공한 CEO에서 위대한 인간으로』, 박상은 옮김, 21세기

갚게 되었다. 카네기는 침대차 회사로 벌어들인 수익이 자신의 자산의 첫 씨앗이 되었다고 표현하였다.[18]

2. 발렌베리(Wallenberg) – 앙드레 오스카 발렌베리

발렌베리라는 이름을 처음 채택한 사람은 야곱 페르손(1699~1758)이지만 발렌베리 가문의 시작은 앙드레 오스카 발렌베리로 여겨진다. 왜냐하면 그가 가문의 상승기에서 태어났고, 발렌베리의 금융왕조(The Wallenberg Financial dynasty)의 설립자[19]이며, 스톡홀름엔스킬다은행(현재의 SEB)의 창업자이기 때문이다.[20] 농민 출신인 앙드레의 선조들은 대대로 빈곤하게 살아왔다. 그 전례를 벗어난 것은 앙드레의 증조할아버지인 야곱 페르손이다. 그는 교구 치안관으로 지방에서 명성을 얻게 되고 후에 중산계급의 이름인 발렌베리(Wallenberg)를 채택하게 된다. 야곱 페르손의 아들인 마쿠스 발렌베리는 어릴 적 성직자로 입문하여 웁살라 대학교에서 공부하였다. 스웨덴 남부 린쾨핑(Linköping)의 중학교에서 강사를 하기도 하였다. 그의 아들 마쿠스 발렌베리 주니어(앙드레 오스카 발렌베리의 아버지) 또한 주교로 활동하였다. 웁살라 지역의 대주교 중 2번째 서열에 해당할 정도의 지위였고, 웁살라 대학에서 약 1년간 강

북스, 2005.

18 앤드류 카네기(2014), p.30.

19 Nillson, G. B., Grundaren, Stockholm; Carlssons Bokförag, 2001. Håkan Lindgren, "Succession Strategies in a Large Family Business Group: the Case of the Swedish Wallenberg Family", 2002. p7에서 재인용.

20 장승규, 『존경받는 기업 발렌베리가의 신화』, 새로운 제안, 2006.

사로서 활동하였다.[21] 즉, 대학 강사와 대주교를 겸임한 아버지 밑에서 양육된 앙드레 오스카 발렌베리는 중산층 이상의 가정환경에서 성장하였다고 판단된다. 후에 '은행업무 실습을 할 수 있는 최초의 고객이 부유한 상인집안 출신으로 유산관리에 애를 먹고 있었던 그의 어머니'라는 일화를 볼 때 경제적 배경 역시 부유했음을 알 수 있다.[22]

웁살라 대학의 강사와 대주교로 활동한 아버지의 기대와는 달리 막내아들이었던 앙드레는 학업에 있어서 좋은 성적을 기대할 수 없었다. 중학교 학업을 중단하기도 했다. 앙드레가 관심 있었던 것은 해군사관학교 입학이었는데, 세계 각지를 여행했던 작은 할아버지를 동경했기 때문이라고 한다.[23] 하지만 해군사관학교에서도 그리 좋은 성적을 얻은 것은 아니었다. 당시 스웨덴 해군의 진급은 지체되어 있어, 오직 졸업생 중 3명만 바로 직업군인을 얻을 수 있는 상황이었다. 앙드레는 이 3명에 들지 못하였고, 정규 장교 임용을 받기 위해 무역전문 보안해군으로 일을 하게 되었다.[24] 한편 배를 타고 친구들과 바다에 나갔다가 배가 침몰하여 혼자만 살아온 사건 때문에 해군장교로서 치명적 오점을 남기기도 하였다.

그 후 앙드레 오스카 발렌베리는 해군사관학교를 거쳐 1830년대 말까지 보스턴의 여러 무역상선에서 일을 하였다. 당시 미국에서는 횡

---

21 Håkan Lindgren, "Succession Strategies in a Large Family Business Group: the Case of the Swedish Wallenberg Family", 2002.

22 최효찬, 『세계명문가의 자녀교육』, 예담, 2006.

23 장승규(2006), p.29.

24 Håkan Lindgren(2002), p.8-9.

령, 사기성 주식공모, 파산과 같은 미국 은행의 위기들이 벌어지고 있었고, 앙드레는 이를 눈여겨보았다. 앙드레는 탄탄한 은행 시스템이 뒷받침되어야 국가 경제가 안정적으로 성장할 수 있음을 깨닫고 2년 후 스웨덴으로 돌아와 은행에 대한 책을 구독하기 시작하였다. 이후 해군 신분으로 앙드레는 1846년 스웨덴 최초의 증기선인 '린쾨핑'호의 선장으로 임명되었다. 1850년에는 스웨덴 중부의 해군 책임자로 선임되기도 하였다.[25] 한편 앙드레는 정치인으로 경력을 쌓았다. 의회 의원으로 선출되어 방어외교, 해군 현대화, 은행 시스템의 현대화, 여성 권위 향상, 미터법의 도입과 같은 문제들에 대해 관심을 갖고, 신문에 기고하였다.[26] 앙드레는 스웨덴의 근대적 개혁에 많은 관심을 기울이고 이를 직접 실천하려 노력했다.

3. 도요타 자동차(Toyota) – 도요타 사키치

도요타자동차의 창업자는 도요타 기치로임에도 불구하고 기치로는 그의 아버지인 도요타 사키치로부터 경영 토대와 발명의 정신을 물려받았기 때문에, 먼저 도요타 사키치를 탐구하는 것이 필요하다.[27] 도요타 사키치는 1867년 야마구치의 작은 마을의 가난한 목수 집안에서 태어났다. 사키치는 부모로부터 물려받은 재산도 없는 젊은이가 무에

25 최효찬(2006), p.49.
26 박희도, 『착한 리더의 생각』, 씽크북, 2014.
27 도요타 홈페이지, 〈http://www.toyota-global.com/company/history_of_toyota〉, 2014-10-20검색.

서 유를 만들어 낼 수 있는 방법은 범죄와 도박을 제외하면 발명밖에 없다고 생각했다. 때문에 발명에 대한 열정이 있었으며, 어릴 때부터 '발명이 국가를 위한 길이라면 아무도 생각해 내지 못하는 발명을 해 보이겠다'라는 야망을 가지고 있었다.[28] 그는 일본 전통에 따라 목수가 되어 가업을 이어가야 했음에도 목수가 되는 길을 뒤로 하고 밤낮으로 베틀 설계와 제작에 노력하였다. 이는 밤늦게까지 부업으로 베틀을 돌리는 어머니에 대한 안타까움으로 시작된 배경으로 분석되기도 하고, 국가를 위해 자동직기의 발명이 시작되었다는 시각도 있다.[29] "일본인이 가장 많이 소비하는 물자는 옷(면포)이다. 면포 생산의 효율을 높여 싸게 공급할 수 있으면 이는 곧 국가를 위한 길이다. 발로 동력을 전달하는 지금의 직기는 너무 원시적이다. 이를 개량하면 빨리 면포를 짤 수 있을 것이다"라고 언급한 사키치의 언행이 이를 뒷받침해준다.[30]

사키치는 초등학교 밖에 졸업하지 못했다. 그러나 그는 새뮤얼스 스마일스의 'Self-help'의 번역본인 『Saigoku risshi hen』을 읽고 상당한 감명을 받았다. 이 책은 메이지 시대에 백만 권 이상이 팔린 베스트셀러였는데, 이 책을 통해 사키치의 배우고자 하는 열망은 더욱 고조되었다고 한다.[31] 그러나 겨우 초등학교를 마친 학력이 오히려 '현장주의, 현물주의'의 도요타 정신을 만들었다고 설명하기도 한다. 저학력의

28   이우광, 『도요타, 존경받는 국민기업이 되는 길』 살림, 2009.
29   모터그래프지 기사, 〈http://www.motorgraph.com/news/articleView.html?idxno=4009〉, 2014-10-22검색.
30   이우광(2009), p.11.
31   도요타 홈페이지, 〈http://www.toyota-global.com/company/history_of_toyota〉 2014-10-20검색.

배경이 도전적 개발정신으로 이어져 도요타 정신의 표본을 형성한 것이다.[32]

도요타 사키치는 발명과 특허를 빼놓고 설명하기 어렵다. 사키치는 일생동안 45개의 공업소유권, 40개의 특허권, 5개의 실용신안권을, 19개 국가에서 그의 일본특허권 중 8개가 정식으로 인정되었고, 해외에서 총 62개의 특허권을 획득하였다.[33] 그는 1890년에 처음으로 목제 자동직기를 발명하고 이후 계속된 개량과 개선을 통해 1926년 'G형 자동직기'를 발명했다. 1926년에는 G형 자동직기를 제조하기 위해 지금도 현존하는 '도요타자동직기제작소'를 설립했다. 1929년에는 영국의 '플랫'사에게 특허권을 양도하는 계약을 체결하기도 하였다.[34]

4. 타타그룹(Tata group) – 잠셋지 타타

잠셋지 타타는 인도 구자라트 주에서 파르시교 사제 가문의 후예로 태어났다. 아버지인 누세르완지 타타는 여러 세대에 걸쳐 사제직을 맡아왔던 전통을 깨트리고 처음으로 기업 세계에 진출했다.[35] 파르시족은 조로아스터를 믿는 교도로 본래 이란에서 살았으나 회교도의 박해로 8세기에 인도 봄베이(현 뭄바이)등 인도 서해안으로 피신했다. 토착 인도인들의 입장에서 보면 파르시인들은 외부인이자 이교도이다. 그럼

---

32   나가노 신이치로, 『세계를 움직이는 기업가에게 경영을 배운다』, 김창남 옮김, 더난출판사, 2005.
33   도요타 홈페이지, 위와 동일.
34   이우광(2009), p.12-15.
35   김종식, 『타타그룹의 신뢰경영』, 랜덤하우스, 2011.

에도 불구하고 잠셋지는 엄청난 성공을 거두었고, 파르시 상인의 대표적 사례로 꼽힌다. 잠셋지가 세계 많은 국가를 자유롭게 여행하고 넓은 시야와 안목을 갖게 하는데 지대한 역할을 한 배경이 파르시 사회다. 파르시 사회는 카스트 제도를 중시한 힌두교 사회보다 훨씬 자유롭고 제약이 없는 사회였다. 힌두교는 외국에 나가면 자신들이 강조한 '청정'의 개념이 오염될 수 있다 판단했기에 외국 여행을 금기시 했다. 사고와 행동이 자유로운 파르시 사회 분위기 덕분에 잠셋지는 글로벌 차원에서 폭넓은 생각과 비전을 갖고 비즈니스를 할 수 있었다.[36]

아버지 누세르 완지는 외아들 잠셋지의 교육에 상당히 많은 관심을 기울였다. 가난으로 인해 배우지 못한 본인의 경험을 대물림 하지 않으려 했기 때문이다. 따라서 잠셋지는 초등학교 때부터 가정교사가 있었고, 이때 조로아스터교 기도문과 산수를 깊이 배웠다. 잠셋지는 아버지의 조언으로 14살 때 봄베이로 이동, 명문 사립학교 엘핀스톤 칼리지(Elphinstone College)에 입학했다. 이 학교에서 잠셋지는 영문학에 대한 관심이 높았는데, 이때 습득한 영어 실력이 추후 외국인 상대의 비즈니스에 큰 도움이 되었다고 한다. 잠셋지는 또한 졸업할 때 그동안 지불했던 수업료를 모두 돌려받을 정도로 학업성적이 뛰어난 우등생이었다. 엘핀스톤 칼리지에서의 수학은 잠셋지에게 학문적 열정과 지적 탐구 자세를 갖게 해주었다. 이러한 배경은 그가 비즈니스 세계에 입문했을 때 미래에 대한 비전 계획을 설립하고 많은 선구적 조치를 취하

---

36 오화석, 『100년 기업의 힘 타타에게 배워라』, 매경경제신문사, 2013.

는데 큰 바탕이 되었다.[37]

　잠셋지는 자신의 종교인 조로아스터교와 서구자유주의 사상에 많은
영향을 받았다. 특히 조로아스터교의 창시자인 짜라투스트의 가르침을
상당히 중시하였다. 짜라투스트의 가르침인 곧은 생각, 좋은 언어, 바
른 행동이 잠셋지의 삶의 기준이 되어 이를 실천하고자 노력했다. 이런
그의 철학과 생각, 행동은 이후 잠셋지의 비즈니스 성공과 기업의 사회
적 책임 실천에 중요한 영향을 끼쳤다. 대학 졸업 후 잠셋지는 당시 자
유주의 사상이 팽배했던 영국에서 4년간 체류하였다. 존 러스킨(John
Ruskin), 존 스튜어트 밀(John Stuart Mill) 등과 같은 유명한 인물들을 알게
되었고, 영국총리를 4번 역임한 정치가 글래드스톤(William Gladstone)을
존경하게 된다. 이러한 유명 인사들을 통해 접하게 된 자유주의 사상은
잠셋지의 사상과 인생철학에 상당한 영향력을 미쳤고, 경제와 교육부
문에 많은 영향력을 끼쳤다.[38]

5. 비교 및 시사점

　사회적 배경을 가족의 환경과 부모의 직업으로 제한하고 단순 비교
를 한다면 사업가 및 노동자 배경(앤드류 카네기), 사업가 배경(잠셋지 타타),
교육 및 종교지도자 배경(앙드레 오스카 발렌베리), 농민형(도요타 사키치)으로
각각 다르게 분류된다. 연구대상 중 당대나 선대에 이민을 한 경험이

37　오화석(2013), p. 106~108.
38　오화석(2013), p. 109~110.

있는 잠셋지 타타와 앤드류 카네기는 각각 종교적 이유와 경제적 이유가 그 배경이다. 사회화 과정의 경제적 수준은 중산층 이상(앙드레 오스카 발렌베리, 잠셋지 타타), 중산층 이하(앤드류 카네기, 도요타 사키치)로 나누어 볼 수 있다. 교육 수준은 초등학력 출신(앤드류 카네기, 도요타 사키치), 중등교육 이상(앙드레 오스카 발렌베리, 잠셋지 타타)으로 구분된다. 다른 경력경험은 각 리더들의 경험이 다분하여 분류 자체가 불가능했다.

표 1 인구통계적변수에 따른 국가엘리트 연구대상 분류

연구대상 인구통계적변수	앤드류 카네기	앙드레 오스카 발렌베리	도요타 사키지	잠셋지 타타
사회적배경	사업가 노동자 이민자	교육가 종교지도자	농민 목수	사업가 이민자
경제적배경 (중산층 기준)	이하	이상	이하	이상
교육	초등학력	고등학력	초등학력	고등학력

사회·경제적 배경, 교육, 다른 경력경험의 인구통계학적 분석을 통해 리더가 가진 개인적 특질의 유사점을 찾고자 조사하였다. 하지만 각각 4명의 리더를 인구통계적 변수로 일반화 및 유형화를 한다는 연구에 다소 무리가 있다. 이런 한계를 감수하고 공통적 기질이 찾고자 하였으나, 이 역시 각 세 가지 요소(사회·경제적 배경, 교육, 다른 경력경험)에서 유사점을 도출해내기가 어려웠다. 이렇게 인구통계학적 변수를 바탕으로 하는 개인의 특성 연구는 리더십 과정의 구성 요소중 하나인 리더에만 초점을 맞춤으로써 리더십과정에서 리더에 대한 보다 깊은 이해를 제

공한다.[39] 그러나 특성연구가 '결정적인 리더십 특성목록'의 범위와 한계를 정하는 데 실패 하고 있으며, 연구들의 결과가 모호하거나 때때로 불확실 하다는 비판이 제기된다. 또한, 특성연구는 상황적 요인들의 영향을 동시에 고려하지 않고 리더의 특성인 성격특성만을 따로 떼어내어 분리해내기가 어렵다는 한계가 있다. 마지막으로 리더십 훈련이나 개발을 위해 특성연구가 유용하지 않다는 점이다. 결정적인 리더십 특성이 확인 된다 하더라도 그 새로운 특성을 갖도록 교육하는 것은 쉽지 않은 일이기 때문이다. 특성이란 쉽게 획득되거나 변하지 않기 때문이다.[40] 따라서 우리는 리더의 인구통계학적 연구인 개인적 특성연구를 벗어나 다른 시각에서 리더의 특성을 살펴볼 필요가 있겠다.

---

39   Peter G. Northouse(2011), p.51.
40   Peter G. Northouse(2011), p.39-41.

III. 리더십 분석 및 유형화:
"Good to Great Matrix"

짐 콜린스는 30년에 걸쳐 1,435개의 포춘 선정 500대 기업의 재무 성과를 조사해서 재무적 성과에서 시장평균과 산업평균을 뛰어넘는 기업을 조사했다. 좋은(Good)성과를 거두는 기업에서 위대한(Great)성과를 지속적으로 거두는 기업으로 성장하는 기업의 특별한 가치 분석을 목표로 삼았다. 그 결과 콜린스의 주요 발견 중 하나는 위대한 기업은 두 가지 문화적 차원에서 성공적이라는 점이다. 목표를 설정할 수 있는 능력과 책임성을 강화 할 수 있는 규율과, 자유와 혁신과 위험 감수의 기업가 정신이 바로 이에 해당한다.[41] X축을 기업가 윤리의 요소로, Y축을 규율의 문화 요소로 구성한 행렬이 바로 Good to Great의 매트릭스이다. 아래 〈그림2〉와 같다.

좌측 상단에 해당하는 계층조직은 목적을 정하고 목표를 달성하도록 관리하는데 효과적이다. 그러나 이런 기업은 조직의 핵심에 있는 잘못된 속성에 집중하게 된다. 위대한 기업의 조건에 비추어 보면 규율은 혁신과 창조를 더욱 촉진하기 위한 도구이다. 계층조직의 리더는 질서

---

41 Alex Lowy and Phil Hood, 『The power of the 2×2 Matrix: using 2×2 thinking to solve business problem』, 2004.

와 통제의 가치를 과대평가하고, 혁신적 사고로 기존의 규칙을 깨는 사람들은 배척한다. 좌측 하단의 관료조직에서도 목표는 정해지지만 결코 달성되지는 않는다. 책임성은 희박해진다. 실패에 대한 보상은 없고 대신 문제도 삼지도 않는다. 많은 기업들이 수명주기 상 몇몇 지점에서 이런 문화를 경험한다.

그림 2 '좋은 기업에서 위대한 기업으로'의 창조적 규율행렬(Good to Great 매트릭스)**42**

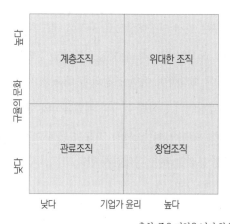

출처: 좋은 기업을 넘어 위대한 기업으로(2007)

우측 하단의 창업조직. 창업국면에 기업은 거의 전적으로 성공을 향한 혁신에 의존한다. 기업가적인 행동은 보상받으며, 과감하게 위험을 감수하여 성공한 이들은 스타가 된다. 그러나 그러한 성공을 되풀이 할

---

42 짐 콜린스, 『좋은 기업을 넘어 위대한 기업으로』, 이무열 옮김, 2007. 짐 콜린스의 책에 제시된 그림이다.

수 있고, 기업 안에 자유를 불어넣는 방법을 만들어 내는 혁신을 지속해서 위대한 기업으로 성장하는 경우는 극히 드물다. 오른쪽 상단의 위대한 조직은 자유와 혁신의 문화를 가지고 있다. 또한 불필요한 관료제도를 만들지 않고도 서로 충분히 협력할 수 있는 규율을 유지한다. 이런 기업의 문화는 서로 감싸주고 용서하며, 좋지 않지만 사실적인 소식을 직원이 아무 두려움 없이 경영자에게 얘기할 수 있고, 혁신에 개방적이다.[43]

따라서 본 연구는 앞서 연구대상으로 지정한 앤드류 카네기, 앙드레 오스카 발렌베리, 도요타 사키치, 잠셋지 타타가 운영한 조직이 위의 4개 조직 중 어디에 해당하며 어떤 조직의 문화를 가지고 있는지 살펴보려한다. 이는 앞장에서 분석한 리더의 개인특성의 한계를 보완할 수 있으며, 더 나아가 리더와 조직문화가 어떻게 위대한 기업으로 발전시켜 왔는가를 보완 분석할 것을 기대하게 한다.

1. 규율의 문화

규율의 문화를 가진 기업은 경영 목표를 설정하고, 그것을 성취하는 데 탁월한 능력을 보인다. 이런 기업들은 기획하고, 측정하며, 필요하면 변화시킬 수 있는 메커니즘을 만들고 관리자들이 그것을 잘 사용할

---

43   알렉스로위, 필 후드, 『핵심을 뚫는 단순화의 힘 2×2 매트릭스(2005)』, 이강락 옮김, 2005.

수 있도록 훈련시킨다. 콜린스는 '코티지치즈 헹구기'라는 용어로 성공한 기업인들이 자신의 책임을 완수할 수 있었던 이유를 초강도 규율의 일관된 프로그램이라고 설명한다. 규율 있는 사람들과 규율 있는 사고가 축적되면 규율 있는 행동이 발휘되어 좋은 기업에서 위대한 기업으로 돌파할 수 있다는 것이다. 자율적인 사람들이 규율 있는 사람들을 고용하고, 현실 속의 냉혹한 사실을 직시하면서도 위대한 회사로 발돋움하는 길을 만들어 낼 거라는 확고한 마음을 갖는 규율 있는 사고가 필요하며, 끈기 있게 이해를 추구하는 규율을 가져야 하고 마지막으로 규율 있는 행동으로 실천해야 한다는 것이다.

콜린스는 좋은 회사에서 위대한 회사로 도약한 기업들에 관한 기사나 인터뷰 기초자료들 곳곳에서 반복되어 등장하는 용어들을 정리하였다. '규율 있는, 엄격한, 완강한, 단호한, 근면한, 정확한, 까다로운, 체계적인, 질서정연한, 일꾼 같은, 빡빡한, 일관된, 집중된, 책임 있는, 책임을 지는' 등이 그것이다.[44] 따라서 규율과 관련된 용어들을 유추할 수 있는 사례, 목표를 설정할 수 있는 능력, 책임성을 강화 할 수 있는 규율 있는 문화를 기준으로 조직을 분석해보기로 한다.

1) 카네기스틸- 앤드류 카네기

카네기스틸과 앤드류 카네기의 규율의 문화를 살펴보자. 카네기는 33살 당시 최고의 산업 공학자인 알렉산더 홀리에게 설계를 맡겨 에드

---

44   짐 콜린스(2007), p. 207~209.

거 톰슨 철강소를 건립했다.[45] 카네기는 공정비용의 체계화, 정확한 관리시스템, 정확한 측정 방법을 앞장서서 도입했다. 먼저 카네기는 제철 회사를 설립하면서 피츠버그의 주요 제철업자들에게 각 공정에 드는 비용을 문의했다. 그러나 큰 규모라는 제철업의 특성상 연말에 재고조사와 장부를 대조하기 전까지는 경영 상태를 아는 사람이 없었다. 카네기는 이런 한계점을 지적하고 자재의 중량으로 재고 가격을 산출하는 시스템을 도입하여 각 공정에 드는 비용이 얼마인지, 그리고 누가 무슨 일을 하고 있으며 누가 자재를 아껴 쓰고 누가 낭비하는지, 누가 가장 효과적으로 업무를 수행하는지를 알아보았다. 정확한 시스템을 도입하기까지 수십 년이 걸렸지만, 공장 곳곳에 자재의 무게를 다는 저울을 설치함으로써 각각의 부서에서 어떤 일이, 얼마나 진행되고 있는지 알게 되었으며 각 사람의 작업을 비교할 수 있게 되었다.

카네기는 정확한 측정 방법을 도입한 까닭에 다량의 철을 가열할 때 나오는 찌꺼기의 양을 파악할 수 있었다. 여기서 카네기는 자율적인 사람이자 규율 있는 인재를 발견한다. 독일인 윌리엄 본트레거는 자발적으로 밤늦게까지 일정기간 동안의 결과를 정리하여 철 가열시 생산되는 폐기물을 자세히 기록한 보고서를 제출하였다.[46] 이러한 인재와 시스템을 기반으로 노동력을 50% 축소, 공장을 100% 가동했다. 그 결과 카네기 회사는 생산성을 34%나 증가시켰다.[47]

45   나가노 신이치로 외, 『세계를 움직이는 기업가에게 경영을 배운다』, 김창남 옮김, 더난출판, 2005.
46   앤드류 카네기(2005), p.196~197.
47   주간한국 기사, 〈http://www.koreatimes.net/kt_weekly_korea/38284/page/27〉, 2014-
       11-01 검색

카네기는 공장을 철저하게 일관작업공정 시스템으로 바꾼 뒤 노동자들도 공정에 맞게 배치했다. 가능한 한 표준공정에 맞게 모든 작업과정을 규격화한 뒤 규모의 경제를 실현했다. 그 결과 생산량이 많아질수록 생산원가가 절감되었고, 생산원가가 절감될수록 판매가를 낮출 수 있었다. 카네기는 "10톤의 생산비로 1백 톤을 만들어내자. 생산량이 늘어나면 늘어날수록 생산비는 떨어진다"고 말했다.

카네기 공장에는 위계질서를 거느린 십장(什長, foreman)이 있었다. 업무도 세분화되어 용광로와 제작소를 관리하는 관리자, 자금운영 담당자, 판매책임자, 마케팅 전문가들이 각자의 영역을 잘 지켰다. 1900년 카네기 공장의 한 파트에서 일하던 12명의 노동자들이 하루에 3천 톤의 철강을 생산하였다. 이는 1850년 피츠버그에 있던 철강공장 한 곳의 1년 생산량과 맞먹는 수준이었다. 이후 카네기 철강은 기적적인 급성장을 기록한다. 1900년 강철 생산량은 10배 넘게 증가했으며, 매출은 20배 이상 올랐다. 당시 카네기 철강이 생산하는 강철의 양은 영국 전체에서 생산되는 양보다도 많았다. 최소비용으로 최대생산성을 얻기 위해 생산라인과 인적관리 방식을 획기적으로 개혁한 것이 바탕이 되었던 것이다. 그가 최초로 도입한 과학적 기업경영방법은 후일 테일러의 이론화과정을 거쳐 소위 '테일러주의'라는 이름으로 미국기업들에 정착되었다.[48] 이후 카네기 철강회사는 당시 세계의 최대 철강트러스트로 미국 철강 생산량의 4분의 1 이상을 차지하였다. 정확한 비용

---

48 이재규, 『문학에서 경영을 만나다』, 사과나무, 2011.

계산과 업무 평가, 정확한 시스템의 도입, 공정률 파악 등을 통해 카네기는 당시 제철업계에서 우수한 규율의 문화를 지녔던 것으로 판단된다.

2) 발렌베리(Wallenberg)[49] — 앙드레 오스카 발렌베리

1856년, 앙드레 오스카 발렌베리는 발렌베리 왕국의 모태가 된 스톡홀름엔스킬다은행을 창업했다. 후에 '북유럽의 메디치'로 불릴 만큼 은행 사업으로 막대한 부를 쌓은 앙드레는 '스웨덴의 제2의 군주'라는 별칭을 얻을 정도로 영향력이 커졌다. 그러나 두 가지 사건을 통해 스톡홀름엔스킬다은행에 위기가 찾아오게 된다. 하나는 앙드레의 독선적인 성격에 반발해 은행 이사의 절반이 독립을 선언 하며, 독자적으로 스톡홀름한델스방켄이라는 새로운 은행을 설립한 것이다. 1870년대 스웨덴의 유례없던 호황기 시절, 풍부한 자금을 확보한 스톡홀름엔스킬다은행이 산업과 철도 채권을 비롯해 철강공장과 목재회사에 엄청난 대출을 해준 것이 다른 하나의 이유다. 호황기가 끝나고 경기가 하강기에 접어들자 문제는 속속들이 드러났다. 그동안 기준과 규율 없이 계속된 대출 때문에, 은행 전체 자산의 40%까지 채권이 차지하게 되었다.[50] 또한, 대출을 해줬던 스톡홀름 최대의 철강회사가 지급불능을 선언하게 되고, 스톡홀름엔스킬다은행은 파국으로 치닫게 된다. 현 시대의 뱅크런 사태가 당시에 벌어졌고 결국 스톡홀름엔스킬다은행은

49   나가노 신이치로 외(2005), p. 23~24.
50   장승규(2006), p.31~33.

혼란에 빠졌다. 앙드레는 위기를 타계하기 위해 직원들을 일반 고객처럼 변장시켜 돈 꾸러미를 들고 예금하도록 했다. 앙드레 개인의 기지를 발휘한 것이다. 또한, 국왕 오스카 2세는 시민들의 불안감을 진정시키기 위해 1만 크로네의 개인 예금을 공개적으로 스톡홀름엔스킬다은행에 예치했고, 스웨덴 정부의 긴급 융자로 위기를 모면할 수 있었다. 독선적인 성격과 무분별한 대출로 앙드레는 자신이 세웠던 스톡홀름엔스킬다은행의 위기를 만들었다. 물론 이러한 경험이 다음 세대 크누트 아가손 발렌베리와 그 후손들에게는 중요한 경영 가르침이 되었다. 1910~1920년에 주식시장의 투기 붐이 일어났을 때 스톡홀름엔스킬다은행은 지난 아픔을 되새겼다. 추가적인 투자를 억제하고 기존 기업의 구조조정에 주력하는 보수 정책으로 전환하였고, 그 결과 북유럽에서 가장 유동성이 풍부한 최고의 은행으로 급부상하게 된다.[51]

이렇게 경영상에서는 규율과 체계 보다는 본인의 기지로 해결하려 했던 앙드레는 오히려 자녀들의 교육 문제에 있어서만큼은 냉혹했다. 지금까지 이어져 오는 발렌베리가문의 교육과정은 다음과 같다. 해군 장교 복무, 부모 도움 없는 명문대 졸업, 해외 유학, 국제적인 금융회사에서 취업경력, 폭넓은 인맥네트워크 등이 필수적인 조건이다. 앙드레가 다녔던 해군사관학교에 입학하는 것은 후계자가 거쳐야 할 필수 코스다. 해군사관학교를 강조한 이유는 스웨덴 같은 산업후발국은 바다로 나가 외국과의 교류를 활발히 해야 한다는 앙드레의 가르침 때문

51   장승규(2006), p.35~37.

이다. 또한 경영자에게 요구되는 덕목 중 특히 애국심, 도덕성을 강조하였다. 애국심을 기르고 국가 발전에 기여하는 기업인으로서의 자질을 검증했다. '애국심 없이 버는 돈은 목적지 없이 항해하는 배와 같다'고 앙드레는 표현하면서, 발렌베리 그룹은 회사 경영자의 사유물이 아니라 국가를 위해 존재한다는 의식을 자녀들에게 심고자 하였다.[52] 스톡홀름엔스킬다은행 경영에서는 부족했던 규율의 문화를 앙드레는 후계자들에게는 엄격하고 냉정한 교육을 통해서 규율 있는 인재로 성장하는 발판으로 마련해주었다.

한편 제2대 발렌베리 후계자 크누트 아가손 발렌베리부터 현재까지 발렌베리는 항상 2명의 리더를 최고경영자로 세운다. 잘못된 판단의 가능성을 줄이고 경영능력을 배가시키기 위한 시스템이다. 그룹의 최상층부에서부터 '견제와 균형'의 원리가 작동하도록 한 것이다.[53]

3) 도요타 자동차(Toyota)— 도요타 사키치

도요타는 이미 창업자 사키치부터 모든 시스템을 체계화 하려고 노력했으며, 그 전통이 현재까지 이어지고 있다. 도요타 사키치는 동력직기를 개발하였지만, 작동을 시험해볼 전력이 없었다. 그래서 그는 동력산출에 많은 관심을 기울였다. 그는 직접 손에 기름을 묻히면서 시행착오를 거듭한 후 마침내 동력산출 작동법을 발견하였다. 이것이 도요타 방식의 일부인 겐치 겐부츠(現地現物, 현장서 경험해보지 않고는 어떤 물건도

52　최효찬(2006), 54~57.
53　장승규(2006), p.66.

만들지 말라)[54]로 도요타의 토대가 되었다. 또한 도요타 사키치의 발명품 중 실이 끊길 때마다 직기를 자동적으로 멈추는 특별한 구조가 있다. 이것이 바로 도요타 생산 방식의 두 축 중의 하나인 지도카(Jidoka, 인간의 감성이 가미된 자동화(自動化))라 불리는 시스템으로 진화하였다. 본질적으로 지도카는 소재를 가공할 때 품질을 확보하는 것 혹은 오류를 방지하는 것을 의미한다. 근로자가 기계에 구속되지 않고, 부가가치 작업을 수행하도록 설비와 운영을 기획하는 것을 말한다. 또한 이러한 사키치의 철학과 경영방식을 이어받은 아들 도요타 기치로는 다른 생산방식의 축인 저스트 인 타임(Just-in-time)의 업적을 쌓았다. 미국 슈퍼마켓에서 고객이 물건을 구매함과 동시에 보충되는 '저스트 인 타임'에서 영향을 받았다. 생산과정에서 부품 재고가 없을 때 실시간으로 채워지는 시스템을 생각한 것이다. 저스트 인 타임은 칸반(看板) 시스템으로 확대되어 빈 상자를 돌려보내면 특정한 수량의 부품을 보충하라는 신호로 받아들인다. 생산자재의 흐름과 생산을 관리하고, 보증하는 시스템으로 알려져 있다.[55]

지도카, 저스트 인타임 두 축 이외에도, 미시간대 산업공학부 교수 제프리 라이커는 도요타 생산방식을 지탱하는 핵심적 문화를 14가지 원칙으로 정리하였다.

54 헤럴드 경제 신문기사, 〈http://biz.heraldcorp.com/view.php?ud=20140321001197〉, 2014-11-03 검색.
55 제프리 라이커, 『도요타 방식』, 김기찬 옮김, 가산출판사, 2004.

1. 단기적인 재무목표를 희생해서라도, 장기적인 철학에 기초하여 경영의사 결정을 하라.
2. 문제를 표면에 드러내기 위해 지속적인 프로세스 흐름을 만들어라.
3. 과잉 생산을 피하기 위해 풀 시스템을 사용하라.
4. 작업 부담을 평준화하라.(헤이준카)(토끼가 아니라 거북이처럼 일하라)
5. 문제 해결과 품질 최우선을 위해 스톱 문화를 구축하라.
6. 표준화된 업무는 지속적인 개선과 종업원에게 권한을 위임하는 토대이다.
7. 어떤 문제도 숨겨지지 않도록 시각적 관리 기법을 사용하라.
8. 종업원들과 프로세스에 도움이 되는 신뢰할 수 있고 철저히 검증된 기술만을 사용하라.
9. 작업을 철저히 이해하고, 철학을 가지고 살며, 다른 직원에게 그것을 가르치는 리더를 육성하라.
10. 회사의 철학을 이행하는 뛰어난 인재와 팀을 개발하라.
11. 도전하게 하고 개선을 지원함으로써 파트너와 부품업체로 하여금 그들과의 확장된 네트워크를 존중하라.
12. 상황을 철저하게 이해하기 위해 자신이 직접 가서 보라.(겐지 겐부츠)
13. 모든 대안을 철저히 고려하여 합의가 될 때까지 천천히 결정을 하라. 그러나 실행은 신속히 하라.
14. 냉정한 반성(한세이)과 지속적인 개선(카이젠)을 통해 학습 조직이 되라.

지속적인 프로세스, 풀 시스템, 평준화, 표준화, 시각적 관리, 겐지 겐부츠(현장중심주의), 냉정한 반성(한세이), 지속적인 개선(카이젠)과 같은 용어들을 유추해 볼 때, 모든 공정과정과 생산방식 및 운영방식 등을 체계화 하고 질서정연한 규율의 문화를 채택하고 있음을 살펴 볼 수 있다. 한편 도요타 경영방식의 특징 중 하나는 일본 고유의 상가(商家) 경영방식인 번두제를 채택했다는 점이다. 번두는 일본 에도시대의 상가(商家)에 있어서 종업원 중에서 최고의 지위에 있는 자를 말한다. 도요타가에서 번두의 역할은 단순히 기업 회계 업무나 최고경영자의 보좌역을 하는 것이 아니었다. 경영 전반에 대해 항상 체크를 하고, 경우에 따라서는 톱을 대신하여 의사결정을 해야 하는 경우도 많았다. 실제로 3대 사장인 이시다는 도요타가의 번두였다.[56] 최고경영자 부재 시에 다른 인력이 즉각적으로 대체할 수 있으며, 경영 전반을 재확인 하는 시스템이 바로 번두이다. 즉, 공정과정, 생산방식, 직원교육, 경영방식에 있어서 다른 어떤 기업보다도 도요타 자동차는 규율의 문화의 상당한 위치에 있다고 평가할 수 있겠다.

4) 타타그룹(Tata group)— 잠셋지 타타

잠셋지 타타는 1880년대 기업 경영에 대한 개념조차 없던 인도에 현대적 의미의 경영시스템을 도입한 것으로 유명하다. 그는 친족 등 외부세력이 경영권을 좌우하던 관례를 버리고, 최고경영자와 이사회에 힘이 집중되도록 했다. 또 경영진은 이사회에 기업 실적을 보고토록 하고, 최고 경영자인 자신도 실적에 따라 월급을 받도록 했다. 많은 인도 기업들이 요즘도 친족이 기업을 소유·경영하면서 전근대적 패밀리 비즈니스 방식을 유지하고 있는 상황에 비해 잠셋지의 이러한 경영방식은 시대를 앞선 조치라고 할 수 있겠다.[57]

타타그룹의 규율 있고 책임 있는 다른 사례를 살펴보자. 2002년 타타그룹의 금융자회사인 타타 파이낸스(Tata Finance)에서 회계 부정 사건이 벌어졌다. 당시 타타 파이낸스는 경영상으로 전혀 문제가 없어 보였고 오히려 잘 나가는 기업으로 추대되고 있었다. 그러나 타타그룹의

---

56 이우광(2009), p.22.
57 오화석(2013), p.121.

지주회사인 타타 선즈(Tata sons)가 의혹의 낌새를 눈치 챘고 인도 최대 독립 회계 감사 회사인 퍼거슨 사에 비밀 감사를 의뢰했다. 감사 결과가 '이상 없다'고 나왔지만 타타 선즈는 여기서 멈추지 않고 자체적으로 내부감사를 진행하였다. 그 결과 타타 파이낸스에서 내부자거래부터 회계장부 조작까지 여러 비정상적 행위들을 발견했다. 일부 영업 손실이 나자 회계장부 조작을 통해 흑자처럼 만든 것으로 밝혀졌다. 타타 그룹은 사정당국에 고발할 것인지 비밀리에 그룹자금으로 영업 손실을 무마할 것인지에 대한 고민이 있었다. 그동안 쌓아온 '정직하고 깨끗한 기업'이란 명성에 엄청난 타격을 줄 수 있었기 때문이다. 그럼에도 불구하고 타타그룹은 공개적으로 당국에 타타 파이낸스를 고발했다. 당시 타타 파이낸스는 유한회사였기 때문에 타타그룹이 책임질 이유는 없었지만, 라탄 타타 회장은 이사회를 소집하고 다음과 같이 선언했다. "회사 회계시스템에 구멍이 있었습니다. 현재 우리는 그 구멍의 크기가 어느 정도인지 알지 못합니다. 그러나 구멍이 존재하는 것은 분명합니다. 아무리 많은 비용이 든다고 해도 타타는 이 구멍을 메울 것입니다. 아무리 책임이 막중해도 이에 대한 책임을 질 것입니다." 타타 파이낸스는 이 사건으로 파산했고, 약 70억 루피(약 1,750억 원)의 손실을 타타그룹이 모두 책임졌다.[58] 기업 경영의 개념이 없을 때부터 이미 경영시스템을 도입했던 창업주 잠셋지 타타. 기업의 이미지 실추와 막대한 비용처리에도 불구하고 자회사의 실수를 자신의 책임으로 인식한

---

58 오화석(2013), p.28~31.

라탄 타타. 두 리더 모두 책임과 규율의 문화의 중요성을 알고 있었던 것이다.

2. 기업의 윤리

규율의 문화에 이어 'Good to Great 매트릭스'의 다른 한 축은 기업의 윤리다. 짐콜린스의 정의에 따르면, 기업의 윤리는 기업이 고객과 제품에 대한 초기의 열정을 유지하는 것을 의미한다. 이런 조직은 혁신적인 사고를 장려하고 분석이 아니라 행동에 대해 보상한다.[59] 또한, 콜린스는 지속적으로 큰 성과를 내는 회사를 영속하는 위대한 기업으로 전환 시키려면 『성공하는 기업들의 8가지 습관』의 중심개념을 적용해야 한다고 강조했다. 단순한 돈벌이 차원을 넘어서는 핵심 가치와 목적(핵심 이념)을 발견하고 이것을 '핵심보존/발전 자극'의 동력으로 발전시켜야 한다고 하였다. 이렇게 짐 콜린스의 '기업의 윤리' 기준에 덧붙여, 윤리경영이 대두가 되고 있는 요즘 '청렴'요소를 추가하여 살펴보고자 한다. 따라서 기업이 고객과 제품에 대한 초기의 열정을 유지하는지, 혁신적 사고를 장려하는지, 핵심가치를 보유하고 있는지, 청렴을 중요시 하는지 등을 기업윤리의 기준으로 삼고 각 연구대상을 평가해보고자 한다.

---

59 알렉스로위, 필 후드(2005), p.287.

1) 카네기스틸- 앤드류 카네기

앤드류 카네기는 기업이 고객과 제품에 대한 초기의 열정을 유지하는 방법은 제품의 품질이라고 생각했다. 카네기가 키스톤 교량회사를 운영할 당시, 여러 개의 철교가 무너지면서 철교 제작 사업에 뛰어든 거의 모든 회사가 파산했다. 철교에 따라서는 바람을 이겨내지 못하는 것도 있었다. 그러나 키스톤 회사는 자체적으로 철을 생산 했기에 가장 좋은 자재만을 엄선하여 충분한 양을 사용했다. 키스톤 회사는 스스로에 대해 가장 엄격한 검사관이 되어 안전한 교량이 아니면 시도조차 하지 않았다. 카네기는 '모든 제조업체는 검사관을 거부하기 보다는 환영해야 한다'고 했다. 교량 제작을 의뢰 받을 때에도 떠받치는 힘이 약하거나 비과학적인 설계에 의한 것이면 단호하게 기절했다. 미국 전국에 걸쳐 키스톤 교량회사의 도장이 찍힌 교량에 대해서는 전적으로 보장할 정도로 품질에 대한 자부심이 있었다. 카네기는 '경쟁이 심한 사회에서 가격이 모든 것을 결정하는 것처럼 보이지만 큰 성공을 가져다 주는 근본 요인은 역시 품질에 있다'고 강조했다. 피츠버그에서 열린 은행가 회의에 참석한 저명한 은행가가 카네기의 에드거 톰슨 공장을 수백 명의 대표단과 함께 둘러본 뒤 공장 간부에게 "이 공장은 주인의식을 가진 사람들에 의해 관리 되고 있군요"라고 평가하였다고 한다. 주인의식을 가진 직원들과 품질의 우수성을 계속 유지하고자 하는 노력들이 제품과 고객에 대한 기업의 열정을 이어 갈 수 있도록 하였다.

카네기의 혁신적이고 진취적 사고를 볼 수 있는 대목은 새로운 설비의 도입과 발 빠르게 대응하여 개선한 측면이다. 카네기는 제철업을 운영할 당시, 처음부터 베서머공법을 도입했다. 또 평로법이 알려지자 이를 가장 먼저 채택한 사람도 카네기였다. 심지어 좀 더 좋은 기계가 있으면 기존의 것을 과감히 포기했다. 우수한 압연기가 개발되었다는 이야기를 듣고는 도입한 지 3개월도 안 된 기존의 압연기를 폐쇄한 적도 있었다. 카네기의 이런 태도는 당시 영국 기업가들의 태도와 비교되었다. 한 영국 제철업자가 카네기스틸을 방문해 "우리들은 20년이나 된 기계를 계속 보완해서 사용하고 있다"며 자신들의 개선능력을 자랑스럽게 말했다. 그러자 카네기는 다음과 같이 말했다. "그러니까 문제지요. 이미 버렸어야 할 기계를 아직도 사용하고 있군요. 그런 낡은 기계를 사용하니까 영국은 늘 미국의 뒤만 따라오지요." 이러한 카네기의 혁신 덕분에 1870년대 나쁜 싸구려 철을 의미했던 '미국강철'이 1890년대 말에는 유럽에 비해 품질이 우수하다는 평가를 받게 되었다.[60] "부자인 채로 죽는 것은 수치"라고 말했던 카네기는 자신의 인생을 2기로 나누어, 전기에는 부(富)를 축적하고, 후기에는 축적된 부를 사회 복지를 위하여 투자해야 한다는 자신의 신념을 핵심적 가치로 보았다. 그리고 이를 철저하게 실천했다.

1901년 카네기는 회사를 4억 4,000만 파운드에 J.P. 모건에 팔고 카네기재단을 설립해 사회봉사에 헌신했다. 카네기는 자서전에서 자신의 사회 공헌을 '선물'로 표현했다. 첫 번째 선물은 공공도서관 기증, 두 번째는 워싱턴의 카네기 협회 설립, 세 번째는 '영웅기금' 조성, 네

---

60 이재규(2011), p.249~250.

번째는 연금(카네기 교육진흥재단)을 말한다.[61] 첫 번째 선물인 도서관 건립 프로젝트는 뉴욕 공공도서관 J.S. 빌링즈 박사의 요청을 받아들여서 시작된다. 단번에 525만 달러를 내어 뉴욕에만 68개의 공공도서관 분관을 짓기로 하고 얼마 후에는 브루클린 지역에 20여 개의 분관을 짓는다. 이후 그의 도서관 건립 프로젝트는 계속되어 영어권 국가에 총 2,509개의 공공도서관을 건립하였다. 도서관 건립에만 5,600만 달러가 들어갔다. 카네기의 두 번째 선물은 워싱턴 카네기 협회이다. 1902년에는 5% 금리의 채권으로 1,000만 달러 규모의 자금을 조성한 후 연구 및 조사와 발견을 장려하고 이를 통해 얻어진 지식을 응용하여 인류의 향상에 기여할 목적으로 워싱턴 카네기 협회를 설립한다. '영웅기금'은 카네기가 세 번째의 즐거운 과제라 지칭하였는데, 이는 피츠버그 광산 사고 이후 500만 달러를 조성하여 만든 기금이다. 동료를 구하려고 영웅적인 행동을 하는 사람들이나 그 유가족들에게 주어지며, 불의의 사고를 겪고 실의에 빠진 직원 가족들을 돕고자 노력하는 고용주들에게 지원되는 기금이었다. 또한, 카네기는 함께 고생했던 공장 근로자들을 위해 '앤드류 카네기 구제기금'을 설치한다. 이는 5% 금리의 저당채권 400만 달러로 재해를 당한 사람들을 돕고 노후에 곤경에 처한 사람들에게 소액의 연금을 지급한다. 마지막으로 대학 교수들의 봉급이 일반 사무원보다 낮다는 것을 알게 된 카네기는 대학 교수들의 노후를 보장하기 위해 1,500만 달러의 규모의 연금을 설립했다.[62]

---

61   앤드류 카네기(2005) p.355~388.
62   앤드류 카네기(2005) p.14~24.

이 밖에도 카네기는 학교 설립, 카네기홀 설립에도 투자하였다. 미국의 과학 발전을 위해 1901년에는 200만 달러를 기부하여 카네기 공대(Carnegie Institute of Technology)를 설립했다. 다음해는 200만 달러로 워싱턴 DC에 카네기 과학관(Carnegie Institute for Science)을 세웠다. 카네기공대(CIT)는 그 후 카네기 멜런 대학교(Carnegie Mellon University)가 되었다. 이 대학교는 7개의 단과 대학으로 구성되었고 2009년 기준으로 세계 종합대학교 22위, 공업기술 대학 7위를 차지했다. 그는 또한 미국 흑인들을 위해 앨라배마 주의 터스케지 대학교(Tuskegee University)를 크게 도왔는데, 이 대학교는 세계 랭킹 7위가 됐다. 시카고 대학 등 12개 종합대학과 12개 단과대학을 지어 사회에 기증했다.[63] 각종 문화 예술 분야에도 기부하였다. 교회에 도합 7,000개의 오르겐을 기부, 예배에 사용하도록 했고 뉴욕에 음악의 전당 카네기홀을 지었다. 카네기 생전 자선기부금 총액은 재산 4억 8,000만 달러 중 73%에 달하는 3억 5,000만 달러 (2007년 기준으로 약 928억 달러)에 달했다. 그의 사망 후 설립된 카네기재단(Carnegie Corporation of New York)은 남은 재산 1억 3,500 만 달러로 시작해 1911년 이후 20억 달러 이상을 나누어 주었다. 2009년 보유재산은 30억 달러로 기록되었다.[64]

앤드류 카네기는 거액의 부를 처분 하는 방법을 '첫 번째는 부를 유족과 자손에게 남겨준다. 두 번째는 사회 공공을 위해 부를 기증한다.

---

63 강준만, "왜 미국 부자들은 개같이 벌어 정승같이 쓰는가", 『인물과사상』, 2014년 1월호(통권 189호) 32-55.

64 코리아 타임즈 기사, 〈http://www.koreatimes.net/kt_weekly_korea/38321/page/15〉, 2014-11-08검색.

세 번째로 부의 소유자가 자신이 살아있는 동안에 자신의 경험을 살려 공공을 위해 운영한다.'고 언급했다. 대부분의 부자들의 경우는 첫 번째나 두 번째의 방법을 택하였는데, 카네기는 이를 비판하였다. '자손에게 옥답을 남기는 것은 어리석은 행위'라고 말하면서 거액의 부를 자손을 위해 남기려고 하는 것은 부모의 허영심을 만족시키는 행위라고 주장했다. 재산을 상속 받은 자식이 재산을 후대에 물려주는 일 조차 드물고, 탕진하는 경우가 대부분이라며 상속에 대해 강하게 비판하였다. 그리하여 상속세 도입에 적극적으로 앞장서게 된다. 카네기는 『부의 복음』에서 상속세를 매우 '바람직하다'고 표현했으며, 특히나 누진세율을 적용해서 상속재산이 클수록 부담해야 할 세금의 비율을 높여야 한다고 주장했다. 조세 중에서 상속세가 가장 공평하고 현명하며, 누진세율을 적용할시 부자들이 살아있는 동안 거액의 자산을 적절하게 처분할 것이며, 이는 유익한 용도로 사용되어 사회의 진보와 발전에 많은 도움이 될 것이라고 했다. 누진세율을 통해 부자들의 재산을 사회의 재산으로 환원시켜야 함을 주장한 것이다. 결과적으로, 1916년 시어도어 루스벨트 대통령과 앤드류 카네기 등 미국의 각계 지도자들이 중심이 되어 미국의 상속세법이 입법되었다.

카네기의 이러한 영향은 카네기 시대에 머물지 않고 오늘날까지 이어졌다. 카네기가 자선 사업에서 세운 표준은 오늘날 미국 부자들의 상속세 폐지 반대운동에서 잘 드러난다. 부시 정부가 상속세법을 폐지하려고 하자, 2001년 2월 18일 《뉴욕 타임스》 일요판 신문에 "우리는 상속세 폐지를 반대한다"라는 제목의 상속세 폐지 반대 광고를 냈다. 광고를 낸 사람들은 '책임 있는 부(Responsible Wealth)'라는 단체였는데, 빌 게이츠, 워렌 버핏, 조지 소로스, 데이비드 록펠러 시니어를 비롯한 미국 억만장자 200명의 서명이 들어 있었다.[65]

카네기는 먼저 제품 품질로 초기의 열정을 유지하고, 새로운 생산 방식을 도입해 혁신적 모습을 보였다. 사회 복지 투자를 통해 자신의 핵심적 가치를 적극적으로 투영하였다. 특히나 도서관 설립, 영웅기금조성, 학교 설립, 미국 과학 발전에 투자해, 개인적 부에서 끝나지 않고 사회에 투자함으로써, 부의 영향을 사회 전반에, 국가 전반에 기여하였다고 평가 할 수 있겠다.

2) 발렌베리(Wallenberg) ― 앙드레 오스카 발렌베리

발렌베리는 고객과 제품에 대한 초기의 열정과 장기적인 주주가치를 강조하면서 유지하고자 하였다. '장기적인 관점에서 사고하는 것이 최선의 수단'이라 여기며 소유 기업들에 대한 장기적인 책임을 기꺼이 떠맡아 왔다. 단기적 투자가 아니라 10, 20년 뒤를 내다보는 적극적인 투자만이 기업의 장기적인 성장과 더 높은 기업 가치를 보장해준다는 믿음은 발렌베리를 다른 기업들과 구별시켜주는 가장 큰 특징이 되었다.

발렌베리의 장기투자 원칙은 소유 기업들의 특성과도 관련이 있다. 자회사인 스토라, 아세아, 아스트라, 에릭슨에서 그 사례를 볼 수 있다. 초기 핵심기업이던 제지·펄프회사 스토라(현재의 스토라엔소)는 초장기적

---

65 동아일보 기사, 2014-11-08검색. 〈http://news.naver.com/main/read.nhn?mode=LSD&mid=sec&sid1=103&oid=020&aid=0000175176〉.

시각을 가지고 스웨덴의 광대한 삼림을 기반으로 성장하였다. 나무주기가 60~100년이라고 가정하였을 때, 단기간의 이익만을 추구하였다면 성장하지 못했을 사업이다.

중전기회사 아세아는 수력발전소 건설 등 대규모 인프라 투자와 결합되어 있었다. 대규모 프로젝트 사업을 하기 위해서는 초기 위험을 감수해야 하며, 장기적인 자금공급을 감당해야하는 부담이 있었지만 아세아는 투자를 아끼지 않았다. 또한, 아세아(현재의 ABB)의 직류전송방식(HVDC)도 상용화되기까지 25년이 걸렸지만, 오히려 1954년 이후 세계 HVDC 시장을 독식하며 기술기업으로서 확고한 위치를 마련하였다.

장기투자는 세계적인 신약 '로섹'에도 영향을 미쳤다. 제약회사인 아스트라(현재의 아스트라제네카)는 연구개발에만 20년 이상의 시간이 걸렸다. 내부 반발에도 불구하고 연구진에 대한 지원을 아끼지 않았으며, 연구개발을 최우선순위에 둔 덕분에 1988년 마침내 시장에 '로섹'을 등장하게 했다. 로섹은 10년 이상 '세계판매 1위'의 자리를 지켰으며, 2001년 한 해에만 55억 달러를 벌어들이는 기록을 세웠다. 아스트라는 단번에 세계 제약업계의 선두로 자리매김하였다.

에릭슨의 디지털 교환기 AXE 역시 발렌베리이 지속적으로 지원한 프로젝트였는데, 이후 에릭슨이 이동전화 시스템 분야에서 주도권을 쥐는 결정적인 계기가 되었다. 이러한 장기적 투자와 책임을 지는 발렌베리를 두고 스웨덴 철강 노조위원장은 다음과 같이 평가 했다. "발렌베리는 매분기마다 눈앞의 이익을 좇기보다는 장기적인 시각을 가지고 움직이는데, 이러한 자본 운영방식은 존경을 받기에 충분하다."[66] 단기간의 이익을 바랐다면 발렌베리는 이와 같은 굵직한 결과물들을 도출할 수 없었을 것이다. 제품과 고객의 초기 열정을 기억하고 장기적인 투자로 이어졌기 때문에, 이러한 성공으로 이어진 것이다.

발렌베리는 국가와 사회를 위해 적극적인 참여와 과학 기술 투자에도 핵심가치를 두고 투자하였다. 발렌베리의 적극적인 사회참여는 가문의 창립자인 앙드레에서부터 시작되었다고 할 수 있다. 앙드레는 스웨덴의 근대적 개혁의 열렬한 옹호자이자 정치인으로서, 미터법의 도입에서 여성해방에 이르기까지 수많은 문제에 대해 신문에 기고하였다. 그리고 그의 아들 크누트는 제1차 세계대전 기간 동안 스웨덴의 외무장관을 맡아 영국의 해상봉쇄로 촉발된 심각한 전시 무역위기를 해결하는 데 큰 기여를 하였다. 다음 세대인 야콥과 마쿠스 주니어 역시 제2차 세계대전에서 큰 활약을 하였다. 전쟁 중에도 국제무역이 지속되기를 원했던 스웨덴 정부를 위해 독일 및 영국과 힘겨운 협상을 벌였고, 결국 무역협상을 성공적으로 이끌어냈다.

1938년에 맺어진 살체바덴 협약(Saltsjöbaden Agreement)은 발렌베리 가문의 사회적 기여의 또 다른 역사적 사건이다. 사회주의 전통에 따라 노조의 입김이 강했던 스웨덴에서는 1929년 경제대공황 이후 노사 분규에 따른 폐해가 극에 달하자 스웨덴 노사 대표가 사민당 정권의 중재 하에 이른바 '사회적 대타협'으로 불리는 살체바덴 협약을 체

66 장승규(2006), p.72~74.

결했다. 이 협약은 노조가 산업 평화를 위해 분규를 자제하고 근면하게 일하는 대신, 경영자 측은 적극적인 일자리 창출과 기술개발 투자, 그리고 최고 85%에 달하는 고율 소득세 납부 등 '국민경제에 대한 성실한 공헌'을 약속한 것이다. 이를 계기로 기업은 경영권 안정에 대한 국가적 지지의 기틀을 확보했고, 정부는 경제력 집중을 인정하는 대신 거시경제 문제를 해결했다. 발렌베리 가문은 이미 당시에도 스웨덴 재계에서 최상의 지위를 누리고 있었다. 노블리스 오블리제의 정신으로 살체바덴 협약 체결시 경영자 측대표로 참여하였고, 사회문제에 적극적으로 참여하는 강한 인상을 국민들에게 심어 주었다.[67]

발렌베리의 적극적인 사회참여는 이후에도 계속 이어졌다. EU 가입이 스웨덴 경제에 새로운 가능성을 열어 줄 것이라고 믿은 발렌베리는 스웨덴의 EU 가입 문제를 최초로 제기했으며, 여론을 설득하기 위해 많은 노력을 기울였다. 한편, 이케아, 테트라 라발 기업가문들이 모두 무거운 세금을 피해 스위스로 옮겨간 반면, 발렌베리는 스웨덴에 남아 자신들이 일군 부(富)를 발렌베리재단에 기부해 사회에 환원하는 길을 선택했다. 발렌베리는 이러한 적극적인 사회공헌을 바탕으로 스웨덴 국민들의 존경의 대상이 될 수 있었다.

발렌베리 소유 기업들의 성과는 배당을 통해 지주회사인 인베스터를 거쳐 크누트앤앨리스발렌베리재단, 마리앤느앤마쿠스발렌베리재단, 마쿠스앤아말리아발렌베리 추모재단으로 모아진다. 즉, 발렌베리 왕국

---

67   이지환, "적극적인 주인의식과 장기 소유경영: 스웨덴 발렌베리 가문의 사례", 『경영교육연구』, 제 9권 제2호, 한국경영학회, 2006.

의 수익이 인베스터의 주요 주주인 이들 재단에 차곡차곡 쌓여가는 구조이다. 2013년 한 해 발렌베리 재단이 기부금으로 사용한 금액은 1억 6,000만 파운드(현재 한화로 약 2,748억 2,000만 원)이다.[68]

발렌베리재단들은 과학과 기술만이 스웨덴의 생존과 역동적인 성장을 가져올 수 있다는 믿음 하에 스웨덴의 과학기술 진흥을 위한 많은 활동을 하였다. 가장 규모가 큰 크누트앤앨리스발렌베리재단은 스웨덴 과학기술 연구의 최대 민간 후원자로 꼽힌다. 크누트앤앨리스발렌베리재단은 소유자산만 300억 크로네(약 4조 200억 원, 2004년 말 기준)로 노벨재단보다도 규모가 훨씬 크다. 1917년 자신의 전 재산을 기부해 이 재단을 설립한 크누트는 스톡홀름 시청의 신축과 북유럽 최초의 경제대학인 스톡홀름경제대학의 창립을 주도하는 등 공익사업에 적극적으로 참여하였으며, 재단의 후원 하에 스톡홀름 시 도서관과 스톡홀름상공회의소, 시립 천문대, 해양기술 박물관 등을 세우기도 하였다.

발렌베리재단은 기초 과학기술 연구를 적극 지원했지만 산업적 관심이 연구 활동에 직접적인 영향을 미쳐서는 안 된다는 원칙을 고수하였는데, 기초과학 분야의 스웨덴 노벨상 수상자 모두가 발렌베리재단의 도움으로 초기 연구를 시작한 과학자들이다. 이 밖에도 발렌베리는 1960년대 말 에릭슨과 아세아를 비롯한 많은 소유 기업을 대상으로 실업에 빠진 노동자와 그 가족을 지원하기 위한 재단을 잇달아 설립하

---

68 파이낸셜 타임즈 기사, At home: Marcus Wallenberg〈http://www.ft.com/intl/cms/〉 2014-10-6검색.

는 등 과학기술 이외의 분야에서도 많은 활동을 펼쳤다.[69]

발렌베리 가문은 사치를 자제하고, 서민들과의 거리감을 좁히는 데도 상당한 노력을 하고 있다. 마쿠스 발렌베리 SEB 회장은 직접 차를 몰고 다닌다. 마쿠스 발렌베리 회장은 "내가 검소한 삶을 산다고는 말할 수 없지만, 내 생활 방식이 남의 눈에 어떻게 비칠지는 매우 조심스럽다." 이는 발렌베리 가문의 '존재하지만 드러나지 않는다(esse, non videri)'의 원칙이 기본이 된 것이다.[70] 실제 야콥 발레베리 회장의 집은 요스홀름이라는 작은 마을에 위치해 있다. 작은 섬에 집을 짓고 요트 선착장을 갖추고 있어야 좋은 집이라고 생각되는 스웨덴 기준의 집과는 달리 평범한 단독주택에서 살고 있다. 이는 마을 주변의 다른 집들과 다르지 않으며, 마을회의, 학부모회의에도 참석하고 자녀들도 일반인들과 똑같은 학교에 다닌다. 회장이라는 직함과 달리 생활에서 특권의식을 배제하고 조용하게 검소하게 살고자 하는 발렌베리 가문의 특색을 보여준다.[71]

이렇게 발렌베리는 장기적인 투자로 기업과 제품에 대한 신뢰를 얻을 수 있었고, 국가와 사회에 대한 적극적 기여로 스웨덴 국민의 존경을 얻는 기업이 될 수 있었다. 또한 과학기술 연구의 지속적이고 적극적인 그러나 비간섭 원칙을 고수한 지원은 스웨덴 기초 과학 분야의 상당한 기여를 하였다. 또한 특권의식을 배제한 검소함과 평범함으로,

69 박희도(2014), p.19~27.

70 조선비즈, 『조선일보 위클리비즈 경영대가 100- 경영의 신을 만나다 2권』, 아이웰콘텐츠, 2014.

71 쿨머니 기사, 2014-11-08 검색. ⟨http://coolmoney.mt.co.kr/new/cool_newsview.html?no=2006121415395803096&type=&scode=6⟩.

단순한 사회적 책임과 윤리경영을 넘어서 지속적인 국가건설과 사회 발전에 이바지 한 것이다.

3) 도요타 자동차(Toyota)— 도요타 사키치

도요타 자동차는 발렌베리 가문과 유사하게 장기적 철학에 기초하여 고객과 제품의 초기 열정을 유지하고자 하였다. 전 도요타 자동차 판매 부사장 로버트 맥큐리는 '성공을 위한 가장 중요한 요소는 인내심, 단기보다는 장기적인 결과에 초점을 두는 것이며, 사람, 제품, 공장에 대한 재투자 그리고 품질에 대한 변함없는 헌신이다'고 표현하였다. 제프리 라이커 교수는 '일본과 미국의 도요타를 방문하면서 이야기를 나눈 모든 사람들이 하나같이 돈 버는 것 이상의 목적의식을 가지고 있다'고 분석하였다. 그들은 일본인 센세이(정신적 지도자)들로부터 도요타 방식을 배웠으며 '회사와 종업원, 고객 그리고 전체 사회를 위한 올바른 일을 행하라'는 일관된 메시지가 있었다고 한다. 대대로 단기보다는 장기적 결과에 목적을 두며, 지도자들부터 올바른 일을 행해야 한다는 지침은 전통으로 이어져 내려온 것이다.

1971년 '닉슨쇼크' 사건은 도요타가 고객을 위해 어떻게 올바른 실천을 하였는가를 설명해주는 사건이다. 도요타 자동차가 미국으로 수출할 당시 닉슨 대통령의 수입 추가 관세 부과 때문에 1971년산 코로나 자동차는 동일한 색깔과 사양에도 세 가지 다른 가격이 있었다. 닉슨의 수입 추가 관세는 번복되었지만, 미국정부는 도요타에 이미 지불한 관세를 돌려주지 않았다. 도요타는 신생기업으로 자금이 여유롭지 않았음에도 불구하고 일일이 고객들과 딜러들을 찾아가 그들이 자동차를 구입했을 때 지불한 추가 관세를 되돌려주었다. 당장의 손해는 있었지만 고객의 만족을 위해 그리고 장기적인 고객 이익을 위해 이를 실천하였고, 고객들에게 관세를 되돌려 준 회사는 도요타뿐이었다고 한다.[72]

도요타의 핵심 가치는 도요타 강령을 통해 살펴볼 수 있다. 도요타 강령은 현재 공식 홈페이지에서 도요타의 '5가지 주요 원칙(Five Main Principles of Toyada)[73]'으로 확인할 수 있다. 이는 사키치 사거 5주기가 되었을 대 장남 기치로를 중심으로 사키치의 기업 이념 혹은 인생철학을 정리한 내용이다. 도요타가 곤경에 처하거나 새로운 도전에 직면할 때 반드시 되새기는 경영방침이라고 한다.

- 도요타의 모든 사람들은 업무에 성실하게 임하여 국가나 사회에 공헌하는 실적을 남겨라.
- 연구와 창조의 정신을 잊지 말고 시대의 선두에 서라.
- 사치를 경계하고 질실강건(質實剛健)하여라.
- 주위 사람에 대해 우애의 정신을 가지며 가정적인 팀워크를 구축하라.
- 신불(神佛)을 소중하게 생각하고 생활 속에서 항상 감사하는 마음을 가져라

도요타 강령에 국가나 사회에 기여해야 한다는 게 제일 먼저 나오는 것이 특징적인데 항상 도요타가 국가의 이익과 기업의 이익을 일치시

72 제프리 라이커(2004), p.135~139.
73 도요타 홈페이지, 2014-11-08 검색. 〈www.toyota-global.com/company/history_of_ toyota/75years/data/conditions/precepts/index.html〉

키도록 노력해 왔기 때문이다. 창업주 사키치는 아들 기치로에게 "나는 자동직기 발명을 통해 나라에 충성했으나 너는 자동차를 통해 애국하라"고 말했다.[74] 1차 석유 위기가 발생했던 당시, 도요타가 대기업의 상징으로서 국민들로부터 거센 비난을 받자 당시 사장이었던 에이지가 "도요타는 돈을 벌기 위해 사업을 하는 것이 아니다. 도요타는 일본의 산업 진흥에 어떻게 하면 조금이라도 도움이 될까를 항상 고민하고 있다. 도요타가 생각하고 있는 사회공헌이란 국가를 위해 많은 이익을 내고 세금을 납부하는 것이다"라는 반론으로 비판을 잠재웠다고 한다. 제8대 사장이었던 오쿠다에게 도요타의 장기 번영 비결을 묻자, 오쿠다는 "기업의 사회적 사명은 사회공헌을 하는 것이다. 국익과 기업의 목적을 일치시키면 반드시 그 기업은 발전한다"라고 답했다고 한다. 이렇게 국가와 기업에 공헌해야 한다는 도요타의 강령이 창업주부터 이어져 도요타 기업 문화 형성에 영향을 미쳐왔다.[75]

한편 강령의 네 번째 방침인 도요타 대가족주의 정신은 직원을 가족과 같이 여기는 기업문화로 자리 잡았다. 창업주 사키치가 평소에도 종업원을 가족처럼 여겨왔던 정신을 아들 기치로는 이어받았다. 그는 G형 자동직기의 특허권을 영국의 플랫 사에 양도하고 돌아온 일시금 25만 엔 중 10만 엔을 직접개발에 종사한 관계자에게 나눠 주고, 나머지 15만 엔도 도요타의 전종업원 6,000명에게 특별 공로금 명목으로 지

---

74 모터그래프지 기사, 〈http://www.motorgraph.com/news/articleView.html?idxno=4009〉, 2014-10-22검색.

75 이우광(2009), p.13~15.

불했다고 한다. 기치로는 "종업원은 회사의 보물"이라고 말하면서 종업원들을 아꼈다. 제2차 세계대전 종전 후 세계 각지에 흩어져 있던 도요타 그룹의 직원이 일본의 공장으로 모여들자 기치로는 이들의 생계를 위해 미꾸라지 양식과 같이 다양한 사업을 만들었다고 한다.

특히 기치로의 대가족주의 정신은 종신고용을 지키는 문화에서 돋보인다. 1946년 일본 경제는 초긴축정책의 영향으로 심각한 불황을 맞이하였고 닛산, 이스즈 자동차는 일찍부터 대량의 인원정리를 시작했다. 그러나 도요타 강령을 존중한 기치로는 종업원의 해고를 최대한 피했다. 1949년 12월에 도요타의 재정이 극도로 악화 되었다는 것을 알았음에도 불구하고 기치로는 노동조합과 인원 정리를 하지 않겠다는 취지의 각서를 교환했다. 이 결과 도요타는 도산에 내몰리게 되어 종업원을 감원하게 되고, 결국 기치로는 퇴진하게 된다. 하지만 이후 도요타의 인원정리는 이루어지지 않았고 이를 바탕으로 종업원들은 더욱 열심히 생산성 향상에 노력하게 되었다.[76]

도요타 사키치는 "화려함을 경계하라"는 창업이념을 세웠다. 3층으로 간소하게 지어진 도요타 본사 건물을 통해 사키치의 청렴정신을 유추해 볼 수 있다.[77] 도요타 그룹의 이러한 청렴정신은 현재 아키오 도요타 자동차 사장에게서도 찾아 볼 수 있다. 아키오 회장이 2011년 한국을 방문할 당시 자사의 미니밴 '시에나'를 관용차로 사용하였다.

76 이우광(2009), 15~17.
77 헤럴드경제 기사, 2014-11-10 검색, ⟨http://news,naver.com/main/read.nhn?mode=LSD&mid=sec&sid1=101&oid=016&aid=0000156852⟩.

자동차 회사 최고경영자가 미국에서 2만 5천달러, 한화로 환산하면 2,700만원 수준의 시에나를 이용한 것은 마케팅의 목적도 있지만 아키오 사장의 검소하고 겸손한 정신을 드러내 주는 것이었다. 그리고 자신의 직원이라 하더라도 고객이면 "중요한 고객"이라며 허리를 90도로 숙여 인사를 하는 겸손한 자세 역시 도요타 정신의 일환으로 볼 수 있다.[78]

4) 타타그룹(Tata group) — 잠셋지 타타

타타그룹의 초기 열정은 잠셋지 타타의 민족 산업의 중요성 역설로 시작되고 유지된다. 잠셋지 타타는 철강 산업, 수력발전, 호텔건설 산업을 통해 민족 산업을 키우고자 하였다. 타타는 1880년부터 1904년까지 자신의 인생에서 가장 위대한 세 가지 구상을 하였다.[79]

1. 중공업의 모태인 철강 산업의 사업화
2. 가장 저렴한 전력 에너지를 생산하는 수력 발전의 사업화
3. 과학을 교육할 세계적인 수준의 교육기관 설립

잠셋지는 철강이 중공업의 모태가 되고 이를 통해 경제발전의 토대를 닦아야 한다고 생각했다. 1870년대 말 사업차 미국 섬유산업의 메카 맨체스터를 방문한 그는 그곳에서 우연히 당대 최고의 학자 토머스

---

78 중앙일보 기사, 〈http://article.joins.com/news/article/article.asp?total_id=5593900&ctg=1105〉, 2014-11-11 검색.
79 김종식(2011), p.78

칼라일(Thomas Carlyle)의 강연을 들었다. 칼라일은 "앞으로 철강을 좌우하는 나라가 세계를 좌우할 것"이고 역설했고, 잠셋지는 이 말에 깊이 감명 받아 세계적인 철강회사를 설립하겠다고 다짐한다. 이에 따라 1880년대 초부터 철강회사 설립에 본격적으로 나섰다. 하지만 당시 인도를 지배했던 영국 식민지 정부는 피 식민지 기업이 철강과 같은 국가 기반사업에 뛰어든다는 것을 탐탁지 않아 했다. 뿐만 아니라 철강산업은 인도 역사상 전례 없던 일로 기술력, 자금력, 규제 법률 등 장애요소가 많았다. 많은 어려움에도 불구하고 철강회사를 설립하겠다는 잠셋지의 비전과 의지는 흔들리지 않았다. 타타는 비록 무수한 난관이 있다고 하더라도 철강 산업 육성은 당대가 아닌 인도의 미래를 위해 반드시 필요한 사업이라고 확신했다. 또한, 철강 산업의 성공은 또다른 인도 산업 발전의 역할 모델로 인도인들의 궁극적인 번영을 위해 꼭 필요한 시도라고 믿었다. 잠셋지의 사후 3년만인 1907년 마침내 벵골에 타타스틸(당시 이름은 TISCO)이 설립된다. 국가발전을 위해 제철소를 설립하려 했던 그의 오랜 숙원이 실현된 것이다.

수력발전회사 설립도 잠셋지의 애국심과 미래를 내다보는 비전과 꿈을 잘 드러내는 사례다. 그는 봄베이 전력이 수요에 비해 턱 없이 부족하다는 사실을 알고 이의 해결을 위해 수력발전소를 설립해야겠다고 생각했다. 수력발전 댐을 잘 활용한다면 홍수도 막을 수 있고, 전기 부족 문제도 해결할 수 있다고 믿었기 때문이다. 잠셋지는 영국 식민지 정부가 인도의 기간산업 발전을 위한 일에 적극적으로 나서지 않을 것이라 판단하고 자신이 직접 수력발전소를 짓기로 결심한다. 수력발전

역시 인도의 미래를 위한 민족 산업이라고 생각하고 적극 나선다. 큰 강을 막아 저수지로 만들고 이 물을 수 마일의 파이프를 통해 빨리 흐르게 한 후 그 압력을 이용한 수력발전소가 그가 생각한 방법이었는데, 안타깝게도 잠셋지는 이를 실현하지 못하고 1904년 질병으로 숨을 거둔다. 하지만 그의 아들 도랍은 애국심에 호소하며 인도인 투자자들을 움직였고 2,000만 루피(약 5억 원), 현재 가치로는 수 조 원에 달하는 거금을 모아 건설했다. 도랍은 창립식에서 부친 잠셋지에 대해 다음과 같이 말했다. "제 아버지에게 수력발전 프로젝트는 단순히 돈을 벌기 위한 수단이 아니었습니다. 수력발전은 자신의 목표를 이루고자 했던 수단이었지요. 그는 항상 인도인들의 지적 성장과 인도의 산업발전을 갈구했습니다. 그가 진행했던 많은 사업들의 주된 목적은 항상 인도의 발전이었습니다."

수력발전 외에도 잠셋지는 인도의 타지마할(Taj Mahal) 호텔을 설립했다. 잠셋지 타타는 크게 두 가지 이유 때문에 이 호텔을 짓게 되었다. 첫 번째는 호텔에서 겪은 경험 때문이다. 인도가 영국의 식민지였던 19세기 말, 외국인 친구와 함께 봄베이 해안가 인근에 있는 필케즈 아폴로 호텔에 저녁식사를 하러 갔다가 단순히 인도인이라는 이유로 입장 거부를 당하는 수모를 겪었다. 이 경험을 통해, 그는 인도의 특색을 나타내면서도 세계적인 호텔을 세우기로 결심한다. 잠셋지 타타가 타지마할 호텔을 지은 또 다른 이유는 낙후한 인도의 경제 발전을 위해서다. 당시 봄베이에는 호텔이 많지 않고 수준도 형편없어서 여행가와 지역주민들의 많은 원성을 샀다. 잠셋지는 인도의 발전을 위해 최대 항구도시 봄베이에 유럽과 미국 등 선진국의 자금과 기술자들을 끌어들이고 싶었다. 그러기 위해선 이들에게 청결하고 안전한 호텔을 제공해야 했다.

잠셋지가 생각하는 호텔은 최소 500명의 손님을 수용할 수 있고 유럽인과 아시아인이 동등한 권리를 가지며, 고급 비즈니스를 논할 수 있는 곳이어야 했다. 주변에서 반대가 많았지만, 잠셋지는 자신의 사비를 털어 호텔을 짓겠다고 선언했으며, 1898년 토지 구입을 시작으로 해외에 직접 나가 호텔 건설에 필요한 자재를 구입해왔다. 5년여에 걸친 공사 끝에 1903년 12월 16일 타지마할 호텔이 문을 열었다. 당시 건물한 쪽이 미완성이었고, 둥근 청장 돔도 공사 중이었으나 잠셋지의 건강이 날로 악화되어 아들들이 부친의 건강을 생각해 일찍 개장했다. 타지마할 호텔은 당시 세계 최고의 호텔이라는 찬사를 받았으며, 시설은 세계적 수준으로 현재도 싱가포르의 라플즈 호텔과 함께 아시아 최고의 호텔로 일컬어지고 있다.

이렇게 잠셋지 타타의 모든 열정은 민족 산업으로 성장하기 위해 철강, 수자력, 호텔사업에 뛰어들었다. 인도의 발전과 성장을 위해서 실패가 있다하더라도 지속적으로 노력하였으며, 잠셋지 타타가 이루지 못한 민족 산업은 후손으로 이어져 그 명맥을 유지하였다.[80] 잠셋지의 혁신적 사고는 직원 복리후생정책에서 알 수 있다. 잠셋지는 노동자들에게 전례 없는 편의를 제공하기로 결정했다. 엠프레스 공장에 환기시

---

80 오화석(2013), p.125~154.

설을 설치하고 가습기를 가동시켰다. 화재사고에 대비하고 공중에 날리는 솜털을 가라앉게 하기 위해 스프링클러도 설치했다. 직원 휴게실을 설치했고, 정수된 깨끗한 물이 항시 제공되고, 직원과 직원 가족들을 위한 도서관, 운동 및 오락시설, 어린이집, 주거시설 등 다양한 편의시설을 제공했다. 1886년 잠셋지는 자신의 개인재산으로 직원들을 위한 '프로비덴트 펀드'라는 연금기금을 만들었다. 휴가를 가지 못한 직원들의 휴가비를 지원해주기도 하였으며, 직원용 무료주택도 세웠다. 또한 업무 중 다친 노동자들을 위한 상해보상기금도 만들었다. 이는 당시 선진국 영국에서 조차 찾기 힘든 상당히 혁신적인 직원 복리후생정책이었다. 잠셋지가 이런 혁신적인 직원 복리정책을 실시한데는 '현명한 이기심(Enlightened self-interest)'이라는 잠셋지 타타의 핵심 비즈니스 철학이 바탕하고 있다. 그는 직원들이 건강하고 행복할 때 더 생산성이 높고 효율적이라고 믿었다.

직원들의 행복을 소중히 여기는 잠셋지의 신념은 오늘날에도 타타그룹의 경영철학에 확고하게 투영되고 있다. 8시간 노동제(1912년), 유급휴가제(1920년), 임신휴가(1928년), 성과급제(1934년), 퇴직금제(1937년)등을 인도 역사상 최초로 도입했다. 심지어 영국에도 하루 12시간 노동제가 1911년에야 처음 도입되었다는 점을 감안해볼 때, 타타의 복지후생제도가 얼마나 혁신적이고 선구적인 조치였는가를 짐작할 수 있다.[81]

잠셋지는 과학과 기술 인력의 중요성을 일찍 깨달은 사람이다. 뛰어

---

81   오화석(2013), p.117~123.

난 과학기술 인력만이 국가와 산업 발전을 가져올 수 있다고 믿었다. 인재의 중요성을 깨닫고 이를 위해 그는 최고의 과학 고등교육기관(대학원)을 설립하기로 한다. 잠셋지는 자신의 생각을 구체화해 1896년 과학 대학원 설립을 정식으로 제안한다. 이는 인도 정부가 설립한 인도공과대학(Indian Institute of Technology)보다 50여 년 앞선 것이다. 당시 봄베이 대학교 총장이었던 로드 레이(Lord Reay)에게 보낸 편지에서 "저는 신의 축복 덕택에 남들보다 조금 더 많이 가진 자로서 제 동포들에게 무언가를 베풀어야 할 의무를 느끼고 있습니다."라고 말했다. 이어 그는 자신이 생각하는 설립 계획을 말한 후 학교설립 재정과 관련하여 "저 혼자서 이 모든 것을 다할 수 없겠지요. 그러나 많은 이들의 도움과 분명한 청사진이 있다면 참여자들이 많이 나올 것입니다. 이를 위해 저는 신탁기금을 만들 것인데, 제가 우선 매년 8~10만루피의 돈을 기부하겠습니다."라고 말했다. 그는 "그러나 저는 대학원 설립과 관련해 아무런 직함도 원하지 않고, 학교설립에 제 이름을 올리고 싶지도 않습니다. 이는 제가 인도에 주는 선물로, 아무런 조건도 없습니다. 국가적 교육 운동에는 개인 이름이 아닌 그에 걸맞은 이름을 지어야 합니다."라고 강조했다.

잠셋지는 당시 가치로 20만 파운드에 달하는 땅을 대학원 부지로 기부했다. 자기 재산의 2분에 1에 달하는 엄청난 액수였다. 인도에서 당시까지 교육의 발전을 위해 이렇게 대규모로 지원된 것은 처음이었다. 당시 인도에서 국민이나 국가를 위한 기부가 이루어지는 경우가 드물었을 뿐더러, 설사 기부를 한다고 하더라도 대개는 자신이 속한 공동체

(카스트)를 위해서였다. 그래서 파르시 출신인 잠셋지가 국가발전을 위해 거액을 기부한다고 밝혔을 때 일부 파르시들이 거부감을 나타냈다. 이에 대해 잠셋지는 "국가를 발전시키는 진정한 의미의 봉사는 사회적 약자들을 돕는 것뿐만 아니라 재능 있는 사람들을 지원해, 후에 그들이 이 나라에 크게 봉사할 수 있도록 하는 것입니다. 저는 이런 훌륭한 인재들을 교육시키는 건설적인 자선행위를 지향합니다."라고 말했다.

과학기술 대학원을 설립하기 위한 잠셋지의 노력은 그의 사후인 1911년 첫 결실을 맺는다. 방갈로르에 소재한 인도의 주요 싱크탱크인 인도과학원(IISc, Indian Institute of Science)이다. 인도과학원은 이후 노벨상 수상자 등 많은 인도인 과학인재를 배출하는 요람이 됐다. 잠셋지는 인도과학원 외에도 20여개 초·중등학교를 세워 인도인 교육에 앞장섰다.

타타장학금은 1892년 잠셋지 타타가 우수한 인도 젊은이들에게 교육기회를 주기 위해 개인 재산을 기부해 설립한 것이다. 이는 미국 록펠러재단과 카네기재단보다 앞서 세계 최초의 교육 신탁 트러스트이다. 당시 잠셋지는 영국이나 미국, 독일 등이 선진국이 된 것은 과학과 기술의 발전 때문이라고 생각했다. 인도가 영국의 식민지를 벗어나고 부강한 나라가 되기 위해서는 이들 분야에 우수한 인재가 많이 배출되어야 한다고 판단했다. 이와 함께 나라를 이끄는 공무원들이 많이 배우고 각성해야 한다고도 믿었다.

장학금 지원 대상자는 카스트와 종교, 성, 출신 지역에 관계없이 45세 미만의 인도인이면 가능하다. 나라야난 전 대통령이 천민 출신이면서 타타장학생이 된 것도 누구에게든 평등하게 열려 있었기 때문이다. 당시 카스트 제도와 종교적 차별이 엄존한 상태에서 이는 매우 혁신적인 장학금 제도였다. 특히 하층 카스트와 경제적 어려움을 겪는 소외계층을 특별히 배려했다고 한다. 기회 균등의 원칙을 천명한 잠셋지 타타와 타타그룹의 앞선 시대의식이 돋보인다.[82]

타타그룹은 부정부패와 내부비리에는 단호하게 대처해왔다. 국가 기간산업을 발전시키려는 창업주인 잠셋지 타타의 신념에 따라 세워진 타타스틸은 2000년대 들어 고전했다. 철강을 생산하는데 필수요소인 철광석이나 점결탄 등을 쉽게 구할 수 없었다. 채굴 허가권의 결정권을 갖고 있는 중앙정부와 주정부는 뒷돈 여부에 따라 선별적으로 허가했고, 뇌물을 주지 않았던 타타스틸은 제외되었다. 2005년 철광자원이 풍부한 자르칸드 주정부와 철광석채굴협정을 체결하면서 타타스틸은 새로운 기회를 얻은 것처럼 보였다. 120억 달러라는 거금을 투자해 대규모 제철소를 추가 설립하기로 하였고, 이에 대한 대가로 주정부는 타타스틸에 14억 톤의 철광석을 제공한다는 데 합의했다. 하지만 주정부는 약속한 철광석 채굴의 단 7%만 타타스틸에 허가를 해주었고, 다른 회사들은 타타보다 훨씬 많은 양의 철광석 채굴권을 획득했다. 부패한 주 공무원들이 뇌물을 준 기업에게 특혜를 주었고, 그렇지 않은 타타에게는 불이익이 갔던 것이다.[83]

인도인의 지적성장을 위해 잠셋지 타타는 인도과학원 설립, 재단설

---

82   오화석(2013), p.158~174.
83   오화석(2013), p.24~37.

립, 장학금 제도 마련 등 수많은 기여를 했다. 인도역사상 유례없는 직원 복리후생제도의 설립으로 혁신적 사고를 보여주었다. 국가의 산업 발전을 위해 과학 분야 지원부터 기반산업인 철강 산업, 수력발전, 호텔사업을 자신의 목표로 삼고 달성하고자 하였다. 현재까지 윤리경영으로서도 모범이 되고 있는 타타의 경영은 인도 발전에 크나큰 공헌을 했다고 판단된다.

3. 비교 및 시사점

앤드류 카네기는 일관작업공정시스템, 공정비용의 체계화, 십장(什長)의 인력관리, 업무 세분화 등등 규율의 문화를 잘 갖추었다. 우수한 품질관리로 고객과 제품에 대한 초기 열정을 유지하려 하였다. 카네기재단을 설립하여 부의 사회적 기여 문화를 정착하였고, 학교 설립 및 과학 발전에 상당한 노력을 한 기업가 윤리에도 상당히 높은 위치에 속한다. 그러나 앤드류 카네기가 타타그룹보다 오른쪽 하단에 있는 이유는 앤드류 카네기가 창립한 카네기 스틸이 타타그룹처럼 창업주의 정신을 이으며 동일한 브랜드로 이어져 오지 못하였기 때문인데, 이는 창업조직과 유사하다 생각하여 오른쪽 하단과 가깝게 배열했다.

앙드레 오스카 발렌베리는 앞서 살펴보았던 것처럼, 확고한 규율 문화 구축에는 못 미치는 것으로 파악된다. 하지만 바로 2대부터 견제와 균형의 원리인 투탑 경영체제를 확립하였으며, 자녀들의 교육을 원리원칙대로 훈육하여 후손까지 그 원칙을 고수하는 규율을 확립하였기에 규율의 문화 부분에서 위치 이동(낮음→높음)을 했다. 또한, 발렌베리는 장기적 투자관점을 강조하면서 일반 기업이 할 수 없는 대규모 프로젝트를 수행하였으며, 자발적인 노블리스 오블리제 참여로 '사회적 대타협'에 앞장섰다. 재단 기부금, 과학 기술진흥을 위한 많은 지원을 통해 스웨덴 국민들의 존경의 대상이 되어, 기업가 윤리에서 높은 수준에 해당한다고 판단하였다. 따라서 발렌베리를 우측 상단에 위치하였다.

그림3 Good to Great 매트릭스의 적용

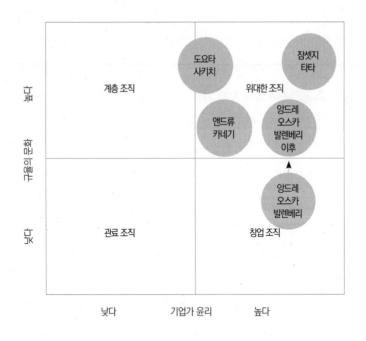

도요타 사키치는 현장중심주의인 겐치겐부츠, 소재를 가공할 때 오

류를 방지하는 지도카, 그리고 기치로의 저스트 인 타임의 칸반시스템 등을 통하여 규율의 문화를 상당히 선도적으로 도입하였으며, 이는 현재까지 도요타 자동차의 핵심 문화로 자리 잡고 있다. 이외에도 미시간대 교수 제프리 라이커의 도요타를 지탱하는 핵심문화 14가지를 통해서도 이미 도요타 자동차는 규율의 문화가 고도로 발달했음을 알 수 있다. 기업가 윤리 면에서는 장기적 철학에 기초하여 고객의 이익을 중시하고 국가와 사회에 올바른 일을 해야 한다는 정신이 도요타 강령으로 이어졌다. 종신고용을 통해 도요타 대가족주의 정신을 지켜오고 종업원들의 신뢰를 얻어 생산성 향상을 도모할 수 있었지만, 한편으론 기업의 위기를 가져오게 되고, 재정을 악화시켰기 때문에 높은 규율의 문화가 오히려 기업의 융통성을 제약한 것으로 판단된다.

마지막으로 타타그룹의 창업주 잠셋지 타타는 기업 경영에 대한 개념도 미비했던 인도에 현대적 의미의 경영시스템을 도입하고 최고 경영자 자신도 실적에 따라 월급을 받게 하는 기준을 설립하였다. 또한 책임 질 이유가 없었던 유한회사의 손실까지 떠맡으면서 타타그룹의 책임감과 신뢰경영 원칙을 고수하였다. 민족 산업의 중요성을 중시하여 철강 산업, 수력발전, 호텔건설 산업을 추진하였으며, 이를 통해 국가발전에 이바지 하고자 하였다. 또한 잠셋지의 혁신적 사고로 직원 복리후생에 적극적으로 투자하였다. 직원들이 건강하고 행복할 때 더 높은 생산성을 기대할 수 있으며 효율적이라고 믿었기 때문이다. 이러한 잠셋지 타타의 배경은 타타그룹의 경영철학에 확고하게 투영되어, 12시간 노동제가 영국에 1911년에서야 도입된 데에 비해 타타그룹은 8

시간 노동제가 1912년에 도입되는 선구적인 조치로 이어졌다. 따라서 규율의 문화와 기업가 윤리 두 분야 모두 뛰어나다고 판단되어 제일 우측 상단으로 위치를 정하였다.

한편 'Good to Great'의 매트릭스 구조를 이용해 공익과 경영성과의 관계를 설명하고자 한다. 앞선 분석들을 통해, 연구대상들 모두 기업의 사회적 책임뿐 아니라, 국가발전에 기여해왔다는 사실을 유추해 볼 수 있다. 따라서 X축은 국가와 사회 발전에 기여한 점을 '공익의 기여도'로 분류하고, Y축은 기업의 성과(경영실적)를 기준으로 하여 공익과 경영성과 관계를 그림으로 나타내 보았다. 특히 공익의 기여도 부분을 기업이 궁극적으로 추구하는 가치가 국가 또는 인류의 삶의 어떻게 기여 하고 있는지를 중점으로 분석하였다.

기업이 궁극적으로 추구하는 가치는 각 기업의 공식 홈페이지의 '비전(Vision)', '가치(Values)', '목적(Purpose)'을 통해 리더가 기업을 운영함에 있어 지향하는 가치가 무엇인가 파악하고자 한다. 또한 그 기업이 지향하는 가치를 얼마나 실현했는가는 Werther & Chandler(2012)가 제시한 '이해관계자 모델'에 따라 분석하였다. 이해관계자(Stakeholder)는 기업 활동에 이해관계를 가지고 있는 개인 혹은 집단이라고 정의할 수 있으며, '이해관계자 모델'은 기업의 이해관계자를 조직의 이해관계자(기업내부-종업원, 경영진, 주주, 노조), 경제적 이해관계자(고객, 경쟁자, 채권자, 유통업자, 공급업자), 사회의 이해관계자(정부, 규제당국, 지역사회, 비영리기구, NGO,

환경)로, 크게 세 가지 집단으로 구분한다.[84] 따라서 기업이 자신의 존재 가치를 얼마나 철저하게 이해시키고 반영하는 가를 조직이해관계자, 경제적 이해관계자, 사회의 이해관계자 단계 순으로 평가하고자 한다. 공익의 기여도는 즉 기업의 구성원뿐만 아니라 지역사회를 넘어서 국민, 그리고 전 인류의 삶을 위해 얼마나 기여 했는가이기 때문이다.

그림 4 공익의 기여도와 기업의 성과 매트릭스

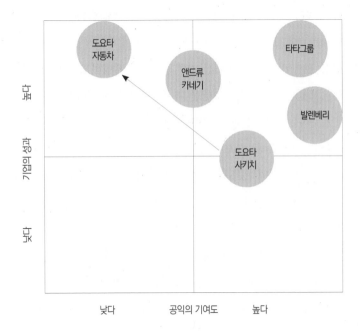

---

84 William B. Werther, Jr.와 David Chandler, 기업의 사회적 책임과 전략(Strategic Corporate Social Responsibility), 양춘승 옮김, 동서미디어, 2012.

앤드류 카네기는 기업의 성과는 높았지만 공익의 기여도를 중간 위치에 선정한 이유는 다음과 같다. 세계 철강 산업의 1/4을 차지할 만큼 카네기 스틸은 기업성과에 있어서는 높은 편에 속한다. 공익 기여도 면에서는 당시로선 천문학적 액수인 2,500만 달러를 기부하여 공공도서관 건립을 지원하는 카네기 협회를 만들고, 교육 문화 분야에 3억 달러 이상을 기증했다. 카네기의 『부의 복음』 저술을 사회적 책임이론의 기점 및 사상적 발아라고 보는 견해[85]도 있을 만큼 카네기의 공익 기여도는 높이 평가될 수도 있다. 하지만 카네기에겐 '냉혈한 자본가'라는 비판이 제기된다. 1892년 '홈스테드 학살 사건'이 대표적인데 노동자들의 공장 점거 파업을 강제 해산시키다 10명이 사망하고 60명이 부상 당했다. 또한 노동자들에게 임금을 더 주는 것보다 이익을 발생시켜 사회에 기부하는 것이 더 옳다고 판단했던 카네기는 노동자의 노동 강도를 높이고 봉급을 삭감하기도 한다.[86] 현재 카네기 스틸이 존재하지 않는 이유로 그 기업의 가치를 카네기의 저술과 행동으로 판단한다는 전제 하에 카네기의 공익기여를 분석해보자. 카네기는 사회·문화·교육 과학 발전에는 광범위하게 기부로서 공익을 기여했지만, 그 회사의 가치가 얼마나 이해관계자에게 실현되고 있는가를 대입해 본다면, 좋은 성과가 아니다. 왜냐하면 기업이 추구하는 가치가 조직구성원에게 조차 이해받지 못하고 있는 실정이기 때문이다. 자신의 사업 만큼에 있

85   김성수, "기업의 사회적책임의 이론적 변천사에 관한 연구", 『기업경영연구』, 한국기업경영학회. 제16권 1호, 2009.

86   한국경제 기사, 〈http://sgsg.hankyung.com/apps.frm/news.view?nkey=13776&c1=04&c2=06〉, 2014-11-14 검색.

어서는 냉혹한 경영자로 인식되고 있다. 경제적 이해관계자, 사회의 이해관계자에게 기업 및 리더의 가치를 전달한다 하더라도 가장 기초적인 조직의 이해관계자에게 회사의 존재 가치와 궁극적인 목표를 설득하지 못했기 때문에 공익 기여도 면에서는 중간 위치에 해당한다고 볼 수 있겠다.

발렌베리를 공익 기여도의 가장 높은 위치에 선정한 이유는 그룹 이익금의 85%를 법인세로 납부, 사회에 환원하고 있기 때문이다. 그리고 발렌베리재단 수익금은 전액 기초 기술과 학술지원 등 공익적 목적에 활용된다.[87] 1,100억 달러(2010년)로 스웨덴 국내총생산(GDP·2010년 4,589억 달러·세계은행 기준)의 30%를 차지하고 있다. 발렌베리재단은 약 10개의 재단으로 구성되어 있는데 주요 재단이 주장하는 가치와 목적은 다음과 같다. "스웨덴 국가에 기여하는 과학연구, 교육을 진흥시키고자(Knut and Alice Wallenberg Foundation)"[88], "아이들의 교육과 보호 및 과학연구 증진과 교육준비를 위한 지원(Marianne and Marcus Wallenberg Foundation)"[89], "스웨덴 청소년 교육과 보호, 장애인, 노인을 포함한 스웨덴 시민 보호, 과학 연구와 교육 향상(Marcus and Amalia Wallenberg Foundation)"[90]등이다. 재단들의 목적을 통해 발렌베리가 추구하는 가치

87   머니투데이 뉴스, 2014-11-20검색. 〈http://www.mt.co.kr/view/mtview.php?type=1&no=2012060615265909170&outlink=1〉.

88   Knut and Alice Wallenberg Foundation홈페이지,〈https://www.wallenberg.com/kaw/en/foundation/knut-and-alice-wallenberg-foundation〉, 2015-01-06 검색.

89   Marianne and Marcus Wallenberg Foundation 홈페이지, 〈https://www.wallenberg.com/mmw/en〉, 2015-01-06 검색.

90   Marcus and Amalia Wallenberg Foundation 홈페이지, 〈https://www.wallenberg.com/maw/en〉, 2015-01-06 검색.

는 기업의 제1목적인 경영성과나 이익추구만을 목표로 삼고 있지 않다
는 것을 알 수 있다. 어린이, 청소년, 장애인 뿐만 아니라 노인까지 전
세대를 그 가치의 대상으로 삼고 있을뿐더러, 궁극적으로 연구와 교육
을 통해 국가에 기여하고자 하는 비전을 갖고 있음을 보여준다. '사회
적 대타협'에 솔선수범으로 참여하여 조직구성원의 동의를 이끌어내었
던 발렌베리의 경험은 조직 이해관계자에게 발렌베리의 가치를 적극
이해시켰다고 판단할 수 있으며, 위의 가치들을 통해 경제적 이해관계
자, 사회의 이해관계자에게까지 그 가치를 실현하고자 하였음을 볼 수
있다. 따라서 발렌베리의 공익 기여도는 상당히 높은 수준에 위치한다
고 판단된다.

발렌베리가 고용한 종업원 수는 39만 1,355명(2009년 기준)으로 스웨
덴 인구의 4.5%를 차지하는 발렌베리의 경영 성과는 상당하다. 그러
나 기업의 성과가 제일 오른쪽에 위치할 수 없던 이유는 다음과 같다.
150년간 유지해온 성과와 번영에 비춰볼 때 최근 상대적으로 어려운
시기에 있다는 시각이 있기 때문이다. 휴대폰 시장에서의 에릭슨의 부
진, 홍콩의 허치슨 왐포와 투자한 북유럽 통신사 업체 3(Three)의 투
자금 회수 여부가 불투명하다는 의견이 있다.[91] 하지만 여전히 발렌베
리의 영향은 지속되고 있으며 현재 6대 승계를 모색할 정도로 기업 성
과 지속에 대한 관심을 기울이고 있다.

발명으로 국가에 헌신하고자 했던 도요타 사키치 창업주에 비해, 현

91   이지환(2006), p.101~102.

재 도요타 그룹의 사회적 공익기여는 많이 부진하다고 판단된다. 먼저 도요타 글로벌 홈페이지에 나와있는 기업의 가치와 철학을 살펴보자. 도요타는 "지침원리에 따라 신뢰있는 자동차 생산, 혁신적이고 고품질의 상품과 서비스로 사회의 지속가능한 발전을 도모한다."고 밝혔다. 특히, 지침원리는 앞서 말한 '5가지 주요 원칙(Five Main Principles of Toyada)'과 함께 그 세부 노력방안으로 제시된다. 지침원리의 주 내용은 공정한 기업 활동을 수행함으로써, 세계 좋은 기업 시민이 되어야 하며, 해당 지역사회에서 기업 활동을 통해 경제 및 사회 발전에 기여해야 한다는 내용이다. 또한 전 세계 고객의 요구를 충족시키기 위한 우수 제품을 제공하며, 노·사간 상호 신뢰와 존중, 국제사회와의 조화를 통해 성장을 추구한다고 명시하고 있다.[92] 발명과 자동차를 통해 국가 성장에 기여하려고 했던 사키치와, 조직의 이해관계자인 종업원의 종신고용을 보장하면서 도요타의 가치와 정신을 추구하고자 한 기치로의 모습은 공익에 상당히 기여한 것으로 평가할 수 있다. 고객의 요구뿐 아니라, 조직의 이해관계자 및 사회의 이해관계자에게 자신들의 가치를 실현하기 위한 노력이 있기 때문이다. 하지만 최근 도요타는 이러한 가치 추구에 성실히 임하지 못하고 있다. 성과 중심의 경영이 품질 저하로 이어져, 2010년 대규모 리콜 사태를 맞았다. 제품으로서 공익의 기여도를 높이려 했던 창업주의 정신과는 달리 품질 저하라는 결과

---

92 도요타 홈페이지, 〈http://www.toyota-global.com/company/vision_philosophy/〉, 2015-01-06 검색."Since its foundation, Toyota has been using its Guiding Principles to produce reliable vehicles and sustainable development of society by employing innovative and high quality products and services."

를 가져왔다. 경제적 이해관계자인 고객에게 자신들이 주장한 가치를 설득시키지 못하고 있는 것이다. 앞서 살펴보았듯이, 대규모 리콜 사태가 일본 경제에 전반에 미치는 손실은 최대 6,000억 엔(약 7조 5,000억 원)에 달해 일본 국내총생산(GDP)이 0.12% 감소할 수 있다는 전망이 제시되었다. 국가 경제에 부정적 영향을 미친 것이다. 따라서 공익 기여도 면에서 우→좌로 이동하는 경로를 취하였다. 하지만 경영성과만큼은 2년 연속 세계 점유율 1위의 부동의 자리에 위치한 바 있어 가장 높은 위치로 선정하였다.

타타그룹은 앞서 'Good to Great'의 매트릭스와 마찬가지로 가장 우측과 상단에 위치하고 있다. 타타그룹이 추구하는 가치와 목적은 타타그룹이 서비스 하는 지역 사회의 삶의 질 향상에 최선을 다하고, 비즈니스 분야에서 리더십과 글로벌 경쟁력을 갖고자 한다는 것이다. 타타는 자신들의 사회에서 얻은 바를 환원함으로써 소비자, 직원, 주주, 지역사회 사이의 신뢰를 재현하고자 하는 것을 또한 목적으로 삼고 있다.[93] 타타는 자신의 조직 이해관계자에게 철저히 위와 같은 가치를 실현하고 있다. 2008년 타타그룹의 자회사인 타지마할 호텔에 테러가 발생하였다. 수천 명의 투숙객이 인질로 잡혔지만 호텔 직원들은 자신들의 목숨을 아끼지 않고 손님들을 대피시켰고, 직원의 안내에 따라 1,500명은 안전하게 대피했다. 하지만 이러한 과정 중 12명의 호텔 직원이 희생되었다. 희생된 직원들에 대한 타타그룹의 보상은 파격적이

---

93 타타 홈페이지, 〈http://www.tata.com/aboutus/articlesinside/Values-and-purpose〉, 2015-01-06 검색.

었다. 사망한 시점부터 은퇴까지 모든 급료를 계산해 유족들에게 전달하였고, 유자녀들의 평생 학비를 지원하기로 하였으며, 유자녀 및 부양자들의 평생 의료비를 지원하기로 약속하였다. 또한 액수에 상관없이 사망 직원의 부채를 모두 탕감하며 별도의 위로금을 지급했다. 즉 타타그룹은 조직의 이해관계자에게 타타그룹의 신뢰정신과 책임정신을 고스란히 반영하고 있는 것이다. 그 가치가 직원들에게 반영되어 직원들 역시, 고객의 안전과 신뢰를 위해 자신들을 희생할 수 있었던 바탕이라 생각한다.

자산의 3분의 2(66%)를 타타가문이 출자한 자선단체가 갖고 있다. 타타가 돈을 많이 벌면 벌수록 이익금이 자선단체, 즉 국민에게 돌아가는 구조이다. 즉, 타타그룹은 '사회로부터 받은 것은 사회로 환원한다'는 창업주의 철학 아래 직원과 협력업체, 고객, 국가, 사회를 위해 최선을 다해오고 있다고 판단된다. 조직의 이해관계자 뿐 아니라, 경제적 이해관계자, 사회적 이해관계자에게 자신들이 추구하는 가치와 기업의 존재가치를 여실히 보여줌으로써, 공익에 기여하고 있는 것이다.

한편, 타타는 기업의 사회적 책임을 충실히 수행하면서도 100년 넘게 인도 최고의 기업으로 자리 잡고 있다. 1991년 23억 달러였던 타타그룹 매출은 2011년 1,000억 달러가 넘어 43배 성장했고, 순익은 51배나 급증했다. 수익구조도 완전히 바뀌어 1991년 매출의 5%만을 해외에서 올렸으나 2011년에는 매출의 59%를 해외에서 벌었다. 전 세계적으로 손색없는 글로벌기업으로 성장한 것이다. 이러한 결과로, 타타그룹은 '깨어있는 자본주의(Conscious Capitalism)'의 대표적 사례로 제시된다. 이해당사자인 주주와 고객, 직원, 협력업체, 사회 등 모두를 배려하고 공존·공영하는 경영시스템이 깨어있는 자본주의의 핵심이기 때문이다.[94] 따라서 타타그룹은 공익을 창출하는 동시에 엄청난 기업성장을 해오고 있으며 이는 다시 공익 기여로 이어져 오고 있다.

이렇게 공익의 기여도와 기업성과의 상관관계를 설명하는 선행연구들은 위와 같은 사례들을 뒷받침하고 있다. 공익의 기여도는 사회적 책임의 일환으로 볼 수 있다. Carroll은 사회적 책임을 주어진 특정 시점에서 사회가 기업에 대하여 가지고 있는 경제적·법률적·윤리적·자유의지적 기대까지 모두 포함 한다고 정의 내리고 있으며, Mcwilliams & Siegel은 법에 의한 요구, 회사의 이득을 넘어서 사회적 선을 위해 나타나는 활동이라고 표현하고 있다.[95] '사회적 선'과 윤리적 의지가 발현된 공익의 기여는 따라서 사회적 책임의 한 요소로 구성된다고 말할 수 있다. 공익 기여도의 범주를 넓힌, 사회적 책임 활동이 증가 할수록 재무적 성과(경제적 성과)에 긍정적인 영향을 미친다고 국내외 많은 연구들은 설명한다. 박헌준 등의 연구에서는 환경성과와 수익성에 간에 유의한 양의 영향관계가 있음을 확인하였고, 문현주의 연구에서도 윤리강령 제정 및 전담부서 설치 기업이 그렇지 않은 기업에 비해 매출액 영업이익율이 높게 나타남으로써 윤리경영활동이 수익성에 긍정

94 비즈조선 기사 〈http://biz.chosun.com/site/data/html_dir/2013/03/08/2013030801302.
   html?Dep0=twitter〉, 2014-10-20 검색.
95 장영철 · 안치용, "기업의 사회적책임과 기업성과 경쟁력의 재음미"에서 재인용, 『대한경영학회
   지』, 제25권 제9호, 2012.

적인 영향을 미쳤다고 판단하고 있다.[96] Herrenmans et al., Guerard, Derwall et al., 학자들도 사회적 책임과 재무성과가 긍정적 관계라고 밝혔다.[97] 재무적 성과 외에도, 인적자원관리 경쟁력, 고객관점에서의 경쟁력, 혁신 경쟁력, 비용경쟁력, 리스크관리 및 명성 경쟁력에서 또한 긍정적인 영향을 주고 있는 것으로 파악되었다.[98] 또한, 재무적·비재무적 성과를 넘어, 사회적 책임 활동을 적극적으로 하는 기업은 기업의 가치가 제고되는 효과를 보이고, 기업의 지속 성장성도 높아진다는 연구결과[99]는 타타그룹의 존재 의미에 대해 뒷받침 해주고 있다. 선행연구들을 통해 사회적 책임(공익의 기여도)활동이 적극적일수록 기업의 성과가 다양한 측면에서 긍정적인 방향으로 도출해 낼 수 있다는 점을 다시 한 번 확인 할 수 있으며, 타타그룹이 이 대표적인 사례가 될 수 있다고 생각한다.

96 정용기, "기업의 사회적 책임활동 성과요인과 지속성장성 예측", 『대한경영학회지』, 제25권 제4호, 2012.

97 전용수 외, "기업의 사회적 책임활동이 경영성과에 미치는 영향", 에서 재인용, 『경영교육연구』, 제28권 제2호, 한국경영교육학회, 2013.

98 장영철·안치용(2012), p. 3566~3569.

99 정용기(2012), p. 2085.

IV. 결론 및 시사점

  Jim Collins(2001)은 좋은 회사(good company)에서 위대한 회사(great company)로 도약한 모든 기업의 전환시점에서 공통적으로 나타나는 유형의 리더들을 '단계 5(stage 5)' 리더로 제시하였다. 단계 5의 리더들은 개인적 겸양과 직업적 의지의 역설적인 결합을 구현하고 있다. 겸손하면서도 의지가 굳고, 변변찮아 보이면서도 두려움이 없는 이중성을 갖고 있다. 콜린스는 이 개념을 설명하고자 미국 대통령 에이브러험 링컨을 예로 들었다. 링컨의 개인적 겸양과 수줍은 성격, 서투른 매너를 나약하다고 생각하게 만들었지만, 그의 야망은 영속하는 위대한 나라라는 보다 큰 대의를 향해 자신의 의지를 의심하지 않았다. 30년에 걸쳐 1,435개 중 좋은 회사에서 위대한 회사로 도약시킨 11개 회사 리더 모두 이러한 이중성을 똑같이 보였다.[100] 국가를 위대하게 이끄는 것과 조직을 위대하게 이끄는 것이 크게 다르지 않음을 설명한다.

  겸양의 기준은 다음가 같다. 먼저 발렌베리 가문의 철칙에서 찾아볼 수 있다. '존재하지만 드러나지 않는다(esse, non videri)'. 발렌베리 가문은 항상 대중의 시선 밖에서 겸손히 내실을 기하고자 한다. 발렌베리 사람들은 소탈한 모습으로 일반인과 다름없는 평범한 주택에 거주하

---

100 짐 콜린스(2007), p.43~76.

며 검소한 모습을 보여준다.[101] 경영자들은 공익재단근무와 그룹 경영자로서 단지 급여를 받을 뿐이다.[102] 타타그룹 5대 회장인 라탄 타타는 인도 최대 기업의 회장이면서도 작은 아파트에 살고, 비서도 없이 소형차를 모는 검소한 생활을 하고 있다. 경제전문지 포브스는 2008년 그를 '가장 존경받는 리더'로 선정하기도 했다.[103]

또한, 단계 5 리더는 겸양의 자세로 자신의 부나 개인의 명성보다는 회사의 성공에 많은 관심을 갖는다. 자신의 성과를 겸손히 생각하며, 자신이 없어도 성장하고 위대한 회사로 남길 수 있도록 후계자 양성에 많은 노력을 기울인다. 현재 존재하지 않는 카네기 스틸을 제외하고 발렌베리, 도요타, 타타그룹 모두 몇 대째 이어지는 오래된 기업이라는 특징이 있다. 그리고 후계 경영자들이 대부분 후손으로 이어지거나(타타), 후손 중 능력에 따라 선별(발렌베리)되거나, 후손과 내부인사가 번갈아 가며 선택(도요타)된다는 점이 특징이다. 짐 콜린스의 좋은 회사를 위대한 회사로 키운 CEO 11명 중 10명이 회사 내부 출신이다. 이 결과로 유추해볼 때, 본 연구 대상 리더들 역시 장기적으로 위대한 회사로 이끌어 갈 수 있는 후계자들을 양성하였으며, 가문이나 내부에서 후계자를 선택했던 것으로 볼 수 있다.

직업에 대한 의지는 앞서 살펴본 바와 같이, 키스톤 교량회사의 도장이 찍힌 교량에 대해서는 전적으로 보장할 정도로 품질에 대해서 만큼

---

101 박희도(2004), p.26.

102 아시아경제 기사, 〈http://www.asiae.co.kr/news/view.htm?idxno=2013051010500870481〉, 2014-11-15일 검색.

103 박희도(2014), p.34

은 최고를 만들자 했던 카네기의 의지를 엿볼 수 있다. 피식민지 시민으로서 여러 가지 장애에도 불구하고, 철강 산업과 수력발전을 위해 노력했던 잠셋지 타타의 의지는 죽어서도 계속되어 결국 자손들과 국민들이 성금해준 모금으로 완성되었다. 도요타 사키치의 끊임없는 발명의 의지가 낭비와 비효율적 공정을 없애고 세계 자동차 판매대수 1위 도요타 자동차[104]로 우뚝 서게 한 것이 아닐까 생각된다. 따라서 연구대상 리더 4명 모두는 단계 5의 리더로, 개인적 겸양과 직업적 의지를 모두 함양하고 있으며, 이런 배경으로 위대한 회사로 도약할 수 있었음을 결론 내릴 수 있다.

한편 짐 콜린스의 방법론에 따른 연구 외에 추가로 공통점을 발견할 수 있었다. 연구대상 모두는 또한 과학 발전을 위해 투자를 하거나 교육에 대한 지원을 아끼지 않았다. 이는 후계자 양성뿐 아니라 국가발전의 후계자들을 양성하기 위한 노력으로 볼 수 있다. 도요타 사키치는 '발명이 국가를 위한 길'로 생각하고 과학에 대한 관심을 놓치지 않았으며, 아들 기치로에게는 '나는 자동직기 발명을 통해 나라에 충성했으나 너는 자동차를 통해 애국하라'고 했던 만큼 후계자에게도 국가발전을 위해 노력해야 함을 주장했다. 앤드류 카네기는 미국의 과학발전을 위해 200만 달러를 기부하여 카네기 공대를 세웠고, 워싱턴 DC에 카네기 과학관 역시 200만 달러를 기부하여 설립하였다. 발렌베리 재단들은 과학과 기술만이 스웨덴의 생존과 역동적인 성장을 가져올

---

104 한국경제 기사 〈http://www.hankyung.com/news/app/newsview.php?aid=2014082664268〉, 2014-11-16검색.

수 있다는 믿음 하에 스웨덴 과학기술연구의 최대 민간 후원자로 활동하고 있다. 크누트 발렌베리는 북유럽 최초의 경제대학인 스톡홀름경제대학의 창립을 주도하였다. 그리고 재단을 만들어 스톡홀름 시 도서관과 스톡홀름상공회의소, 시립 천문대, 해양기술 박물관 등을 세우기도 하였다. 잠셋지 타타는 재산의 1/2정도인 20만 파운드에 해당하는 땅을 대학원 부지로 기부했다. 뛰어난 과학기술 인력만이 국가와 산업 발전을 가져올 수 있다고 믿었다. 인재의 중요성을 깨닫고 이를 위해 그는 최고의 과학 고등교육기관(대학원)을 설립하고 싶어 했으며, 그의 꿈은 인도과학원(IISc, Indian Institute of Science)으로 실현된다. 잠셋지는 인도과학원 외에도 20여개 초·중등학교를 세워 인도인 교육에 앞장섰다.

특히 타타그룹은 국가발전의 후계자 양성을 보다 확장시켜 인도 서민들을 위한 사업을 실시한다. 위험한 자전거나 오토바이를 대체할 10만 루피(한화 약240만원)의 자동차 '나노', 매년 더러운 물로 사망하는 40만 명의 어린이들을 예방하고자 세계 최저가 정수기 '스와처'(2만 5,000원), 수억 명의 빈곤층에게 내 집 마련의 기회가 될 100만원도 안 되는 초저가 집 '나노하우스'[105]가 이러한 결과물들이다. 단순히 현재의 성공만을 바라고 자신을 최고의 경영자라고 여기는 리더에게는 볼 수 없는 결과물이다. 자신의 기업뿐 아니라, 국가 발전의 후계자, 즉 국민을 위한 관심이 이러한 기업 경영을 가져오게 된 것이다.

105 박희도(2014), p.34.

이러한 결론을 토대로 도출한 시사점은 다음과 같다. 첫째, 공익을 바탕으로 자본권력을 주도해온 명망 있는 리더십은 존재한다. 기업가 정신 및 철학을 근간으로 국가의 발전을 주도한 리더들에게 겸양과 의지의 특성이 존재한다. 아울러 4명 리더의 공통되는 '청렴' 역시 중요한 요소로 부각 되고 있다. 둘째, 리더들은 자신들이 추구하는 가치를 기업에 투영함으로써 단순한 경영성과에서 벗어나 자신들의 지향하는 바를 공익을 위해 실천했다. 예를 들어 기업이 추구하는 가치를 '3년 내 세계 10위' 등으로 제시하는 것이 아닌, '인류의 삶을 풍요롭게' 혹은 '제철보국'과 같은 많은 이해관계자들과 더불어 살아가는 기업의 영원한 가치(eternal value)를 투영함으로써 공익의 성과와 국가의 발전으로 이어질 수 있었다. 즉 기업의 구성원인 종업원뿐만 아니라, 고객, 지역사회를 포함하여 국가를 위해, 국민을 위해 기업의 존재 가치를 여실히 드러내고자 노력하였다. 셋째, 단기적인 이익추구에서 벗어나 장기간의 연구 개발 및 투자로 국가 발전에 기여는 물론 인류 삶의 기여해왔다. 4명의 리더 모두 위대한 기업을 이끌었으며, 이는 국가를 위대하게 만듦에 있어 다르지 않음을 보여주고 있다. 따라서 국가발전을 이끄는 경영자는 기업의 단기적인 성과도 물론 고민을 해야겠지만 기업이 존재하는 궁극적인 의미(meaning)와 가치(value)에 대한 혜안을 갖고 이들을 조직 내 모든 구성원들과, 더 나아가 이해관계자들과 소통하고 공유한다면 기업의 성장이 궁극적인 국가의 발전으로 자연스럽게 이어질 수 있을 것이다.

마지막으로 기업과 시장을 유지하고 존속시키며 발전시키는 기업엘리트들을 양성하는 과정에 있어서 사회적 가치가 필요하다는 점이다. 이타형 사업 아이템(empathy business item)의 선택은 공익적 사업 영역의 선정과 그 동기가 결국 기업의 지속성장을 결정 짓는 최우선의 변수이고, 지속적인 사회공익 중심의 기업엘리트 가치관이 기업의 성장과 시장의 성숙, 더 나아가 국가경제의 번영을 결정짓는 요인이라는 점을 상기해야 한다. 현재의 경제교육, 경영학, 시장에 대한 기본적 이해, 공익적 사고가 기업엘리트의 생성과정에 어느 정도 중요한 기여를 하는지에 대한 지대한 관심과 이의 반영이 절실하다.

참고문헌

강석진, 신철호, 이은수, 김지선, 박혜민, "최고경영자 리더십과 조직문화 및 지식생산성 측정을 위한 이론적 연구", 『여성과 경영』, 제1권 제2호, 성신여자대학교 경영연구소, 2009.

강준만, "왜 미국 부자들은 개같이 벌어 정승같이 쓰는가", 『인물과사상』, 2014년 1월호(통권 189호) 32-55.

김미좌, "리더십 역량과 조직유효성과의 관계에서 심리적 임파워먼트의 조절효과", 대전대학교, 2013.

김범성, "최고경영자의 리더십 역할 : 행위 복잡성과 경영 성과", 『대한경영학회지』 제16권 제7호 통권 41호, 대한경영학회, 2003.

김성수, "기업의 사회적책임의 이론적 변천사에 관한 연구", 『기업경영연구』, 한국기업경영학회. 제16권 1호, 2009.

김종식, 『타타그룹의 신뢰경영』, 랜덤하우스, 2011.

김영래, 『토요타 경영력의 진화』, 국제무역경영연구원, 2008.

나가노 신이치로, 『세계를 움직이는 기업가에게 경영을 배운다』, 김창남 옮김, 더난출판사, 2005.

메리제인라이언, 『줌, 행복한 사람들의 또 다른 삶의 방식』, 정선희 옮김, 다우 출판사, 2003.

박영기, "리더십 유형의 분류에 관한 비판적 고찰", 『한국정책연구』, 제9권 제3호, 경인행정학회, 2009.

박철순, 유진탁, "전략결정요인으로서의 최고경영자 : Upper Echelons 이론 및 자유 재량이론의 통합모형", 『전략경영연구』 제2권 제1호, 한국전략경영학회, 1999.

박희도, 『착한 리더의 생각』, 씽크북, 2014.

반혜정, "최고경영자의 특성이 기업의 사회적 책임활동에 미치는 영향", 『국제회계연구』, 제 53집, 한국국제회계학회, 2014.

송경수, 정동섭, "최고경영자의 인구통계적특성, 조직특성과 전략유형의 관련성", 『경영정보 연구』 제2호, 대한경영정보학회, 1998.

알렉스로위, 필 후드, 『핵심을 뚫는 단순화의 힘 2×2 매트릭스(2005)』, 이강락 옮김, 2005.

앤드류카네기, 『부의 복음』, 박별 옮김, 예림북, 2014.

앤드류 카네기, 『강철왕 카네기 자서전 성공한 CEO에서 위대한 인간으로』, 박상은 옮김, 21세기북스, 2005.

오화석, 『100년 기업의 힘 타타에게 배워라』, 매경경제신문사, 2013.

이시이 스미에, 『토요타 사람들은 어떻게 일을 할까』, 대앤씨미디어, 2005.

이우광, 『도요타, 존경받는 국민기업이 되는 길』, 살림, 2009.

이정아, "국제기업의 리더십 유형과 조직유효성에 국가문화특성이 미치는 영향에 대한 분석", 『통상정보연구』, 한국통상정보학회, 2014.

이재규, 『문학에서 경영을 만나다』, 사과나무, 2011.

이지환, "적극적인 주인의식과 장기 소유경영: 스웨덴 발렌베리 가문의 사례", 『경영교육연구』, 제9권 제2호, 한국경영학회, 2006.

임성준, "산업특성과 CEO 특성간의 관계 및 이들간의 적합성이 경영성과에 미치는 영향에 관한 연구", 『전략경영연구』, 제 4권 제1호, 한국전략경영학회, 2001.

장승규, 『존경받는 기업 발렌베리가의 신화』, 새로운제안, 2006.

장영철·안치용, "기업의 사회적책임과 기업성과·경쟁력의 재음미", 『대한경영학회지』, 제25권 제9호, 2012.

제프리 라이커, 『도요타 방식』, 김기찬 옮김, 가산출판사, 2004.

제프리 라이커, 『도요타 인재 경영』, 정준희 옮김, 비즈니스북스, 2009.

조선일보 위클리비즈 팀3기, 『위클리비즈 인사이트: 미래의 목격자들』, 어크로스, 2011.

전병준, "조직 안에서의 리더십 동질화와 관성화에 대한 이론적 고찰", 『산업관계연구』, 제11권 제2호, 한국고용노사관계학회, 2001.

전웅수 이경일 고세라 손성진, "기업의 사회적 책임활동이 경영성과에 미치는 영향", 『경영교육연구』, 제28권 제2호, 한국경영교육학회, 2013.

정용기, "기업의 사회적 책임활동 성과요인과 지속성장성 예측", 『대한경영학회지』, 제25권 제4호, 2012.

짐 콜린스, 『좋은 기업을 넘어 위대한 기업으로』, 이무열 옮김, 2007.

채희원, 송재용, "최고경영진의 인구통계학적 특성이 하이테크 기업의 기술적 혁신에 미치는 영향", 『전략경영연구』 제12권 제2호, 한국전략경영학회, 2009.

최찬기, "리더십 유형과 조직몰입의 관계에 있어서 상사에 대한 신뢰의 조절효과에 관한 연구 : 국내 4대그룹의 CEO를 중심으로", 『인적자원개발연구』, 제11권 제1호, 한국인적자원개발학회, 2008.

최효찬, 『세계명문가의 자녀교육』, 예담, 2006.

홍한국, 우보현, 이봉구, "CEO의 리더십 유형에 따른 기업의 위기관리 차이에 관한 연구", 『한국콘텐츠학회논문지』, 제13권 제9호, 한국콘텐츠학회, 2013.

Alex Lowy and Phil Hood, 『The power of the 2×2 Matrix: using 2×2 thinking to solve business problem』, 2004.

Håkan Lindgren, "Succession Strategies in a Large Family Business Group: the Case of the Swedish Wallenberg Family", 2002.

Hambrick & Mason, "Upper Echelons : The Organization as a Reflection of It's Top Managers", Academy of Management Review, 1984.

Nillson, G. B., 『Grundaren』, Stockholm; Carlssons Bokförag, 2001.

Peter G. Northouse, 『리더십 이론과 실제(Leadership; Theory and practice)』, 김남현 옮김, 경문사, 2011.

Stogdill, R. M., 『Handbook of Leadership : A survey of the Literature』, Free Press, 1974.

William B. Werther, Jr.와 David Chandler, 기업의 사회적 책임과 .전략(Strategic Corporate Social Responsibility), 양춘승 옮김, 동서미디어, 2012.

웹페이지

도요타 홈페이지 www.toyota-global.com

동아일보 홈페이지 www.donga.com

머니투데이 홈페이지 www.mt.co.kr/

매일경제 홈페이지 news.mk.co.kr

모터그래프지 홈페이지 www.motorgraph.com

발렌베리재단 홈페이지 www.wallenberg.org

비즈조선 홈페이지 biz.chosun.com

스틸&메탈 홈페이지 www.snmnews.com

아시아경제 홈페이지 www.asiae.co.kr

주간한국 홈페이지 www.koreatimes.net

중앙일보 홈페이지 article.joins.com

코리아타임즈 홈페이지 www.koreatimes.net

쿨머니 홈페이지 coolmoney.mt.co.kr

타타그룹 홈페이지 www.tata.com

파이낸셜타임즈 홈페이지 www.ft.com/intl/cms

포춘 홈페이지 www.fortune.com

한국경제 홈페이지 sgsg.hankyung.com

헤럴드경제 홈페이지 biz.heraldcorp.com

ABB 홈페이지 www.abb.com

웹문서

Day, D.V. and R. G. Lord, "Executive leadership and organizational performance: Suggestions for a new theory and methodology", Journal of Management, Vol.14, 1988, 〈http://jom.sagepub.com/content/14/3/453.full. pdf+html〉.

박태준미래전략연구총서 1

미래사회의 리더십과 선진국가의 엘리트 생성 메커니즘

발행일   2015년 5월 15일
펴낸이   김재범
펴낸곳   (주)아시아
지은이   류석진, 조홍식, 박길성, 장덕진, 최동주
엮은이   박태준미래전략연구소 (소장 최광웅)
편집   김형욱, 윤단비
관리   박신영
출판등록 2006년 1월 27일 제406-2006-000004호
인쇄   AP프린팅
종이   한솔 PNS
디자인   박종민

전화   02-821-5055
팩스   02-821-5057
주소   서울시 동작구 서달로 161-1 3층
이메일   bookasia@hanmail.net
홈페이지 www.bookasia.org

ISBN   979-11-5662-121-8
             979-11-5662-119-5 (세트)

*값은 뒤표지에 있습니다.